2023 年度中央党校（国家行政学院）校（院）级科研项目（2023QN052）成果

中国地方政府
债务的经济效应研究

吴茵 著

A Study on the Economic Effects of
Local Government Debt in China

中国社会科学出版社

图书在版编目（CIP）数据

中国地方政府债务的经济效应研究/吴茵著. —北京：中国社会科学出版社，2023.8
ISBN 978-7-5227-2359-4

Ⅰ.①中… Ⅱ.①吴… Ⅲ.①地方财政—债务管理—研究—中国 Ⅳ.①F812.7

中国国家版本馆 CIP 数据核字（2023）第 144935 号

出 版 人	赵剑英
责任编辑	任睿明　刘晓红
责任校对	阎红蕾
责任印制	戴　宽

出　版	中国社会科学出版社
社　址	北京鼓楼西大街甲 158 号
邮　编	100720
网　址	http://www.csspw.cn
发行部	010-84083685
门市部	010-84029450
经　销	新华书店及其他书店
印　刷	北京君升印刷有限公司
装　订	廊坊市广阳区广增装订厂
版　次	2023 年 8 月第 1 版
印　次	2023 年 8 月第 1 次印刷
开　本	710×1000　1/16
印　张	15.75
字　数	253 千字
定　价	89.00 元

凡购买中国社会科学出版社图书，如有质量问题请与本社营销中心联系调换
电话：010-84083683
版权所有　侵权必究

前　言

中国存在着规模庞大、构成复杂的地方政府债务。通过对历史的回顾发现，地方政府债务的发行经历了从中华人民共和国成立初期发债尝试、债券发行的停滞、逐步恢复到走向规范的过程。2015年，中国正式发行地方政府债券，发行规模逐步增长。2020年，中国发行了1万亿元特别国债和3.75万亿元地方专项债券。政府债券的发行对冲了公共风险，缓解了公共卫生突发事件对经济社会的冲击。然而，相对于债务风险，公债经济效应的具体机制研究却亟待深入，特别是如何更好发挥地方政府债务的积极经济效应，还缺乏足够的理论研究作为支撑。

本书通过对经典公债理论、李嘉图等价定理和地方财政理论等文献梳理与回顾，发现相对来说，对地方政府债务的研究大多重债务风险研究，轻效应分析；重债务规模，轻债务成本；重财政分权，轻其他影响变量。经济实践活动需要理论更深入的地方债经济效应研究作为支撑。中国地方政府债务在降低贫困发生率方面取得积极效果，形成了对经典公债理论的挑战；近年来国际学术界对公债经济效应研究取得重要进展，特别是地方政府债务资本化理论方面的研究，中文文献亟待关注；地方债务风险对不同人群具有非对称性影响，其风险是如何分配的；数字化、智能化时代地方债务如何精准施策发挥效能。理论研究对这些问题的认识还需要加深。

本书对地方政府债务的经济效应问题进行了细化，主要分为五个方面展开讨论。第一，产业结构升级效应，发现地方政府债务推动了产业结构转型升级，此效应在经济发达地区和经济次发达地区更显著，而在经济欠发达地区并不显著。第二，经济增长效应，发现地方政府债务对经济增长的正向推动作用在减退，从长期来看，随着债务规模的膨胀，有可能挤出了私人投资，影响长期的资本存量。第三，债务资本化效应，发现地方政府新增债务与居民财产价值之间存在显著的倒"U"形非线性关系，地方政府过度举债会导致当地房产贬值。第四，减贫效应，发现地方政府债务对贫困发生率具有显著的边际抑制效应。不同于经典公债理论，中国在减贫事业中对公债工具进行了创新应用，支持贫困地区易地扶贫搬迁，提升基础设施建设水平，实现了对贫困地区的积极经济影响。第五，风险分配效应，发现地方政府债务风险之中包含着深刻的分配结构，非对称性在地域间，代际、阶层间的特征明显，这种差异化的分配结构与财政再分配的公平目标是相违背的。

此外，本书探讨了新的技术基础和治理范式下，地方债务管理将会走向何方。随着数字化、智能化技术飞速发展，政府管理也进入数智化时代。数智化地方债精准施策是政府运用数字化和智能化手段，在公共价值指引下对地方债政策周期的迭代升级与数字化改造，通过数据驱动业务，变革体制机制，重塑政务流程，从而催生地方债政策资源的最佳组合与最大效能。分析了地方债管理实现数智化精准施策所可能的进路。

目　录

第一章　导论 ··· 1

　　第一节　研究背景与意义 ·· 1
　　第二节　研究内涵 ··· 5
　　第三节　研究思路与主要内容 ·· 9
　　第四节　研究方法与数据来源 ······································· 10
　　第五节　研究难点和创新之处 ······································· 12

第二章　文献述评 ·· 14

　　第一节　公债理论的借鉴 ··· 15
　　第二节　对我国公债的研究 ·· 30
　　第三节　本章小结 ·· 37

第三章　地方政府债务：发展演变与现状分析 ······················· 39

　　第一节　发展演变 ·· 40
　　第二节　我国地方债所面临的现状分析 ·························· 69
　　第三节　本章小结 ·· 82

第四章　地方政府债务与产业结构转型升级 ·························· 84

　　第一节　相关研究文献述评 ·· 84
　　第二节　理论分析 ·· 86
　　第三节　实证分析 ·· 88

第四节 结论与建议 …… 92
第五节 本章小结 …… 94

第五章 地方政府债务对经济增长影响分析 …… 95
第一节 理论分析 …… 95
第二节 实证分析 …… 99
第三节 对策建议 …… 104
第四节 本章小结 …… 113

第六章 地方政府债务对居民财产价值的影响 …… 114
第一节 文献综述 …… 114
第二节 理论分析与研究假设 …… 118
第三节 研究设计与数据来源 …… 123
第四节 实证结果分析 …… 125
第五节 进一步讨论 …… 133
第六节 结论与政策建议 …… 142
第七节 本章小结 …… 144

第七章 地方债务减贫效应研究 …… 145
第一节 引言 …… 145
第二节 理论机制分析 …… 149
第三节 模型设定、指标选取与数据来源 …… 152
第四节 实证分析 …… 156
第五节 进一步讨论 …… 160
第六节 本章小结 …… 167

第八章 地方债风险分配机制研究 …… 168
第一节 当前我国风险总体特征分析 …… 169
第二节 风险与风险分配 …… 175
第三节 财政债务风险分配的三重纬度 …… 182
第四节 对策建议 …… 190

第五节　本章小结……………………………………… 200

第九章　数智化时代的地方债务管理…………………… 201

第一节　问题的提出……………………………………… 201

第二节　文献回顾……………………………………… 203

第三节　分析框架……………………………………… 204

第四节　案例分析……………………………………… 209

第五节　生成机制……………………………………… 213

第六节　本章小结……………………………………… 220

参考文献………………………………………………… 222

第一章

导　论

第一节　研究背景与意义

一　研究背景

（一）国际背景

国家普遍负担着较重的公共债务，这已成为现代经济的特征之一，而这种特征自 21 世纪以来愈加明显。从 2007 年发源于美国的金融危机爆发之后，世界各主要经济体均遭受到重大打击，经济增速普遍放缓。为了应对国际金融危机的挑战，各主要经济体纷纷推出了扩张性的财政政策和量化宽松的货币政策。作为此次金融危机的遗产，美国、日本、希腊、西班牙等国政府出现较高的财政赤字率，形成了巨额公共债务。2020 年以来，为了应对公共卫生危机的冲击，各国政府的政府债务杠杆率快速攀升，美国不断突破公债上限，日本政府的债务规模屡创新高。总的来看，公共债务负担过重已经成为世界范围内的问题。

国际货币基金组织（IMF）在 2011 年 9 月发布的《财政监测报告》中指出，全球财政环境面临高度风险，欧洲国家高福利社会保障制度下，财政收入的减少与财政支出的扩张，共同加剧了财政赤字的扩大和政府债务的膨胀。财政收支状况恶化，导致欧洲一些国家纷纷爆发主权债务危机。欧洲央行月度报告显示，截至 2011 年第三季度，欧元区债务占 GDP 比重已高达 86.8%。2015 年中，希腊政府因无力偿还政府债务，与以德国为代表的欧盟国家讨论救济方案失败，希腊不得不进行资本管制、银行停业，给当地经济带来灾难性打击。尽管最终希腊当局不得不同意欧盟提出的严厉的紧缩财政政策，阻止了债务危机最终爆发，使得欧洲主权债务危机没有进一步扩大，但是希腊为此次债务危机付出的代价持续了若干年。之后，虽然希腊政府信用逐步得到恢复，但直到2021年希腊政府债务占GDP比重依然高达194.5%。① 日本政府为应对金融危机推出的大规模经济刺激计划，进一步加剧了本已规模高企的政府债务。2015年底，日本政府总债务占GDP的比重已高达244%，远超欧美等国家，成为经济合作组织之中负债率最高的国家，政府债务的可持续性风险不断上升。为了应对新冠疫情的影响，日本在2020年后连续增加政府债务余额，国债依存度一直在40%高位以上。② 规模庞大的政府债务究竟会给国民经济带来怎样的影响，又会给居民生活产生怎样的变化，政府债务的经济影响问题将成为今后世界很多国家，尤其是欧美、日本等发达国家普遍面临的一个主要问题。

（二）现实需要

从我国情况来看，由于国际金融危机导致的外部环境恶化，外贸出口受到严重影响，进而制约了国民经济增长。为了应对国际金融危机，我国政府及时推出了一揽子的经济刺激计划，以扩大内需，拉动经济增长，提高自身经济活力。连续多年实施积极的财政政策和适度宽松的货币政策有效地抵御了国际金融危机的冲击，保持了经济较快增长。但是，与之相伴的是我国政府债务情况的恶化，特别是地方政府债务规模的扩大和结构的复杂化。根据财政部的统计数据，截至2015年末，我国地方政府债务16万亿元，加上纳入预算管理的中央政府债务10.66万亿元，政府债务总额达到了26.66万亿元。总体来看，地方政府债务风险可以控制，但部分地区的财政风险形势严峻。针对地方政府债务规模和风险情况，为提高地方政府债务管理的规范程度，2016年11月，国务院出台了《地方政府性债务风险应急处置预案》，明确指出"地方政府对其举借的债务负有偿还责任，中央实行不救助原则"。其后，我国逐步制定并完善地方债务管理规章制度，推动地方债务管理走向规

---

① 曲俊澎：《希腊何时恢复"投资级"地位N》，《经济日报》2023年1月9日第4版。
② 岳林炜：《日本政府债务再创历史新高》，《人民日报》2022年5月31日第17版。

范化。

深化对我国地方政府债务经济效应的认识，分析地方政府债务的经济效应传导机制，厘清地方政府债务与经济增长之间的关系，明晰地方政府债务所包含的分配机制，探讨地方政府债务对居民个人财产价值的影响，对于建立平衡、稳固、健康、强大的财政，具有重要的实践价值。

二 研究意义

（一）现实意义

无论理论分析中，公债有害论得到多少认可，无论地方政府债务的风险受到多么热烈的讨论，在现实世界中，我们确实都面临着规模庞大的地方政府债务，而且地方政府债务的规模还在继续膨胀。难道地方政府债务只会给我们带来风险和隐患吗？如何看待地方政府债务带来的真实经济影响？如何应对地方政府债务将产生的经济效应？这些都是本书需要探讨的重要课题。如果我们只受困于地方政府债务真实数据的缺乏、受困于量化研究方法的限制，而不去使用各种可能的方式，从理论上和实践中讨论地方政府债务的效应，那么我们又如何去面对地方政府债务获准发行后，地方政府债券规模急剧攀升所带来的挑战呢？如何分析地方政府债务对宏观经济和微观个体的真实影响呢？

今天的公债负担会转化成为明日的纳税义务，公共债务负担关系到每个居民的纳税义务，偿还债务是当地居民共同的偿债责任。研究地方政府债务对经济的影响、分析地方政府债务的分配效应、探讨地方政府债务与居民财产之间的关系不仅具有经济价值，也具有社会意义，还符合党的十八届三中全会和五中全会的会议精神和要求，根据会议指导意见，我国地方政府需要规范债务管理，控制债务规模，合理地区分布，分清偿还责任，健全收支体系，编制资本、债务预算。

（二）理论意义

公债理论一直以来在经济理论中占有重要的地位，政府债务经济效应的分析吸引了大量研究者的兴趣。李嘉图等价定理是公债理论的重要问题，吸引诸多重量级学者对定理的讨论，诸多研究者争相使用多种手段，从理论和实证上，使用国际和区域数据，探究等价定理是否存在。但是巴罗等学者使用世代交叠模型推导该定理成立条件相当苛刻，债务融资与税收融资的效果是否存在等同的效应仍有相当大的争议。21世纪初，奥茨等学者使用另一条路径，从地方层面找寻证据分析该定理的成立与否，试图说明即使在非代际利他主义的前提下，李嘉图等价定理依然成立。李嘉图等价定理不仅仅是世代交叠的债务负担问题，地方政府债务还被资本化进入当地财产价值中，从而使地方债务问题成为当代人的负担。奥茨等学者的研究再次复兴了李嘉图等价定理，同时也说明了债务幻觉和租户幻觉的存在可能会导致李嘉图定价定理的失效，与新古典综合派的分析结论异曲同工。债务资本化理论开始于2007年左右，2013年Banzhaf和Oates合作研究债务资本化问题的论文获得了马斯格雷夫杰出论文奖，表明该理论已相对成熟，并得到学术界的认可。

我国的财税法规在较长的一段时间内禁止地方政府安排赤字，也不允许地方债的正式发行。公债在我国的语境下相当于国债。在此背景下，学术研究也集中在国债研究上，对地方政府债务的关注长期以来非常有限，也较少关注国际学术界在这一领域的研究进展，我国的地方政府债务研究相对滞后。我国地方政府债务正式获准发行从2015年才开始，研究大多集中在债务风险问题，对于地方政府债务经济效应的分析还相当有限又亟待推进。债务资本化理论的讨论，尽管有中文文献提及负向的财政支出资本化，但是并没有引入奥茨等的研究成果，以地方政府债务资本化理论为基础，讨论也没有涉及债务资本化所关注的核心内容；也有文献实证过地方债对房地产价格的影响因素，由于使用的理论基础和数据来源、控制变量不同，实证结果和分析结论与本书存在差异。目前，中文文献中还没有关注到地方政府债务资本化理论方面的研究。

李嘉图等价定理本身就是一个令研究者充满兴趣的议题。地方政府债务资本化效应是蒂布特-奥茨等学者研究的推论，因此债务资本化问题成为巴罗等讨论的李嘉图等价定理和蒂布特等所探讨的地方财政理论的交汇，成为一个富有理论探索价值又具有实践应用意义的课题。研究我国地方政府债务资本化是否存在、具体作用机制，是一个具有探索性的课题。从地方债务对产业结构、收入分配、居民财产价值等角度分析其经济影响,具有较强的理论意义。

(三)政策意义

在外部经济周期的影响下,我国经济增速在国际金融危机之后开始持续放缓,进入了经济社会发展的新常态。针对经济社会呈现出的新特点、新要求,党的十八届三中全会提出"推进国家治理体系和治理能力现代化",并将财政定位为国家治理的基础和重要支柱。[①] 从实践意义上来说,研究地方政府债务的经济效应,分析地方政府债务对经济增长的影响,厘清地方政府债务的传导效应,探讨地方政府债务对居民收入和财产的影响及其分配机制,可以帮助理解财政政策和货币政策的搭配与协调,提升宏观经济政策的有效性。

随着地方平台债务规模的扩张,以及地方政府通过银行借款、金融租赁、信托等方式筹集的债务逐渐被披露,地方政府所承担的隐性债务和或有债务成为公众舆论担忧的焦点。由于地方政府债务数据难以获得,地方政府债务的实证研究也相对有限。地方政府债务所隐藏的风险犹如黑箱,更加引发国内外舆论对地方政府债务是否会拖累中国经济增长势头的担忧。特别是,近年来地方政府债务逐渐解冻,并正式获准发行,地方政府债务亟待更多的研究成果,对于地方政府债务的经济效应研究依然有较大的研究空间,以帮助政策的制定和政策效果的评估。

第二节 研究内涵

清晰的概念界定是理论研究的重要基础,厘清概念内涵和外延,有助于本书与前人研究的对接和对话,有助于理论探讨基础的坚实,确保实证分析部分的篇章对债务数据口径的准确性。

一 公债

由于在相当长的一段时间里,我国法律禁止地方政府发行债券,因此,公债、国债和政府债券等概念实质含义和数据口径是一致的。

[①] 高培勇:《论国家治理现代化框架下的财政基础理论建设》,《中国社会科学》2014年第12期。

我国学者在研究相关国外文献和理论时，公债、国债等概念有时是混用的。随着学术界对我国地方政府隐性债务和或有债务问题的揭露，以及地方政府实际债务规模的膨胀，尤其是2014年国务院允许上海、浙江等10个省份自发自还地方债以来，关于地方政府债务的研究呈现出井喷态势。在此情况下，厘清公债、国债、地方债和政府债券的概念、内涵、计量口径，有利于对地方政府债务的理论研究规范化和数据统计规范化。

布坎南在《新帕尔格雷夫经济学大辞典》中撰写了公债条目，把公债阐释为一种法律上的政府对政府债券持有人还本付息的义务关系。布坎南认为公债和个人债务、企业债务没有本质区别，适用同样的原则。国际会计师联合会（International Federation of Accountants，1998）把政府债务规范化阐释为，政府为了得到某些经济利益而承担产生于过去某时点并在未来产生资源流出的现时责任。高培勇认为国债是"社会主义市场经济条件下政府取得财政收入的形式"。

实际上，公共债务有广义概念和狭义概念的区别。从广义角度来理解，公共债务"更广义地说即国民资本在公共资本和私人资本之间的划分"①。从债务的形成机制来理解，公共债务是公共资产和公共债务的对应关系。如果一地长期财政收入少于支出，则导致资产被迫变现或者债务不断累积，这种状况持续一段时间，会导致资产与负债比例的变化，长时间如此就可能引发债务危机。财政收入不足以覆盖财政支出而形成的缺口，就是财政赤字。弥补经常性的财政赤字可以采用增加税收、通货膨胀和举借债务。其中，举借债务是弥补赤字的方式之一，而且是成本和风险比较小、经济影响相对安全的选择。狭义公债对应的政府债务管理是尽量保持盈余或者少量赤字，而广义公债所对应的债务管理则宽泛得多。

近年来，主权债务的研究也成为公债研究的又一"热点"，然而对其定义却并不明确。2003年IMF依据世界三大评级机构的研究对公共债务给出了定义："如果一国不支付一种或一种以上的债务，或者一国的贬值债券互换导致利息或本金的减少或到期日的延长，则该

---

① ［法］托马斯·皮凯蒂等：《21世纪资本论》，中信出版社2014年版，第123页。

国属于主权违约。"不少国内学者以主权债务危机为题的学术论文甚至是硕博学位论文都没有给出明确的定义。赵瑾[①]的定义较为清晰，"主权国家以自己的主权作担保，通过发行债券等方式向国内私人部门以及国际机构、外国政府或国际金融机构所借的款项，即一国政府的负债"。[②]

从发行主体的不同，可以把公债分为国债和地方债，国债即中央政府发行的公债，地方债是由地方政府发行的债券。在我国，由于《中华人民共和国预算法》[③]禁止地方政府发行债务，长期以来公债和国债的计量口径是一致的。

地方政府债与地方政府性债务的区别体现在2014年9月国务院下发的《关于加强地方政府性债务管理的意见》中。在此意见中出现了"地方政府性债务""地方政府债务"两种表述，针对这两种概念的区别，财政部预算司有关负责人进行了解释，明确这两个概念所涉及的范畴并不相同，地方政府债务只是政府及其部门的债务，而地方政府性债务还包括事业单位、融资平台公司等方式举借的债务。从这一解释可以理解，从我国实践部门的统计口径而言，地方政府债务对应财政风险矩

[①] 赵瑾：《国家主权债务危机：理论，影响与中国的战略》，中国社会科学出版社2014年版，第1页。

[②] 为何近年来的学术界不再以外债危机来描绘当今世界部分国家出现的政府债务危机状况，而是在学术文献中使用主权债务危机作为关键词或题名呢。通过对谷歌学术的检索以 Sovereign Debt（主权债务）一词并限定发表时间，可以发现学术界在1970年前没有检索到以此为题发表的论文，从20世纪七八十年代开始才出现了一些以主权债务为主题的研究。这说明主权债务研究是随着90年代阿根廷、墨西哥等国的拉丁美洲债务危机出现的，进入21世纪以来，我国学者逐渐在学习欧美研究国家破产和主权债务重组相关文献的同时引入了主权债务的概念。2009—2012年以主权债务危机为题名的论文呈现出了井喷态势，从2002年以来的每年个位数上升到了数百篇之多，与欧元区国家和迪拜出现的债务危机发酵、高潮时间高度重合。随着全球化的加速，世界经济更加紧密地联系在一起，一国发行的政府债券可能被国内的机构和个人购买，也可能在二级市场上被国外机构购买，再使用传统的内债、外债这种从发行地域角度区分债务的概念，有些不能恰当地描绘危机的情景。再加上，随着拉美、欧元区等国家主权债务危机的不断发生，分析国家破产的情景成为一种研究趋势，因此，公债理论的研究越来越多地使用主权债务取代了外债的概念。以主权债务危机为题的研究尽管非常年轻，与传统研究相比，仍有不少关注金融与财政关系、开放经济条件下的债务危机文献。随着实践情况改变，公债理论的发展不断使用新的概念来研究，概念的变迁显示出了理论的发展过程和关注重点。

[③] 我国1994年3月22日通过、1995年1月1日施行的《中华人民共和国预算法》第28条规定："除法律和国务院另有规定外，地方政府不得发行地方政府债券。"

阵的是直接、显性的政府债务，而地方政府性债务则包括了地方政府负有偿债责任的或有债务。

二 债务资本化

债务资本化（Debt Capitalization）指的是净债务资本化进入房地产价格中，导致居民财产的贬值，地方政府净负债对当地房价的负向影响。

债务资本化中，净债务指的是地方政府债务减去资产的净债务值。本章所使用的公共债务概念是广义概念，认为公债水平实际上反映了国民财富在公共部门与私人部门的一种资源分配关系。本书第六部分研究的重点并不是我国房地产价格的影响因素[1]，而是用房地产价格代表居民资产的状况。债务资本化研究关注的是地方政府的债务行为对当地居民资产价值的影响。

需要特别说明的是，在我国20世纪的文献中，债务资本化指的是拉美等发展中国家由于无法偿还债务，把持有本国债务的债券持有人转化为国有企业股份的持有人。本书研究的债务资本化理论是根据地方财政的李嘉图等价定理的新近研究成果而定义的，与20世纪的研究概念有显著的区别。

与债务资本化概念相关的概念是地方财政的李嘉图等价定理、债务幻觉（Debt Illusion）和租户幻觉（Renter Illusion）。地方财政的李嘉图等价定理指的是在地方政府层面上，税收融资和债务融资的等价效应。债务幻觉指消费者在持有公债时，认为自己的财富（资产）增加，从而可能会提高消费[2]。相比当期税务融资，纳税人更倾向于选择债务融资。租户幻觉指的是租户错误地相信他们不需要支付地方财产税，而希望政府更多地采用债务融资、少使用税务融资的现象。

---

[1] 尽管美国和瑞士的学者已经证明债务资本化是影响地方房价的显著因素，但本章的研究重点是地方公债及其经济效应，影响我国房地产波动的因素比较多，且学术界也没有达成普遍共识。为了防止冲淡主题，本章仅把房价作为代表性因素。

[2] 张志超、倪志良：《现代财政学原理》，南开大学出版社2015年版，第304页。

第三节 研究思路与主要内容

一 研究思路

本书的研究思路如图 1-1 所示。

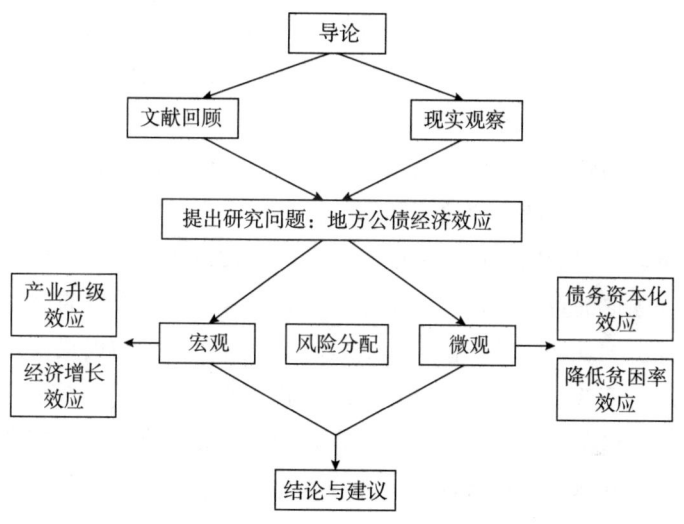

图 1-1 研究思路

二 主要内容

本书研究问题为我国的地方政府债务带来了怎样的经济影响？对研究问题进行细化[①]，可以分为：第一，地方债与国债经济效应的区别？第二，地方债务是否促进了产业结构升级？第三，地方债务与经济增长的关系？第三地方政府债务对居民财产价值的影响？第四，地方债务会对收入分配带来怎样的影响？第五，地方债务风险分配的影响？为了深

---

① 地方债务的经济影响比较大，根据对公债经济效应文献的梳理，本书发现，讨论公债经济效应主要分为宏观和微观两个角度，宏观角度侧重于讨论公债对经济增长的影响，微观视角侧重于对微观个体行为的分析。在此基础上，本书主要选取了宏观视角分析地方债务与产业结构、经济增长的关系，微观视角主要从地方债务对居民财产价值影响和降低贫困发生率效应来讨论。

入地对研究问题进行挖掘，本书在不同的章节从各个方面进行分析，以探究本书研究问题的可能答案。

本书的第一章首先介绍了研究背景与意义，界定了研究的边界与内涵，阐述了研究思路与主要内容，说明了研究方法与数据来源，指出了本书的研究难点创新之处。第二章详细阐述了本书的理论基础和文献综述，通过介绍休谟等古典经济学者对公债有益与公债有害的争论，到介绍李嘉图等价定理对公债效应与税收效应的比较，再到地方层面的李嘉图等价定理探讨、债务资本化理论的产生，分析了我国地方政府债务研究的特点和成因，说明了本书产生的理论土壤。第三章对地方政府债务的历史做了回顾，对当前地方政府债务情况进行了简要介绍，从历史和现实中抽取了本书的主要研究问题、观察了文本的核心变量——政府债务的经济效应，说明了历史上政府债券的不发行并不意味着政府负债的不存在，国债的重新发行如何给减税让利带来空间，政府的过度投资如何损害经济的发展，并根据当前地方政府债务所面临的现状，分析了潜在的隐患。第四章和第五章分别从理论和实证上讨论了地方政府债务对产业结构和经济增长的影响。第六章讨论了地方政府债务对居民财产价值的影响，并运用面板数据对债务资本化问题进行了实证分析。第七章讨论了我国地方政府债务为何能够降低贫困发生率。第八章从地域机构、代际关系和社会阶层结构上分析了地方政府债务所带来的分配格局。第九章试图探讨数智时代地方债务管理如何精准化。

第四节　研究方法与数据来源

一　研究方法

（一）定性分析与定量分析相结合的方法

通过定性分析与定量分析相结合的方法进行研究。本书在对地方政府债务经济效应的研究中，为了能够准确地把握研究对象的定义和内涵，运用定性分析法对研究中的相关概念进行界定，并在此基础上，明确研究对象和主要内容。另外，在对地方政府债务经济效应的研究中，会涉及大量的社会经济现象，这些实际现象并不能够完全运用数量方法来计算分析，因此，需要运用一定的定性分析方法来对研究对象的性质和相互关系、作用机制等方面的问题进行解释和论证。同时，在定性研究的基础上，尝试运用经济计量模型和相关数据指标来说明我国地方政府债务资本化是否存在及其程度和水平。课题研究中，将运用大量数据对我国目前所面临的地方债负担进行分析，并将之与其他国家的状况进行对比。通过这样的比较分析，并在定性分析和定量分析的基础上，探讨我国地方政府债务规范化管理的相关措施和建议。

（二）比较分析方法

比较分析方法在社会科学研究的许多领域都是有效的研究方法，在特定的条件下（如特定的经济发展阶段），许多社会现象在不同的国家都呈现同样的特征。本书在分析如何评估我国目前的地方政府债务经济效应、如何防范地方政府债务所造成的过重负担，参考发达国家的历史经验以及当前发展中国家的现实是十分有益的。本书研究拟通过收集整理主要发达国家的历史经验以及发展中国家的现实，借鉴了其他国家的理论研究成果和实际运作经验。本书没有把比较分析作为独立章节，而是把本书部分内容的分析置于国际经验的基础上进行讨论的。

（三）文献研究法

文献研究法主要是通过对以往文献资料的研读，进而获得对研究对象更加深入认识的研究方法。关于政府债务管理规范的形成和公债制度的建立，本书对历史资料进行了系统性的梳理和学习，厘清了其脉络；鉴于地方政府债务准确数据获得的困难，为了对现状更深入的认识，本书参考了包括经济学、历史学、社会学、政治学等学科相关研究论文、史料、田野调查等资料文献。

（四）实地调查法

为了尽可能地加深对研究对象的认识深度，了解研究对象一线的变化动态，纠正文献研究可能产生的误解，本书尽可能地尝试各种方式，想方设法地与研究问题建立直接的接触与调查，通过与地方基层政府财政局官员、地方政府财务工作者、地方PPP项目的金融租赁公司工作人员、地方政府融资项目的律师事务所工作人员等进行访谈，以深入了解相关情况。

二　数据来源

实证数据主要来自国家统计局数据、中经网统计数据库、EPS数据分析平台数据、Wind 数据库等数据平台网站所收集的公开统计数据，为了确保所使用数据的准确性，本书也查阅了《中国统计年鉴》《中国财政年鉴》《中国房地产统计年鉴》《中国国土资源统计年鉴》《中国城市统计年鉴》等年鉴数据和金融市场相关数据。本书所使用指标的具体数据来源都会附有表格且加以详细说明。

第五节　研究难点和创新之处

一　研究难点

（一）收集地方政府债务相关数据

准确评估我国地方政府债务经济效应，关键在于收集、整理准确的数据资料，如果所需的数据和信息无法掌握或很难获得，就需要通过一些方法进行估计。当前，我国各级政府对融资平台的真实财务状况、各级政府和事业单位的负债水平并没有系统集中的具体信息公布，甚至很多相关数据本身并未进行过完整的统计。在地方政府债务问题没有得到足够重视之前，可以与地方政府合作进行课题研究获取数据，但是随着地方债问题的严峻性逐步被揭露，地方政府对于自身债务数据越发敏感，不愿暴露真实债务情况。为实现研究所需，本书采取多种途径尽可能收集现实数据和资料，如通过各种统计平台（包括统计部门数据、金融市场数据、监管部门数据等）收集相关信息，并集中整理成为系统的实证材料。本书通过使用替代数据的方式进行实证分析，我国的城投债数据与国外市政债券比较相似，在前人研究中常常作为地方政府债务的代表数据进行分析，但是在 Wind 数据库 2008 年以来的平台债务数据有上万条。数据收集和整理相当困难且烦琐，是本书研究过程中的难点和重点之一。

（二）基层财政经验材料的缺乏

基层财政经验材料的缺乏表现在地方财政往往都是两本账，提交人大和上级财政的"正式"账本一般在它们的官方网站可以查到，比如搜索某某县市财政决算报告。但是这些公开账目与实际情形可能存在数据口径差别。基层治理研究一直受到理论界诸多关注，高等院校和研究机构想方设法对基层政府进行实践调研，一些高校研究基层治理的博士研究生往往被要求在基层政府挂职或者入驻调研一定时间，为基层治理提供了一些翔实而深入的材料。但是，依然存在财政资料获取困难的问题。基层材料的缺乏导致研究者难以走进基层政府"内部"，真正揭示问题所在。本书在实地调研基础上，尽可能地收集资料，借鉴政治学、社会学等学科所做的田野调查资料，广泛收集新闻报道中的可信案例和撰写的社会调查资料，收集其中与政府性债务相关问题素材，从中获得本书需要的实践材料。

二　研究创新

（一）理论研究

国际学术界在21世纪初才开始研究地方政府债务资本化问题，目前还没有检索到文献研究中国的债务资本化，或者以中国数据进行实证研究。本书还没有检索到研究地方政府债务资本化问题的中文文献。截至出版前，对公债减贫效应和地方债务风险分配非对称性影响的研究关切仍存在不足。因此，本书研究在理论上有一定的创新性和探索性。

（二）实践应用

本书旨在讨论地方政府债务的经济效应，分析了地方政府债务对产业结构升级、经济增长的影响，也分析了地方政府债务对居民财产价值影响和减贫效应。当地地方债的规模会造成未来的纳税义务，可能会对当地资产价格产生影响。当政府和居民越发深刻地理解地方政府债务的经济影响，越有助于缓解财政幻觉效应所带来的地方债务负担加重的不良后果。

（三）公共政策

本书以多利益共同体参与的角度分析地方政府债务所体现的居民、政府、企业等主体之间的结构和关系，治理地方债的思路应当以多利益主体共同参与，提出了要把地方政府债务问题转化为具体政策决策问题，并讨论了数智时代如何优化地方债务管理，视角新颖，对地方公债政策的研究有一定的参考价值。

第二章

文献述评

自公债产生以来，对公债的经济效应就存在争议。早期的经济学者对公债有益还是有害进行了激烈的争论。关于公债效应的争论伴随着公债的诞生、膨胀、收缩和再次膨胀，关于公债究竟是有益还是有害的讨论一直在反复。可以预见，随着我国地方债务的获准发行，关于我国公债效应的讨论会继续下去，并且会向地方层面展开。

从收集到的文献来看，目前国内学术界对于公债理论的描述，多从经济思想史的脉络出发，本书从公债研究演进的角度，在参考公债著作对公债理论思想史文本的基础上，尽可能阅读原作原著，根据理解梳理了公债思想脉络，如图2-1所示。公债思想经历了数百年的发展，限于研究精力和篇幅，文献综述不可能穷尽，公债研究者也难以一一介绍，下文的综述主要是针对本章所涉及的文献，并非有详有略地介绍启发本书写作的研究者，而是梳理从休谟的公债灭亡论、到巴罗-李嘉图的等价定理，再到奥茨所讨论的地方财政问题。

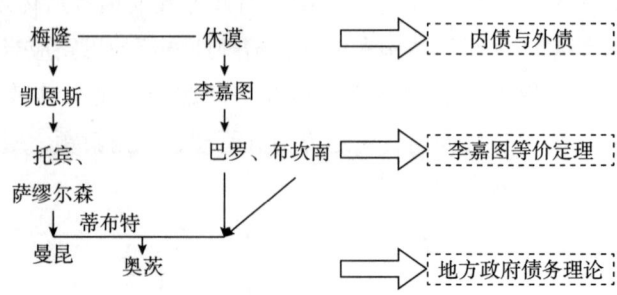

图2-1 公债理论的思想脉络

资料来源：笔者参考经济思想史脉络梳理，根据相关学者文献和继承关系整理。

第二章　文献述评

第一节　公债理论的借鉴

英国光荣革命之前，英王王庭所进行的借贷被认为是国王个人行为①，1694年，英国辉格党人宣布，借贷给政府巨额贷款的人享有分享货币发行权的权利。英格兰银行作为承包国债券和垄断货币发行权的永久性金融机构诞生。这成为国债制度诞生的标志。②

框架一：内债与外债

本章认为公债理论随着学者的互相论辩而不断发展，主要有公债有益论和公债有害论两派，他们是公债理论争论的两种对立但又经典的论调。在公债理论发展的第一个阶段，产生了本章的第一个重要的分析框架——从地域角度分析公债的效应差别。公债有益论的代表梅隆（Melon J.）提出了一个富有解释力的框架，他认为"国债是右手借左手的债，身体不会因此而受损，如果它有必要的滋补品，他们就能很好地分配"。③ 这种国债是右手借左手的钱，并不会损害国民财富积累的论断被后来的公债有益论者所接受。④

休谟（Hume D.）批评了梅隆内债是左手向右手借贷的观点，认为这种左右手的论调没有考虑到偿还债务需要增加税收，以及增税所带来的经济影响和分配效应，只会导致公共信用埋葬在"庸医"之手。休谟与梅隆的这两种对立论调，构成了公债有害论和公债有益论第一阶段的基本框架。

除了否定内外债效应不同，休谟的公债研究内涵丰富，"如果国家不消灭公共信用，公共信用必将消灭国家"。这句话是休谟关于公债的

---

① 1585—1604年，英格兰王国和西班牙王国之间进行了长期而又间歇的冲突对抗，被称为英西战争，战争导致英格兰的伊丽莎白女王每年需要消耗大约25万英镑。女王不得不出售土地，至少获得了大约价值34.1万英镑"卖地"收入。此外，伊丽莎白一世还通过强行借款、船税、分享海盗收入等方式获得资金。到1603年，英格兰王国债务已经超过36万英镑。

② 陈宝森：《西方财政理论研究》，经济科学出版社2005年版，第20页。

③ 梅隆：《论商业的政治文集》，转引自［英］大卫·休谟《论政治与经济》，浙江大学出版社2011年版，第231页。

④ 梅隆的著作今天已经难以找到原文，但是休谟的论文中多次出现对梅隆观点的引用，比如在他的《论商业》《论货币》中都曾提出对梅隆观点的异议。

名言。① 迄今在公债研究的学术文献中，有上千中文文献引用了休谟的这句话。尽管如此，休谟的公债研究依然没有得到足够的重视，就连这句名言的引用，也与原文有差异。休谟的这句名言是其论文《论社会信用》的中心论点。休谟的这篇文章不仅在公债思想史中应当占据重要地位，讨论的许多议题在今天依然可以被看作"前沿课题"，比如，公债货币化、国债的"首都效应"等。国内学术界难以找到系统研究论述休谟公债思想的文献，国外学术界对休谟公债的研究也仅有几篇。系统梳理休谟的公债思想可以帮助我们理解公债的由来和历史，帮助我们更好地理解今天的公债效应；系统梳理休谟的公债思想可以为今日公债之研究提供借鉴。

17世纪90年代，英国通过自愿、而非强迫购买公债，发行了真正意义上的"现代"公债，休谟的公债理论正是在对最早期的"现代"公债观察基础上发表的评论。休谟推崇古罗马先贤西塞罗的财政原则"预算要平衡，国库要充盈，国债要减少，公务员的倨傲自大要收敛"。他的公债论总体论点就是推崇古代节俭克制的预算原则，不主张发行公债，并认为公债迟早要灭亡国家。休谟认为，古代人太平时期积粮理财、未雨绸缪的做法比现代人父债子偿、只顾眼前的做法更

---

① 公债的理论研究经历了数百年的发展阶段，许多研究公债的著作往往会选择首先重点介绍亚当·斯密（Smith A.）的公债理论，一方面，斯密1776年发表的《国民财富的性质和原因的研究》（以下简称《国富论》）代表着经济学进入古典经济学的研究范畴，其中有一章节专门介绍他的公债理论。斯密的公债理论是综合了古典经济学时期，主要学者的公债思想，可以作为古典经济时期的代表。另一方面，对于公债理论发展的介绍一般是根据西方经济学说史展开的，很少有独立地根据学者在公债理论史上的贡献进行介绍。然而，根据本章对相关文献文本原文的学习和理论追溯，认为实际上斯密的公债理论受到了大卫·休谟的重要影响，休谟的公债理论为经典公债理论的发展提供了基本的思路，其思想在今天仍有值得思考与借鉴之处。因此，本章认为在选择介绍对公债理论发展的重要推动者和贡献者时，休谟应当是第一位被重点介绍的。

休谟去世的年份正好是《国富论》发表的年份，《国富论》的发表代表着经济学的诞生。从希腊时期，社会科学主要是以哲学、政治学为主的。在18世纪经济学诞生以后，经济学逐渐成为社会科学的重要学科。休谟正好是在公债讨论从政治学范畴向经济学范畴讨论的过程中所作出的探讨。因此，休谟的公债理论既带有政治学考量，也存在经济学意味。

加高明。①

休谟从公债对工商业、内政外交的影响进行了全面的考察，认为分析公债需要从其对一国内政和外交两大方面的影响来看。内政方面，公债对工业、商业和对外贸易的影响有两利五害，公债已转化为一种通货，可以促进流通和工商业繁荣，这是其有利的两方面。而公债对内政的危害有五个方面：一是国债的首都效应。由于国债的本息是由全体国民的税金共同偿还的，而国债的发行和使用有利于首都地区的利益，因此国债对于首都的人口和财富有着特殊的影响。二是导致通货膨胀②。三是为了支付公债而征收的赋税会降低劳动价格。四是外债规模过大可能会导致国际关系中处于不利地位、工业人口外移。五是鼓励食利者不事生产。仅从公债对工商业的影响来看，公债的效应难分利弊。休谟分析认为公债的这五种损害不过是一个"小小局部的权衡"，这种损害与对政治集体的损害来相比，是"微不足道的"。③ 如果加入公债对政治和外交的影响，则发现公债远远弊大于利，得不偿失，早晚要陷入国家政权破产和外交被别国控制的局面。公债的真正危害在于损害了一国的政治信用，表明一国政权不懂得节制、现金衰竭，国民对政权信心的衰减。一旦遇到战争或叛乱，无力筹备军饷、器械，以装备军队，甚至无法预付国外津贴，最终导致社会信用的"横死"、国家的灭亡。④

本章受到休谟公债理论的启发主要有三点：一是本章学习了公债不

---

① 从休谟的公债论述可以得到这样的印象："古人"直觉采用的某些政策很可能往往是有效率的，而今人教条使用经济准则进行的分析而得到的决策，囿于理论解释能力的限制或者理论推演方式的不恰当，得到与"古人"相反的结论，往往存在一些认识局限，用这些理论指导实践可能会产生一些问题，因此分析问题往往需要从实际出发，理论分析与技术方法相结合。
② 债务货币化的研究即使在今天依然是需要深入讨论而未被足够重视的课题。本章将在后文专门讨论。
③ [英]休谟：《休谟经济论文选》，陈玮译，商务印书馆2011年版，第78—92页。
④ [英]休谟：《论政治与经济》，张正萍译，浙江大学出版社2011年版，第224—241页。

同地域效应影响不同；二是公债货币化；三是公债考察的全局意识。①休谟之后，随着经济学的逐渐建立和完善，古典经济学著作中，公债一般都被作为单独章节，当作重要的经济议题来阐述。古典经济学者笔下，公债有害论占有绝对地位，比如萨伊认为私人借贷和政府借贷的区别在于政府借贷属于非生产性的消费或开支，并且是为了满足非常紧急的需要。②随着公债用途从主要用于非生产性的开支，到逐步开始用于生产性活动，对于公债的观点也发生了变化。

到19世纪中后叶，公债有益论的代表德国经济学家卡尔·迪策尔批评了古典经济学关于公债非生产性的讨论，认为公债可以抵御自然灾害、突发事件等带来的应急支出要求，发展"公债等同于发行信用经济"③。德国社会政策学派的阿道夫·瓦格纳（Wagner A.）比较了税收与公债的经济效应，区分了不同公债类型的经济影响，认为公债的经济效应应当从公债来源判断，而不是一概而论。瓦格纳之后，英国的经济学家达尔顿（Dalton H.）④、约翰·凯恩斯（Keynes J.）、阿尔文·汉森（Hansen A.）等从公债分类的角度，对公债效应进行了阐释。得到的结论不再是单纯的有益论或者有害论，而是对不同类型、不同来源的公债进行分门别类的讨论。

框架二：李嘉图等价定理

本章认为古典的公债理论走向现代的财政理论之间是以李嘉图等价定理的复兴为标志的，公债有益论的代表者凯恩斯、托宾、萨缪尔森、

---

① 由于休谟主要作为政治哲学家被讨论，休谟的公债理论长期被低估。如果仔细阅读李嘉图、巴罗、布坎南等的相关著述不难发现，李嘉图关于公债的论述是直接依据和受到了休谟公债理论的影响的，李嘉图称赞休谟关于公债的研究是"真正科学"。当代公债理论讨论的展开主要从大卫·李嘉图关于公债的论述中，受到启发。布坎南认为休谟的公债理论一针见血，认为休谟是"说出皇帝新衣的孩子"。布坎南的公债理论事实上继承了休谟的分析思路，即不仅分析公债对经济的影响，更重要的是分析公债对政治和社会的整体影响。这也构成了布坎南的公共选择理论和巴罗的新古典综合学派对公债分析不同思路的根源。有意思的是，布坎南和巴罗的分析路径不同，得到的结论殊途同归，巴罗-李嘉图等价定理事实上是两人的共同贡献。

② [法]萨伊：《政治经济学概论：财富的生产、分配和消费》，商务印书馆2009年版，第559—572页。

③ 转引自卢文莹《中国公债学说精要》，复旦大学出版社2004年版，第75页。

④ [英]达尔顿著：《财政学原理》，杜俊东译，上海社会科学院出版社2016年版，第215—242页。

曼昆等，公债有害论以巴罗、布坎南为最主要代表，在税收与公债效应是否等同这一问题进行了相当丰富和充满启发性的讨论，从而使李嘉图等价定理（Ricardian equivalence theorem）[①] 成为现代公债理论的核心议题。李嘉图等价定理的讨论带来了第二个分析框架——公债的代际效应讨论。

（一）李嘉图的公债理论

大卫·李嘉图（Ricardo D.）在《政治经济学及其赋税原理》一书第十七章中谈道："如果为了一年的战费支出而以发行公债的方式征集2000万英镑，这就是从国家的生产资本中取去了2000万英镑，每年为偿付这种公债利息而课征的100万英镑，只不过由付这100万英镑的人手中转移到收这100万英镑的人手中，也就是由纳税人手中转移到公债债权人手中。实际的开支是那2000万英镑，而不是为那2000万英镑必须支付的利息。付不付利息都不会使国家增富或变穷。政府可以通过赋税的方式一次征收2000万英镑，在这种情形下，就不必每年课征100万英镑。但这样做，并不会改变这一问题的性质。"[②]

李嘉图的原文表达了三个主要观点：一是政府无论是通过征收还是发债，都少了这2000万英镑的生产资本（李嘉图假定这笔钱用于战争

[①] 近年来，国内文献一般将"李嘉图等价定理"描述为巴罗复活或者复兴。有趣的是，最早为此理论"命名"的实际上是布坎南。1958年詹姆斯·布坎南将李嘉图的观点称为"等价假说"（equivalence hypothesis），1976年布坎南在《巴罗论李嘉图等价定理》一文中指出巴罗在其《政府债券是净财富吗》中没有概述李嘉图和前人的观点。布坎南在页下注中提到，李嘉图等价定理的思想是大卫·李嘉图首先提出的，Antonio De Viti De Marco 随后（1893，1936）修正了李嘉图的这一理论。布坎南自己在1958年也对这一理论进行了讨论。在《公共财政与公共选择——两种截然对立的国家观》一书中，主持人汉斯教授提到，在1970年左右在德国明斯特召开过一个题为李嘉图等价定理的专家研讨会，布坎南、"德国公债教皇"Herbert Timm 和汉斯教授都参加了这次讨论，Otto Gandenberger 在其早期著作中已经提出过巴罗1974年经典论文的主要观点。欧美学术界在20世纪中后期对李嘉图等价定理进行了极为激烈的讨论。巴罗的主要贡献在于使用规范化的经济学语言对理论的前提条件和核心观点进行了阐述，使得这一讨论继续吸引了成为托宾、曼昆等经济学家加入定理成立条件和赤字财政是否可行的讨论。对此定理的讨论继承了古典学者对公债认识的基本看法，又引入了边际革命以来，新古典经济学家数学化语言对经济学的改造。李嘉图等价定理为公债的宏观经济问题引入了微观经济基础分析，是宏观经济学动态一般均衡方法中的重要议题。李嘉图等价定理成为公债理论中不可忽视的核心理论之一。

[②] ［英］李嘉图著：《李嘉图著作和通信集》，蔡受百译，商务印书馆1980年版，第208页。

开支），筹资方式的改变并不影响国民财富的总量。二是由于发行公债所产生的利息偿付，只是导致财富由一部分人手中到另一部分人手中。引申来看，公债和增税之间的选择实质上是一种分配机制的选择。三是这2000万英镑无论是采取增税的方式还是发债的方式，都会导致居民收入的下降、消费的减少，实际上效果等同。① 李嘉图持有的是公债有害论，他深怕读者误解他认为"举债是最适合支付政府废除开支的办法"，正好相反，李嘉图认为借债会让国民无法直接认识到公债的效果，难以了解真实财政境况。此为李嘉图本人持有公债有害论的论点。

如图2-2所示，李嘉图所处的时代，英国政府可以说是债台高筑，讨论如何偿还巨债是一个令人头疼的问题。李嘉图有一篇专门讨论公债偿债基金的论文。在这篇论文中，李嘉图进一步阐述了应当如何有效保持财政盈余，用这笔钱建立有效的偿债基金制度的构想。② 仔细对比李嘉图的公债论文，他对于公债到底是否会影响支出和消费，以及国民财富的看法前后有所矛盾。巴罗、布坎南等提出了巴罗-李嘉图等价定理，成为公债问题的核心议题，吸引了众多经济学者从理论分析和实证讨论不断争论该议题是否成立。③

---

① 高培勇：《国债运行机制研究》，商务印书馆1995年版，第5页。
② 他对于自己的公债理论也不是非常满意，所以在《公债基金制度》这篇"约稿"是否交给编辑发表上面非常犹豫，甚至交稿后认为这篇文章不应当得到稿费。（见李嘉图著《李嘉图著作和通信集》，蔡受百译，商务印书馆1980年版，第133—184页）因此，从这个角度来说，李嘉图等价定理的提出虽然得到了李嘉图所著文本的启发，但巴罗和布坎南等的研究还是在李嘉图文本之外，结合当代的经济状况进行阐释。
③ 李嘉图等价定理所表达的，税收和公债在某种条件下可能是等同的思想，受到了萨伊在其代表作《政治经济学概论》中批驳梅伦"公债是右手欠左手的债，不会损害身体"相关分析的启发。李嘉图分析公债与税收是否等价问题时，正如他与萨伊在许多其他问题所引发的激烈争论和得到的灵感一样，李嘉图沿袭了萨伊的分析思路（对私人经济行为的影响），虽然李嘉图并不是完全不同意萨伊"公债有害论"的思想。其赋税和举债在某种条件下可能具有相同经济效应的论述启发了巴罗、布坎南关于公债与税收效应比较的讨论。

有趣的是，公债理论的发展往往是在对反方观点批判中迎来的高潮，一旦针锋相对的辩论不再激烈，公债理论发展也会走向一段时间的平淡，比如，休谟和萨伊批判梅伦，李嘉图与萨伊的辩论，布坎南和巴罗的路径差异与结论相似，等价定理的赞同与批判。正是这种学术交锋推动了公债理论的不断前进。

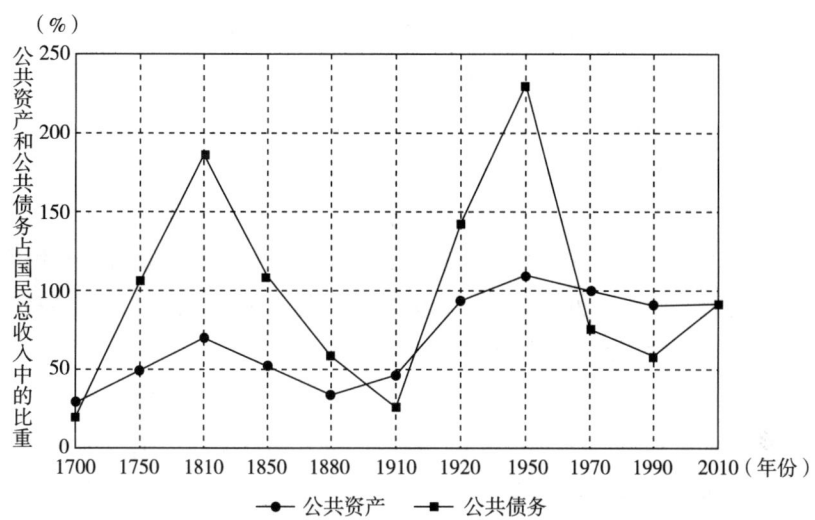

图 2-2 英国公共资产与公共债务的变化趋势（1700—2010 年）

资料来源：Piketty T., "Capital in the 21st century", (Winter 2015), http://piketty.pse.ens.fr/capital21c.

（二）以凯恩斯为代表的现代公债有益论

在古典经济学之前之后的很长一段时期，尽管不少经济学者持公债有益论的观点，但从总体来说，公债有害论仍然占据着主导地位。但是，从20世纪30年代凯恩斯掀起经济学理论革命以来，凯恩斯挑战当时的主流经济学取得了成功，凯恩斯主义经济学成为新的主流学说，凯恩斯所推崇的赤字财政成为当时世界的主流理论。

凯恩斯认为，自由放任的经济达到的均衡条件无法满足充分就业的需求。为了提高就业率和总产量水平，政府应当采取积极的财政政策，以弥补私人支出的不足。因此，必须放弃平衡预算原则，容忍赤字财政。凯恩斯关于公债的论述并不是十分系统，他的追随者汉森、勒纳等根据凯恩斯的有效需求理论，论述了公债可以达到的积极效果。

美国哈佛大学经济学教授阿尔文·汉森（Hansen A. H.）[①]认为，公共债务与私人债务之间的性质存在本质区别，公债无须像私人债务那

[①] [美] 阿尔文·汉森著：《货币理论与财政政策》，李圣风等译，山西经济出版社1992年版，第199页。

样清偿，而是可以通过借新偿旧来维持。这条原则后来被称为非蓬齐博弈均衡条件，并纳入了动态一般均衡模型（DSGE）中。汉森认为公债不一定会导致通货膨胀，虽然可以突破平衡财政原则，但是应当维持一定的财政赤字率，不应过高。

勒纳（Lerner A.P.）的"功能财政"理论具有相当的影响力。勒纳认为为了提高总需求水平、弥补"缺口"，应当允许财政盈余和财政赤字，他的观点甚至更为激进，认为公债只是一个政策工具，与经济总需求水平等指标相比，可以被看作"无关紧要"。[1]

汉森的弟子萨缪尔森是新古典综合派的代表人物，萨缪尔森认为公债随着时间增长是正常的，因为公债可以提升微观个体的消费倾向、促进消费和投资，从而提升就业率，促进资本形成。他在凯恩斯主义的财政"自动稳定器"[2]基础上，提出在经济萧条时期采取赤字财政，在经济繁荣时期同样可以保持财政赤字，不必一定要保持财政盈余。公债还是中央银行通过公开市场业务调节货币政策的工具。[3]

一个人所拥有的思想与其所处的时代是密切联系的。凯恩斯及其追随者的观点与他们所生活的英美国家公债发行情况有关。如上文所提到的，李嘉图所生活的时代，从18世纪开始英国就积累了巨额债务，政府不得不努力保持将近一个世纪的预算年度财政盈余，才使资产基本超过债务。早期的德国经济学者不少持公债有益论或者不强烈的公债有害论，这种观点，可能与德国从1870年开始，公共资产就基本上没有超过公共债务，并且两者间财政盈余相当充分的现象相联系。如图2-3所示，在凯恩斯所处的时代，美国历史上公共负债一直小于公共资产，美国的财政一直比较宽裕。所以，凯恩斯所提出的公共债务可以作为一种政策手段，以刺激经济、拉动就业是与当时的美国经济背景相联系的。随着美国经济地位的崛起，经济学学术研究的中心也开始从欧洲大陆向美国转移，像熊彼特等欧洲学者也到美国大学从事教学科研工作，

---

[1] Lerner A.P., "The Economic Steering Wheel", *the University Reviews*, June. 1941, pp. 2-8.

[2] 在经济低迷时，财政收入下降，财政赤字上升；在经济高涨时，税收等财政收入自然高涨，从中得到的收入正好可以弥补低迷时形成的财政赤字，从而抑制经济过热，提振经济，达到经济的自动稳定效果。

[3] 史锦华：《公债学》，中国社会科学出版社2011年版，第39—40页。

美国主流学术观点具有了超越国界的影响力。

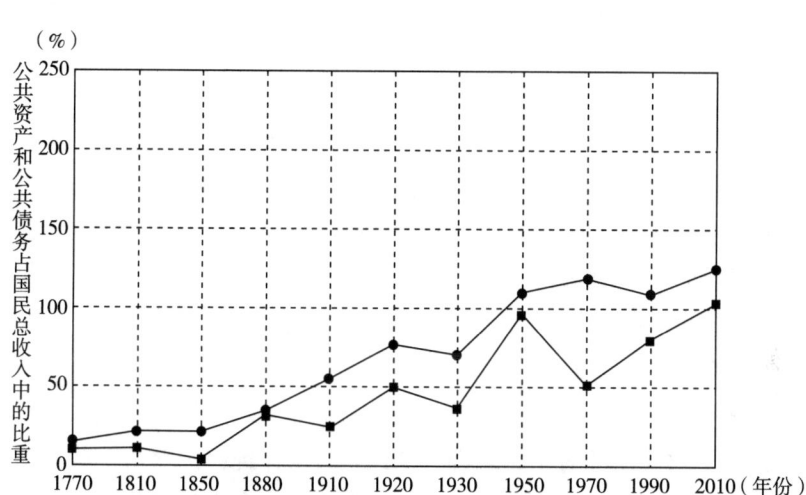

图 2-3　美国公共资产与公共债务的变化趋势（1770—2010 年）

资料来源：Piketty T.,"Capital in the 21st century",（Winter 2015），http://piketty.pse.ens.fr/capital21c。

（三）李嘉图等价定理

自持有公债有益论的凯恩斯主义经济学占主流地位以来，对凯恩斯的赤字财政进行有力冲击的首先是布坎南①。布坎南认为，政府主要有三种融资方式：一是征税；二是政府借款或者发行债券；三是大开印钞机。公债与税收的本质区别，在于公债的自愿性与税收的强制性。凯恩斯的理论和他所推崇的经济学信条，可以为如下议题提供理论依据，即"赤字开支、通货膨胀和政府规模的扩张"。② 使用债务来弥补财政赤字，尽管会在短期内看到一定的好处，从长期来看，可能会给子孙后代带来还债负担，带来的后果可能并不像凯恩斯主义者描述的那样乐观。布坎南认为，公债会导致个人难以认清未来的纳税责任，产生财政幻

---

① 作为公共选择流派的代表人物，布坎南的经济理论受到了欧洲大陆，尤其是意大利经济学传统的影响，以个人主义为主要的方法论，依据交易经济学的范式。

② ［美］布坎南：《赤字中的民主》，北京经济学院出版社1991年版，第24页。

觉。布坎南的论述引起了相当大的影响，吸引了不少经济学家批判凯恩斯主义公债理论，如诺贝尔经济学奖获得者莫迪利安尼、公共财政流派代表马斯格雷夫等。布坎南的系列论述阐述了李嘉图等价定理的基本观点。

当时的主流公债理论认为，政府赤字和减税会影响消费者行为，消费者收入增加了，消费水平相应也会提高。巴罗-李嘉图等价定理对这一观点提出了质疑。李嘉图等价定理表明：政府采取公债融资或者减税政策并不会改变消费者的消费水平，民众会考虑到未来支出的增加而将额外的所得储存下来。[①] 巴罗（Barro R. J.）在其《政府债券是净财富吗》[②] 一文中，重提了李嘉图在《政治经济学及其赋税原理》一书中对公债与赋税在某些情况下等价的论文，并论证了两者的等价效应。巴罗主要讨论了政府债券对于私人部门来说是否当作纯粹的财富，答案是否定的，因为私人部门已经预料到政府债券会造成未来的税收负担，从而调整当期消费行为。巴罗还提出了，具有利他动机的消费者会给后代留下遗产。因此，从居民的预期考虑，无论是采取税收融资还是债务融资，对消费水平和经济增长总的来看都是无效的。巴罗在一个代际框架中发展了这一论点，利他的个人通过增加储蓄来增加他们的遗产，用于足以支付未来抵销债务融资对后代的影响和赎回债券所需的税负增长。因此，在巴罗的模型中，个人的跨期消费和储蓄状况独立于政府在税收和债券融资之间的选择。需要特别说明的是，巴罗所在的新古典综合经济学认为，虽然发债在短期内可能不会导致通货膨胀，但是从长期来看，通货膨胀是无法避免的。

巴罗-李嘉图等价定理的反对者托宾（Tobin J.）在 1980 年发表了《财产积累与经济活动》一文，提出了公债的资本效应，并分析了李嘉图等价定理为何会不成立。托宾认为消费者并不都是代际利他主义者，消费者留给子孙后代的财产也并不一定都是正值。公债的发行相当于一个收入分配机制，用发债来减税会导致从不受减税好处的这部分人手中给受减税影响的人群。并且，税收并不全是一次性总付税，一般来说，

[①] 王志成：《财政学原理》，五南图书出版社 2006 年版，第 261 页。
[②] Barro R. J., "Are Government Bonds Net Wealth?", *Journal of Political Economy*, June. 1974, Volume 82, No. 82: pp. 1095-1117.

税收是法律规定针对特定行为而征收的，税收的非中性意味着税收总会对社会中的经济行为产生影响。

曼昆（Mankiw G.）认为：首先，民众是短视的，不会太多考虑到未来的纳税义务，而是认为既然其终身所得都增加了，不如及时行乐，从而提升总体消费水平。其次，政府的减税和赤字财政相当于给了民众一个贷款，民众的贷款额度一般是受到限制的，对于一个想要贷款消费而又苦于没有足够额度的人来说，这笔政府债务带来的"贷款"刺激了消费。最后，从代际财富再分配的角度看，当代人从利己角度出发，以损失后代人的支出为代价，增加当代人的消费支出，从而导致公债刺激了当期消费。

李嘉图等价定理的争论直到现在依然是学术界的重要争论议题，目前学术界不再仅从静态分析框架研究该定理，而是在动态一般均衡框架[1]中，使用动态跨期迭代模型（Overlapping Generations Model）分析李嘉图等价定理的存在性，认为具体成立与否需要看分析的理论假设前提。在初始无限跨期模型中，李嘉图等价定理一般被认为是成立的，而如果考虑异质性消费者（区分青年人和老年人）、跨期问题等，则定理可能不成立。[2][3]

李嘉图等价定理所引起的争论，在学术讨论上难以定论。但是在实践领域中，20世纪80年代以后，各国公共债务普遍增长迅速。在美

---

[1] 动态一般均衡框架也可以称为 DGE 宏观经济学，最早来自 Ramsey（1928）的一般均衡模型（CGE 模型），这个模型基本囊括了封闭经济中宏观经济学关注的所有变量，Lucas（1975）、Long 和 Plosser（1983）等在这个典型行为人模型基础上，DGE 宏观经济学逐渐拓展、吸收了包括经济增长、财政政策、货币政策、利率、资产定价、汇率和开放经济等内容。在新古典宏观经济学（neoclassical）和实际经济周期理论（RBC）的基础上；继承了凯恩斯主义（Keynesian）和新凯恩斯主义（New Keynesian），特别是后者讲求将把宏观经济学建立在坚实的微观基础之上，以及对垄断竞争的分析；从总体的而非局部的、完整系统的视角来思考宏观经济体，使用长期的、而非短期的均衡概念。在动态一般均衡框架中，政府融资问题也是一个重要的议题，特别是在确定性和不确定性条件下探讨离散的最优税收问题，使用 Ramsey-Cass-Koopmans 模型的离散情形下，讨论资本税和债券的均衡配置。本脚注参考了迈克尔·威肯斯、威肯斯、段鹏飞等：《宏观经济理论：动态一般均衡方法》，东北财经大学出版社 2011 年版。

[2] 朱军：《高级财政学：现代公共财政前沿理论分析》，上海财经大学出版社 2010 年版，第 149—154 页。

[3] 龚六堂：《公共财政理论》，北京大学出版社 2009 年版，第 361—365 页。

中国地方政府债务的经济效应研究

国,里根总统在任的八年里,美国的政府债务从9140亿美元膨胀至超过26000亿美元①。到了奥巴马总统任期内,由于债务的过快膨胀,甚至达到联邦债务限额,又无法达成新的债务限额协议,政府一度关门。尽管学术界对李嘉图等价定理的讨论掺杂了学者对其各自拥护学派的辩护,公债问题的确实存在、公债经济效应的不确定性,使得李嘉图等价定理仍旧是政府债券对宏观经济影响本质性的探讨、成为探讨公共债务问题无法绕开的重要问题。

框架三:地方政府债务理论

本书认为公债理论在地方财政层面的发展,带来了第三个分析框架——地方债资本化效应分析。

(一)公共产品理论

新古典经济学无法解释地方政府存在的合理性,也无法说明为何中央政府无法提供符合每个居民偏好和资源禀赋的公共产品,由此产生了地方财政理论来阐释为何地方政府能满足地方居民对公共产品的差异性偏好。②

马斯格雷夫(Musgrave R.)等在1939年发表的论文《财政学的自愿交换理论》,形成了研究公共财政"自愿交换"理论的萨克斯-维克赛尔-林塞尔-马斯格雷夫模式。这篇论文奠定了公共产品理论的基础,也是资源配置、收入分配和经济稳定三大财政职能的起源。③ 在地方公债问题上,马斯格雷夫认为,对于国债来说,绝大部分都是国内私人部门之间的借贷关系,往往保留了很好的金融流动性,性质属于内部借款。而对于地方债来说,地方政府债券主要是由外部居民购买的,属于外部借款。因此,地方债面临比国债更加复杂的负担问题,更可能把偿债责任转移给后代。④

保罗·萨缪尔森(Samuelson P.)在1954年发表的《公共支出的

---

① [美]E.亨特:《经济思想史——一种批判性的视角》(第2版),上海财经大学出版社2007年版,第355页。
② 王旭坤:《中国地方政府举债权研究》,法律出版社2016年版,第261—261页。
③ [美]理查德·马斯格雷夫等著:《财政理论史上的经典文献》,刘守刚等译,上海财经大学出版社2015年版,第1页。
④ Musgrave A., "The Voluntary Exchange Theory of Public Economy", *Quarterly Journal of Economics*, Vol. 53, Feb. 1939, pp. 213-237.

纯理论》一文中，把马斯格雷夫等所提出的财政"自愿选择理论"，用纯数学的方式进行了表达，推动了最优公共支出理论的规范研究。[①] 此外，萨缪尔森在1958年为分析养老保险提出了世代交叠模型[②]，与之前的经济模型相比，世代交叠模型的创新之处在于考虑了青年人和老年人处于不同生命周期行为的差异。世代交叠模型说明不同时代的人共同生活在一个社会之中，不同年代的人的行为和选择互相影响。世代交叠模型所考虑的代际问题和跨期分析启发了巴罗和布坎南等关于公债效应的讨论。

（二）税收资本化理论

蒂布特（Tiebout C. M.）[③] 在1956年发表的《地方支出的纯理论》一文中阐述了经典的"用脚投票"模型，含义为：民众可以通过迁徙来选择居住地，该地提供了最能满足个人偏好的公共服务组合，民众承担了自己所享受公共服务的边际收益来支付租税，如此地方公共支出便达到了效率最优。蒂布特模型有严格的假定条件：消费者具有充分的迁徙能力，且消费者完全理解各地公共支出和租税的差异；有相当数量的居住地区可供消费者选择，在这些地区迁徙不会造成就业困难；地区间的公共支出和租税征收不会造成外部经济或者不经济的问题；每个地域的人口数均有一定的最适合规模，未达到这个最优规模的地区，其财政水平处于地域平均成本递减的阶段，会吸引外地居民流入该地居住。[④]

美国马里兰大学经济学教授奥茨（Oates W. E.）在1969年发表题

[①] Samuelson P., "The Pure Theory of Public Expenditure", *Review of Economics and Statistics*, Vol. 36, April. 1954, pp. 387–389.

[②] Samuelson P., "An Exact Consumption-Loan Model of Interest with or without the Social Contrivance of Money", *Journal of Political Economy*, Vol. 66, June. 1958, pp. 467–482.

[③] 也有学者译Tiebout教授名为丁波，如中国台湾财政学者王志成。蒂布特是美国华盛顿大学的经济学和地理学教授，1968年1月突然去世，年仅43岁，英年早逝。蒂布特对地方财政理论做出了开创性的贡献，引发了大量相关研究，但是蒂布特的研究发表后的一段时间并没有引起学术界太多的回应。直到奥茨重新"发现"了蒂布特的研究，用实证数据验证了蒂布特的理论，并进一步发展了财政分权理论之后，蒂布特的研究才逐渐受到关注，得到广泛的认同。

[④] Tiebout C. M., "A Pure Theory of Local Expenditures", *Journal of Political Economy*, Vol. 64, May. 1956, pp. 416–424.

为《财产税与地方政府支出对房地产价值的影响》的论文[1]，这篇文章使用美国新泽西州53个居民社区的数据，实证了蒂布特的理论。通过分析，奥茨发现地方预算安排最大的开支项目是中小学，所以他使用学校数据，讨论了房产税和地方支出安排是如何影响当地房地产价值的，证明了为获得较高质量的公共产品，居民愿意支付更高的价格。奥茨从实证上证实，税收和公共支出确实被作用于房价。

奥茨的经典论文启发了大量关于税收资本化问题的研究。财产税资本化被定义为"将税收或者公共服务的变动合并计入住房的价值中"，[2]这样房价中反映的是现在和未来的财政剩余过程。经验性资本化文献讨论了影响财产价值的许多变量。Yinger 和 Börsch-Supan[3] 进行了资本化的早期全面研究，例如 Stull 和 Stull[4]、Palmon 和 Smith[5]、Weimer 和 Wolkoff[6] 等也考虑了税收或公共产品的资本化，但是没有考虑到债务的资本化。文献表明，除了税收和公共服务方面的差异，学校质量、环境质量、社区特征等部分或全部资本化为财产价值。

（三）债务资本化与地方财政的李嘉图等价

李嘉图等价定理讨论的是债务融资和税收融资之间的效应比较和讨论。在地方层面上的等价效果讨论甚至早于巴罗的经典论文，早在1969年Daly就讨论了债务资本化理论[7]。尽管地方政府所负担的债务从性质上说都是外债，但债务负担不一定由当地的后代子孙负担，而是

---

[1] Oates W. E., "The Effects of Property Taxes and Local Public Spending on Property Values: An Empirical Study of Tax Capitalization and the Tiebout Hypothesis", *Journal of Political Economy*, Vol. 77, June. 1969, pp. 957-971.

[2] ［美］阿尔布里奇著：《财政学：理论与实践》，马海涛等译，经济科学出版社2005年版，第257—258页。

[3] Yinger J., Börsch-Supan A., *Property Taxes and House Values*, Elsevier, 2013.

[4] Stull W., Stull J., "Capitalization of Local Income Taxes", *Journal of Urban Economics*, Vol. 29, Feb. 1991, pp. 182-190.

[5] Palmon O., Smith B., "A New Approach for Identifying the Parameters of a Tax Capitalization Model", *Journal of Urban Economics*, Vol. 44, Feb. 1998, pp. 299-316.

[6] Weimer D., Wolkoff M., "School Performance and Housing Values: Using Non-Contiguous District and Incorporation Boundaries to Identify School Effects", *National Tax Journal*, Vol. 54, Feb. 2001, pp. 231-253.

[7] Daly G., "The Burden of the Debt and Future Generations in Local Finance", *Southern Economic Journal*, Vol. 36, Jan. 1969, pp. 44-51.

反映到当地的资产价值上来。假如财政幻觉完全不存在，那么一个选择居住地的居民将考虑到现在的政府债务会构成未来的纳税义务。

Akai 证明了如果公共债务反映在物业价格中，那么李嘉图等价定理可能成立。Hatfield 的理论推导得出了类似结论。Stadelmann 和 Eichenberger 写作了一系列文章来讨论债务资本化和地方层面的李嘉图等价定理。Stadelmann 和 Eichenberger 在 2008 年合作发表的论文，还强调了债务资本化与李嘉图等价定理之间的联系。Stadelmann 和 Eichenberger 在 2013 年发表的《债务资本化进入物业价格：一个债务发生率新视角的实证分析》一文中表明了公共净债务水平倾向于负面和显著的资本化。

Banzhaf 和 Oates 在 2013 年合作发表的论文不仅分析了债务资本化效应的纯理论，从这个意义上说明了李嘉图等价定理成立的条件，而且还分析了由于债务幻觉、租户幻觉和公私融资成本可能存在的差异及李嘉图等价定理不成立的条件，这与新古典综合派所论证的李嘉图等价定理不成立的条件殊途同归。① 这篇论文获得了理查德·马斯格雷夫最佳论文奖，以此可以被看作债务资本化理论相对成熟的标志，也表明公债资本化理论得到了美国主流学术界的认可。

在导致地方财政的李嘉图等价定理不成立的原因讨论中，几乎都涉及财政幻觉分析。财政幻觉有五个主要的子命题：一是税收收入复杂性的问题；二是收入的弹性问题；三是粘蝇纸效应；四是租户幻觉；五是债务幻觉。②

债务资本化研究是近年来公债领域研究的重要突破，如果说对李嘉图等价定理的争论与讨论规范化了国债的理论基础，地方财政的李嘉图等价定理和债务资本化的讨论，则成为地方债理论在国际学术界取得的重要进展。债务资本化理论与使用世代交叠模型研究李嘉图等价定理并不矛盾，而是在另一个层次、另一条路径的异曲同工。地方公债理论表明，地方债的发行可以在一定程度上满足地方居民对公共产品的差异化

---

① Banzhaf H. S., Oates W. E., "On Fiscal Illusion in Local Public Finance: Re-examining Ricardian Equivalence and the Renter Effect", *National Tax Journal*, Vol. 66, Mar. 2013, pp. 511-540.

② 也有学者把 renter illusion 译为租赁幻觉，本章认为租户效应更接近英文原意，不容易引起误解。

需求，但是如果地方债规模过于膨胀、政府过度投资，反而会损害当地居民的财产利益，这充分证明了地方政府发行公债的必要性与发行规模应受到限制的合理性。

Reiner Eichenberger 和 David Stadelmann[①] 的文章《联邦制如何保护后代免受当代公共债务之害》中反对传统认为的联邦主义保护当代人的观点，论文的实证结果显示，当公共债务资本化进入物业的价值，在其他条件不变的情况下，拥有较大净债务的地区，房地产价格较低。房地产价值的债务资本化越明显，土地供应弹性越小，其他生产要素的流动性越大。

第二节 对我国公债的研究

我国公债理论的进展与国际学术界相比，既具有本国鲜明特点、产自我国土壤的理论，也在不断地学习和引进国际学界的成果。我国公债理论的发展是与我国财政实践密切联系的。由于国内公债研究相当丰富，本章限于篇幅和精力不可能一一详述，本节将会就我国公债研究的特点进行概述，重点在于说明为何本书重点研究地方政府债务的经济效应。本书对地方政府债务具体经济效应讨论中参考的文献，将会在后文相关章节做详细介绍。

一 重视风险研究

我国在地方政府债务研究方面，高度重视债务风险。唐云峰等[②]在分析我国与国际地方政府债务研究关键词的基础上，进行量化比较分析，发现与国际上地方政府债务研究主题高度分散不同，我国的地方政府债务研究核心在于地方政府债务风险。

随着 20 世纪 70 年代掀起的李嘉图等价定理研究高潮之后，公债相关理论相对处于一个平淡时期。直至 20 世纪末世界银行经济学家发表了一系列关于财政债务风险的研究论文，这些研究，主要是通过财政实践中调研发现问题总结出来的，特别集中地体现了公债实践引领公债理

---

① Eichenberger R., Stadelmann D., "How Federalism Protects Future Generations from Today's Public Debts", *Review of Law & Economics*, Vol. 6, Mar. 2010, pp. 395-420.

② 唐云锋等：《基于共词分析的中外地方政府债务研究比较》，《财经论丛》（浙江财经大学学报）2016 年第 11 期。

论的特点。财政债务风险是经济学家和公共管理学者长期关注的一个重要问题。20世纪90年代,世界银行专家白汉娜(Brixi H.)[①]等的研究最为引人关注,白汉娜在或有债务概念的基础上,提出财政债务风险矩阵,拓展了认识框架,把对政府账目上的分析引入了账目背后和没有被预算表完全包括在内的内容,帮助发展中国家更加深入地认识财政债务风险来源,更加准确地计量风险的状况。

以白汉娜为代表的世界银行对财政风险(fiscal risk)的研究对我国的公债研究产生了很大影响,但是在国际学术界没有得到太多回应,以财政风险或财政不确定性(fiscal uncertianty)为关键词或篇名检索英文文献,相关研究较为有限,仅有少量中国学者发表研究我国财政风险状况的英文论文。这种情况,一方面是由于以白汉娜为代表的世界银行经济学家所发表的一系列关于财政债务风险的研究论文,是世界银行针对东亚、中东、北非等发展中国家财政管理情况所进行的研究。这些研究主要是对财政实践(特别是发展中国家)的观察、总结,从而被理论化,目的就是指导发展中国家提升财政管理水平。白汉娜曾被世界银行派往中国工作数年,还被聘为清华大学的客座教授,推动了中国学者了解财政债务风险矩阵。另一方面是由于英文期刊和国际会议所发表的论文倾向以美国等发达国家为主要研究对象。发达国家在历史上也曾面临财政连年赤字、巨额公债负担和财政破产危机的严峻挑战,关于这些问题的研究多是在宏观经济学的框架内探讨,以财政可持续性(fiscal sustainability)、债务清偿能力(debt solvency)和财政危机(fiscal crisis)等为关键词或者篇名。在发达国家,中央政府和地方政府财政管理体制的变迁,经历了一个不断完善的发展过程,建立了相对先进合理的管理制度。财政运行也经历了一段比较稳定的时期。自70年代以来,国际学术界讨论财政债务问题主要多在李嘉图等价定理议题下,对政府债务问题的讨论,也从异常火热到逐渐平淡。直至2008年国际金融危机,世界各国普遍采取财政扩张性政策,导致财政赤字的累积和债务状况的恶化,政府债务问题才又一次成为学术界讨论的热点议题。但是从

---

① 白汉娜、马骏:《财政风险管理:新理念与国际经验》,《世界银行》2003年版,第1—17、43—81页。

财政风险或者财政不确定性角度的研究依然有限，仅有论文从财政政策波动性角度来模拟政策波动所带来的福利损失。

我国对于财政债务风险的研究从 20 世纪末开始，并逐步成为一个热点问题。刘尚希和赵全厚[①]运用白汉娜提出的财政债务风险矩阵，把政府债务分为显性债务（法律或合同规定的）和隐性债务（政府负有道义上的偿债义务）、直接债务（肯定会有的）和或有债务（可能会有的），对我国政府债务的风险状况做了估计，引入政府资产存量来分析，认为即使是在对债务比较保守的估计下，政府在 1999 年也已经具有相当规模的债务，财政风险状况不容乐观；不仅从存量分析，还加入了流量考察，他们的结论是：不仅从存量还是流量分析，用于抵御债务风险的政府资源都是相当紧张的；他们认为应当明晰风险责任，并认为这是减少和化解政府财政风险的治本之道。

我国的公债研究对财政风险问题特别关注，学者运用了多种理论和多种方法，写作了大量文章，最为流行的分析框架就是白汉娜的政府财政债务风险框架。尽管学者一直试图尽量拓展和深化，但大量的研究一般还是使用白汉娜财政债务风险矩阵为框架来对地方债务进行挖掘。虽然白汉娜的财政债务风险矩阵在一段时间内推动了我国公债研究的深化，但随着我国研究的深入化、专业化和国际化水平的不断提升，尤其是近年来复杂性、脆弱性、危机理论等研究的兴起和影响，学术界逐渐发现这个债务分类框架是技术性的，且过于强调财政内部的不确定性，对外部不确定性和财政风险重要影响变量关注不足。以往财政风险研究往往表现出总体性和全局性，越来越多的学者开始深入某个具体方面，进行专题性的研究财政风险问题。

随着财政赤字的扩大和债务规模扩张，国内财政债务风险研究热度越来越高，除财政债务风险矩阵研究成果之外，还有从政府会计角度进行的研究[②]。财政风险的监测预警模型一直以来都受到关注，[③] 地方政府

---

① 刘尚希、赵全厚：《政府债务：风险状况的初步分析》，《管理世界》2002 年第 5 期。
② 肖振东：《基于财政风险防范的财政审计研究》，《审计研究》2009 年第 5 期。
③ 郭玉清：《逾期债务、风险状况与中国财政安全——兼论中国财政风险预警与控制理论框架的构建》，《经济研究》2011 年第 8 期。

财政风险也拓展了研究的层次。① 此外，关于财政风险影响因素研究有金融风险与财政风险之间的联动关系②、税收增长趋势变动③、立法④和PPP⑤等。

越来越多的学者意识到，一个国家的负债承受能力与该国的实际情况密切相关，如该国的债务结构、资产状况等，无法使用某个指标一概而论。近年来，使用"或有负债"的概念和政府资产负债表分析我国财政风险情况成为一个受到关注的研究视角。⑥资产负债表的编制，对摸清我国财政风险状况进行了大量富有意义的尝试，也为我国政府编制国家资产负债表和地方资产负债表工作做了铺垫。

二 跨专业成果多

传统上，公债研究是属于经济学的重要议题。在我国，经济学者不仅限于财政学相关专业，也有其他理论经济学和应用经济学分支，以及从不同具体专业领域进行观察，比如土地经济学关注的土地财政，地方债与信托、保险、金融租赁等关系的研究者。近年来，不少政治学、社会学、历史学等学者也从事关于公债的研究，而且其中出现了不少高引用频次的文献。⑦ 以地方政府债务或者债务风险为主题检索知网，按照引用频次排序，不仅能找到经济学者的研究，高引用率的论文有很大比例是来自政治学和社会学等专业背景的解释，同时还提供了相当有解释力的分析。以公债为研究对象的多学科研究从不同角度加深了对公债理论和实践的认识。

历史学角度对公债研究的近代史部分，主要是晚清时期、北洋政府

---

① 余子良：《地方政府融资平台的来龙去脉与风险规避》，《改革》2013年第1期。
② 王正耀：《转轨时期中国财政风险与金融风险联动问题研究》，博士学位论文，西南财经大学，2006年。
③ 关飞：《基于税收非均衡增长视角的财政风险问题研究》，博士学位论文，天津财经大学，2011年。
④ 丛中笑：《全球金融风暴下财政风险的立法控制》，《吉林大学社会科学学报》2009年第3期。
⑤ 刘薇：《PPP模式理论阐释及其现实例证》，《改革》2015年第1期。
⑥ 聂晴：《基于资产负债表方法的中国财政风险问题研究》，博士学位论文，武汉大学，2013年。
⑦ 当然不只是公债理论或者债务风险的主题，实际上跨专业的研究在财政学领域是很常见的，财政学本来就属于一个学科交叉的领域。

时期、民国政府时期和革命根据地发行的债券，当时国债和地方债的发行成败案例都很丰富，为当前地方债发行提供了不少值得借鉴的案例；公债债券发行对金融市场的影响也很显著，随着当时金融和经济形势而变动，公债的经济效应和利率走势对今日的借鉴；革命根据地的公债发行与中华人民共和国成立之初的公债制度一脉相承，甚至到1981年国债重发都可以看到其中的影子。现代史部分主要是对中华人民共和国成立之初到1981年国债重发期间的历史，也有某只公债的研究，比如人民胜利折实公债。历史研究为我国公债的研究提供了宝贵的史实、数据、案例素材。对中国共产党领导下的公债发行研究，学者主要采取分阶段、分发行主体来研究。万立明在广泛收集史料、长期深入研究的基础上，发表了从建党之日起到1999年党的公债政策论述著作，对党的公债政策的主要特点和基本经验进行了总结。潘国旗和柳文在翔实的史料基础上，对党从土地革命战争时期至1998年的公债政策演变历史过程进行了深入考察和经验总结。刘晓泉对新民主主义革命时期公债政策的制定实施、内容分析和评估研究进行了全面的梳理。此外，他对新民主主义革命时期根据地发行的某只债券公债或者某一根据地发行公债进行多项专门研究。经济学学者研究更侧重于对中华人民共和国成立后政府债券发行、风险和经济效应方向，得出大量富有启发性的分析。冯静和汪德华把国债和地方债发行作为一个整体，回顾了中华人民共和国成立后70年政府债务发行历程。也有学者从国债或地方债角度综述了70年的发展历程。[1][2][3] 由于党的公共信用建设研究涉及中共党史、经济史、财政学等相关学科，囿于学科限制存在一些不准确的认识，比如一些专门研究地方债的论文著作中，认为1978年之前没有法律允许的地方债发行。再如一些研究割裂了中华人民共和国成立前后的公债发行，把国债或地方债作为没有联系的单独个体来看待。需要从广阔的维度下来理解和考量，应把党在中华人民共和国成立前后总共近百

---

[1] 温来成、姚晨程：《中国国债市场70年回顾与展望》，《经济问题》2019年第10期。
[2] 郭玉清、毛捷：《新中国70年地方政府债务治理：回顾与展望》，《财贸经济》2019年第9期。
[3] 刘昊：《新中国70年地方政府债务发展历程与治理经验》，《经济体制改革》2019年第4期。

年的公债历程作为一个连续的过程进行考察，把国债政策和地方债政策作为整体进行把握，把公债政策与税收、支出等财税政策进行有机联系的系统研究。

社会学的研究以其扎实的田野调查提供了基层政府的大量案例，调研资料翔实，以小见大。由于政府性债务数据准确获取的困难，以及影响政府性债务机制因素长期隐形化，社会学对于基层问题的讨论热点在乡镇企业和三农问题，多是通过扎根基层、深入企业和农民"内部"得到大量有益的经验材料。地方政府债务问题对于政府来说属于相对敏感的话题，财政领域的研究一般被认为带有一定的专业性，研究地方债问题相对其他地方治理问题，给人一种有"门槛"的感觉。往往在公共管理领域的基层调研中，基层债务问题的资料相对较少，而社会学文献，比如周飞舟的《以利为利——财政关系与地方政府行为》一书和他的系列论文深刻揭示了政府间关系，如何奠定政府与企业关系、政府与农民关系等其他重要社会关系的基础。

与作为社会学分支的经济社会学有所不同，社会学与财政学的交叉学科——财政社会学[①]，不仅融合了社会学、经济学和政治学对财政领域问题的关注，而且逐渐发展成为一个相对独立跨学科的研究方向，对债务危机提供了独特的解释视角，该理论认为债务危机的发生有其必然性，应当把财政作为观察解释社会变迁的基础性视角。财政社会学在欧洲大陆长期具有相当的影响力。

国际学术界在20世纪80年代末，曾对中国市场经济转型有别于俄

---

① 开创性地开展社会学与财政学交叉研究的开山之作，可以算作1918年熊彼特写作的论文《税收国家的危机》，尽管熊彼特最初的想法表达于一次公开演讲，且在此后的二三十年通过演讲和写作数次修正了税收国家的思想，但熊彼特最集中和主要的论述还是包含在最初的论文中。在《税收国家的危机》中，熊彼特希望人们能从财政的角度探讨国家的本源问题。他认为封建社会领主自负盈亏，王国内土地属于其私产，收入来自土地及农奴捐税，在该领主的王国内公共领域和私人领域是不做区分的。由于战争负担的加重，尤其是领主不得不依靠雇佣兵使得支出大增，导致封建领主无法解决由此带来的债务危机，不得不以公共需要的名义增税。现代国家产生于从"领地国家"向"税收国家"的转变。"税收国家"的危机在于国家基于公共需要向私人部门索求的税款对经济会产生影响，税收能力是有限度的，如果国家不尊重私人部门的自治、税收索求超过了私人部门的承受能力，"税收国家"就会产生危机、持续发酵就会走向衰落。他对财政制度失败作了定义，认为其是"由不可逆转的社会变化所带来的显而易见的、无法避免且持续的运转失败"。

罗斯的休克疗法,并取得成功的原因展开了一场讨论(主要在西方学术界,包括华人学者,后来国内学者也加入了讨论),这场讨论首先由倪志伟1989年发表的题为《市场经济转型理论:国家社会主义从再分配向市场的转变》的论文掀起引发,倪志伟的论文选题颇为引人关注,然而倪志伟的原因分析引起了一些学者的争鸣。后来解释我国地方政府发展模式的一些"热词"、许多重要概念都是在这次讨论中出现的,比如在国内外文献中广泛被引用的戴慕真的"地方法团主义",还有"政府即厂商"非正式制度"锦标赛"等。这些分析核心观点和结构被国内公共管理、政治学等学科学者所引入,成为观察地方政府债务行为的观点。研究中多有涉及地方政府债务的形成原因,比如周雪光[①]的研究认为由于地方官员急于在短期取得政绩,又不能采取摊派、强制增税等负面效果比较突出的办法,就会使用政府借贷融资作为扩大政府财政资源的手段。

学术研究有时就犹如探索黑屋,每位学者的研究都是使用某种角度的光线照亮屋子的一角,而后人在前人的基础上继续探索前进。关于此领域跨学科研究所引人深思的地方在于,被高频引用的论文和著作(一般也被认为是影响较大、解释力较强的研究)不少是在对政府性债务相关历史历程和现实实践进行深入理解的基础上,从政治学、社会学或者历史学的理论出发,进行的阐释和解读。这些研究都是在对两个甚至两个以上学科相关理论深刻理解基础上,重新阐释财政学的议题。这也可能表明了公债领域学科交叉和融合深化的一种趋势。

三 地方债经济效应亟待探讨

尽管政府债务研究历史悠久,文献丰富,近年来随着地方债风险的关注,政府债务文献更是呈井喷态势。但是,针对地方政府债务的研究还是大多从债务风险的角度,出版社的书籍各有侧重。现实中,我国地方债风险的状况令人担忧。

地方债的研究,大多从担忧地方政府债务的规模膨胀所可能带来的政府还本付息风险这一角度进行分析,主题相对集中。我国地方政府债务的获准"降生"、规模逐步扩张、风险化暗为明,必将成为一个重要

---

① 周雪光:《"逆向软预算约束":一个政府行为的组织分析》,《中国社会科学》2005年第2期。

的经济影响变量。地方债对经济影响效应究竟如何，具体影响系数，影响发挥的机制怎样，这些都将成为实践界和学术界需要共同面对的议题。研究地方债的深层次作用机制，显然不是一日之功，而是长久的话题。地方政府债务规模的扩张，也带来了相当多实证研究的空间。许多以往纯粹理论上探讨的文章，可以得到经验的证明。许多以前发行地方债的国家面临的经济问题，我们也可能会观察到。那么我国的地方债究竟带来了怎样的经济影响？这留给了理论研究相当大的空间。

从地方债的宏观效应来看，地方政府债务对经济增长的影响研究越来越多地成为学术界关注的重点问题。[①] 中文文献关注到了正向的财政资本化，即税收资本化或者公共服务资本化。但是几乎没有文献关注到负向的财政资本化，即债务资本化，仅有两篇文献讨论了地方债对房价的影响，结论是地方债推动了房价的上涨。[②③] 但分析并没有涉及资本化问题。研究地方债的影响因素的文献中，有研究探讨房价[④⑤⑥]、地价[⑦]对地方债的影响。对于地方政府对房价的影响，主要从土地财政角度分析地方政府如何通过土地出让金来推动地方房价的上涨。[⑧]

第三节　本章小结

根据本章对于国际学术界公债理论发展脉络的梳理，以及我国公债

[①] 出于行文的逻辑、流畅和衔接的考虑，本章主要就公债理论发展脉络进行梳理，只选择介绍代表性文献。我国地方政府债务对经济增长影响的文献详细介绍，本书安排到了第四章。

[②] 刁伟涛：《土地财政、地方债务与房价水平——基于省际面板数据的实证研究》，《当代财经》2015年第2期。

[③] 赵大利：《城投债务对商品房价格的影响分析》，《当代经济》2014年第13期。

[④] 齐天翔、陈瑞：《经济增长、房价水平与地方债规模》，《深圳大学学报》（人文社会科学版）2016年第4期。

[⑤] 陈瑞等：《房价波动对地方债规模的影响——基于省级数据的实证研究》，《财政研究》2016年第6期。

[⑥] 秦凤鸣等：《房价与地方政府债务风险——基于城投债的证据》，《财贸研究》2016年第5期。

[⑦] 陈瑞、卞洋：《地价、房价与地方债规模——基于省级面板数据的新发现》，《理论与现代化》2016年第3期。

[⑧] 周彬、杜两省：《"土地财政"与房地产价格上涨：理论分析和实证研究》，《财贸经济》2010年第8期。

理论文献的回顾，可以发现，国际学术界对地方公债理论相当丰富，我国的地方债研究长期以来没有得到足够重视，且现有研究更多地关注地方债风险，而不是经济效应分析。因此，从理论发展角度，本章认为可以把国际学术界最新地方债公债研究成果引入我国，进行理论上的适用性探讨和实际数据实证检验。将在后文中重点就地方政府债务的经济影响，特别是地方政府债务对经济增长的影响、对收入分配的影响，以及是否存在资本化效应等问题展开理论分析和实证研究。

第三章

地方政府债务：发展演变与现状分析

分析地方政府债务的经济效应，要回到历史和现实的场景中，从中抽离出理论脉络和分析线索。本部分试图厘清地方政府债务的发展过程，明晰地方政府债务的用处，回顾地方政府债务的历史演变，探析地方政府债务的经济影响。

提到政府债务的发行历史，人们往往联想到1981年国债的重新发行；对当代经济史有所了解的人可能会想到中华人民共和国成立之初的人民胜利折实公债和经济建设公债；熟知近代史的人或许可以联想到晚清政府的"息借商款"或者"爱国公债"。政府债务听起来像近代才出现的西方舶来品，我国国债的正常发行到20世纪80年代才恢复，地方政府债券被法律允许正式发行到近几年才开始。

实际上，中国政府债务由来已久，历史上，债务危机已爆发过数次。根据《汉书·诸侯王表序》的记载，早在公元前256年，周天子姬延（周赧王）为了合纵攻秦，筹措军费而向富户借债，然伐秦失利，债务也就无力偿还，只能躲进宫殿中一高台避债，这就是"债台高筑"这一成语的来源，这可能是我国有记载的最早一次"债务危机"，也说明了在中国古代历史中就存在了公共借贷关系。之后的汉唐都有财政信用活动。[①] 但是，这些早期的政府借贷行为并不是现代意义上的公债，几乎都是政府强迫或者半强迫的借贷行为。近代意义

---

① 张海星：《公共债务》（第2版），东北财经大学出版社2011年版，第20页。

上的公债是晚清政府为了筹措甲午战争的军费所举办的"息借商款"。我国从1840年鸦片战争之后，就开始了长达百余年的宏大而苦痛的社会剧变时期，对于西方发达国家走了几十年、上百年的路程，我国要在几十年间完成，反映到财政领域，具体到地方政府债务的问题，像一部跌宕起伏的小说，其存续或明或暗，其影响或起或伏，带给我们诸多思考与启示。正如熊彼特曾经写道："比因果关系更为重要的是财政史的征兆意义。一个民族的精神，以及她的文化水平、社会结构和政策预示的行动等，所有这些甚至更多的事情都是由财政史所书写的。一个知道如何在此听取信息的人能够比在其他地方更能清晰地洞悉世界历史的声音。"

第一节　发展演变

从1921年中国共产党成立，迄今已走过百年历程。从1930年湘鄂西鹤峰县苏维埃政府发行第一个公债券算起，中国共产党领导下的公债发行已经走过了90多个年头。在公债发行的实践中，党始终坚持以马克思主义理论为指导，一方面，把公债作为筹措战争军费、弥补财政收支缺口、发展工商经济、抑制通货膨胀的重要手段；另一方面，始终注意控制公债发行可能带来的对收入分配的不利影响，注重公共信用的建立和维护。回顾在党的领导下公债发行和公共信用建立历程，既能感悟到"中国共产党为什么'能'，马克思主义为什么'行'，中国特色社会主义为什么'好'"，也能为降低政府债务风险提供解决思路，带来启示。

中华人民共和国成立后，地方政府债务的发展历程，分析我国地方政府债务规模膨胀的历史成因，往往令人想到1994年以来的分税制改革。关于地方政府债务风险来源比较流行的观点是分税制改革是导致风险恶化的重要原因。这个观点可能有道理，但忽略了一个关键事实，就是在分税制没有实施之前，将近一半的地方政府已经开始借债，而且到1990年就已经有91.67%的省级政府、46.17%的市级政府和42.61%的乡镇政府有了具有偿债责任的债务。地方债务的增长率高峰分别出现在

1998 年的 48.2%和 2009 年的 62.92%。① 这提示我们要分析地方债的来源和经济影响就需要还原历史场景，关注到制度的延续性。

自中华人民共和国成立以来，国债和地方债的历史就是相互纠葛的，有些时候中央政府发行的债券在地方政府预算中收支，有时中央政府直接代地方政府发债，有时地方债利率高于国债。国债和地方债之间的界限如此模糊，以至于很难说清楚某笔中央政府发行的债券究竟是国债还是地方债，现在地方政府发行的债券在某些特定的历史时期到底算是"准国债"还是"公司债"。尽管如此，在现有的研究中，对国债和地方债作为一种统一而非分割的历史描述非常有限。即使是研究二者的联系，也往往选择分开论述二者的历史。本章试图从历史中厘清我国地方政府债券的历史演进脉络，试图找到地方政府债券到底从哪里来、用到哪里去，庞大的地方政府债到底是如何形成的，地方债的经济影响如何。

一 探索阶段（1927—1949 年）

新民主主义革命时期，我党就在根据地进行过多次发债尝试，发行了 70 余种债券，缓解了当时的财政压力，而且公共信用从萌芽到逐渐建立。

（一）土地革命战争时期（1927—1937 年）

土地革命战争时期，根据地发行了约 18 种公债。目前有据可查的我党领导下发行的第一个债券是 1930 年春湘鄂西鹤峰县苏维埃政府发行的鹤峰借券，发行总量 2 万串，合银圆 1 万元，1931 年清偿全部借款并加倍兑付了银圆。② 1931 年长江流域遭遇罕见洪灾，湖南、湖北受灾严重，当年冬湘鄂西省苏维埃政府发行了湘鄂西水利借券，总额在 80 万元，面额 1 元，属于无息借券，以土地税做担保。③ 主要向赤白地区的商人和富农推销，自愿认购，禁止强迫购买。借券发行顺利，并全

---

① 2011 年审计署第 35 号统计公告，本章提到的地方债数据如果未加专门说明，皆来自此统计公告。
② 刘晓泉：《新民主主义革命时期中国共产党公债政策研究》，经济科学出版社 2019 年版，第 10、177—178 页。
③ 财政部财政科学研究所、国债金融司：《中国革命根据地债券文物集》，中国档案出版社 1999 年版，第 1 页。

部用于水利建设，筹款占全部水利经费的20%，使得修筑堤坝顺利完成。[1] 在当时根据地物资奇缺的情况下，修堤坝需要至少250万元，苏维埃政府不仅拿出收入的30%，还使用公债方式修建水利，取之于民、用之于民，也为中国共产党扩大了群众基础。[2]

为打破国民党军队对根据地的围剿，克服严峻的财政困难，1932—1933年，中央苏区曾三次发行公债。1932年6月中华苏维埃共和国革命战争公债第1期发行，发行总额60万元，利息为每周年一分，规定在1933年1月还本付息。由于是第1次发行公债，经验不足，允许公债用作抵扣税收，相当于充当现金流通。到1933年1月还没有到兑换期之前，债券就已大部分回到了财政部。第二期公债发行了1200万元，年息为一分，1933年1月还本付息。[3] 第二期公债发行吸取了第一期的经验，规定到期日前不能抵扣税收。1933年8月，为了第五次反"围剿"，解决粮荒问题，中央苏区发行了经济建设公债，这期公债认购与前两期比进展较慢。1933年3月、1934年6月、1934年7月中华苏维埃共和国还进行了三次临时借谷。虽然在早期发行公债中有一些失误，但是公债为中央苏区保障粮食供应、筹措军费，为推动革命事业起到了巨大的推动作用，也为之后的公债发行积累了宝贵的经验。[4]

此外，在这一阶段，湘赣革命根据地发行了湘赣省革命战争短期公债等4种公债，湘鄂赣革命根据地发行了湘鄂赣短期公债等3种公债，闽浙赣根据地发行了闽北分苏区经济建设公债等3种公债。

（二）抗日战争时期（1937—1945年）

抗日战争时期，根据地发行了约22种公债。1932年之前，中央根据地还没有建立税收制度，抗日战争时期，税收成为主要收入来源，按照所占土地多寡征税。这一时期根据地发行债券的主要目的是满足军事需要。1938年中共召开六届六中全会，毛泽东同志明确提出建立战时财政经济政策，财政供给原则"军事第一，生活第二，必要事业与干

---

[1] 田夫：《最早的革命公债券》，《财政》1981年第11期。
[2] 安跃华：《最早的革命根据地公债券实物——湘鄂西省苏维埃政府水利借券》，《中国国家博物馆馆刊》2014年第1期。
[3] 张启安：《浅议中央苏区所发行的三次公债》，《人文杂志》2001年第3期。
[4] 万立明：《中央苏区的公债发行述论》，《苏区研究》2017年第3期。

部教育次之""以军六、党政四之比例来制定预算"。①

根据地建立初期,1938年7月,初建不久的晋察冀边区通过税收田赋和合理负担,无法应对军费的增长,为缓解财政压力,发行了救国公债,总额200万元,年息为四厘。1942年开始还本付息,每年抽签还本一次,分三十年还清,债票分百元、五十元、十元、五元、一元。既募现款硬币,也募粮食、布匹和棉花等物品。募集办法要求按照合理分配办法劝募,公债推销进展顺利。②

1940年,晋鲁豫边区在财政枯竭时,专署进行了借款,第一次借款总额150万元,但是在工作部署刚传达到区级时遇到了"大扫荡",7月20日决定减少为98万元。主要向富有者借款,根据富力大小在公开会议上决定借款数目,不向中农阶层以下借款,以政治动员的方式,县政府开具正式收据,不付利息,分8期归还,每期3个月。这笔借款在7月10日完成,借到了约53万元,并在当年10月1日基本还完了第一期还款,借款归还工作帮助政府在根据地"取得了广大人民进一步的信仰,甚至是借款户的谅解"。③边区政府以量入为出、平衡收支、统收统支为原则制定了财政政策,在取得收入的过程中注重了合理负担。

根据地严重困难时期,1941年陕甘宁边区政府发行了建设救国公债券,1942年7月1日到第一期还本付息时间,除由边区银行、光华商店、各县合作社为还本付息经理机关外,再增加贸易局、金库作为经理机关。各级政府可以接收公债作为抵交税款。④边区政府还用土地公债整购地主超额土地,以解决土地问题。根据地在这一时期获得了发展,财力逐步增强,陕甘宁边区有了盈余。⑤发行公债的同时,陕甘宁

---

① 闫坤:《新中国财政学研究70年》,中国社会科学出版社2019年版,第23页。
② 魏宏运:《抗日战争时期晋察冀边区财政经济史资料选编》(第4卷),南开大学出版社1984年版,第173—179页。
③ 中共河北省委党史研究室:《八路军一二九师暨晋冀鲁豫根据地经济建设史料汇编与研究》(第一辑),河北人民出版社2019年版,第344—345页。
④ 朱鸿召:《红色档案——延安时期文献档案汇编》(第6卷),陕西人民出版社2014年版,第24—28、256页。
⑤ 朱鸿召:《红色档案——延安时期文献档案汇编》(第11卷),陕西人民出版社2014年版,第41—47页。

边区开展了富有创造性的节俭运动，订立节俭公约、选举节俭委员会，在干部和群众中节俭朴素之风盛行。

（三）解放战争时期（1945—1949年）

解放战争时期，根据地发行了约30种公债。公债收入已经成为财政收入体系中的重要组成部分。嫩江生产建设折实公债发行了150亿元，这是整个民主主义革命时期数额最大的单项公债。到解放战争后期，中央开始重视控制公债发行规模，解决收支不抵的重要手段是倡导精简节俭。东北解放区、陕甘宁边区、华东解放区、中原解放区、华南解放区都发行了多项债券。比较具有代表性的是东北解放区的生产建设实物有奖债券。1949年3月6日，东北行政委员会发布了《发行生产建设实物有奖公债的命令》，宣布要发行公债，计划发行3000万拆实分，实际发行3929万拆实分，超额了18.56%。此外，东北地区还发行了东北榆陶铁路建设公债72万拆实分。东北解放区的生产建设债券与中华人民共和国成立后在东北地区发行的经济建设公债一脉相承，说明了党的公债政策的连续性。

1949年8月10日，除预估收入1800亿元外，全国财政赤字为5800亿元，当时负责财政工作的陈云为了弥补赤字、平抑物价，计划在1949年8—10月发行折实公债总共2400亿元。年息为四厘，分三年还清。到8月10日在华东地区实际发行了1300亿元，毛泽东同志考虑到城市工商业家是否拥护公债、债务发行规模是否过大，决定暂不发债。[①]

当时负责财政工作的陈云在1946年的讲话中提到生财之道为清算敌伪财产、税收、发债、发票子、征收公粮、贸易。理财之道为开支紧缩、防止浪费、地方经费独立自主、搞好生产，提倡依靠节俭来解决财政收入不足。当中共中央华中局面临财政困难，中南地区的领导人邓子恢也曾讲到解决财政困难有四个办法：增加税收、发行公债、发行货币、精简节约。依靠发行货币解决问题最危险，中共中央华中局发行的货币其实过少，但一旦发行会集中在城市，无法下乡，易造成局部通货膨胀。税收会造成群众负担。精简节约是最重要的解决路径，曾帮助过华东、

[①] 陈云：《陈云文选》（第一卷），中央文献出版社2005年版，第510—512、692—696页。

华北、东北等解放区渡过财政困难时期,弘扬了我党艰苦朴素的优良作风。①

客观上来说,在这一时期发行的公债,由于军事斗争形势变化,有些根据地流失、军队转移等造成部分公债券在当时没有按时偿本付息。但中华人民共和国成立后发曾出公告,对各个历史时期各根据地发行的公债,凡未清偿继续偿付。

总体来说,新民主主义革命时期党领导下的公债发行探索是成功的。同一时期,民国政府发行了大量债券,1927—1937年民国政府发行了共计约4亿美元的内外债务,不仅直接导致了法币的贬值,还使得国内经济体系遭受破坏。比如1933年的中美棉麦借款,以民国政府承诺购买美国过剩农产品为代价,扰乱了国内农产品价格体系,极大打击了国内粮棉业。② 民国时期学者认为当时发行公债是不得已为之的下策,民国时期的中央政府只有关税和盐税的征收权,关税用于抵押外债和支付赔款,其余充为内债基金。盐税用于抵扣外债、被各省节流,中央收入几等于无。③ 民国时期的政府发生过两次大的债务违约,削弱了其公共信用④,造成了当时民众对公债能够按时还本付息的不信任,客观上也加大了我党债券认购工作的困难。

二 尝试阶段(1949—1961年)

(一)人民胜利折实公债与举债的尝试(1949—1952年)

长期以来,对国债与地方债的分析基本都是分隔开的,给人一种两者相差甚远的印象。实际上,梳理我国公债发行的历程,会发现国债与地方债的历史并不是孤立的,而是自诞生之日起就紧密联系的。

自1949年中华人民共和国中央人民政府成立以来,我国国债与地方债几乎是同步开始发行的,国债甚至受到了地方政府发行实践的启发

---

① 《華中局高幹會議上號召華中全黨屬行精簡節約運動克服目前財經困難》,《江西政报》1949年第1期。

② 贾康等:《中国财政制度史》,立信会计出版社2019年版,第186—195页。

③ 马寅初、金嘉斐:《中国预算之缺点》,《清华大学学报》(自然科学版)1925年第1期。

④ 刘杰:《商人团体与政府债务:以1927—1937年公债为中心》,《江西社会科学》2016年第10期。

和压力。①

中华人民共和国成立初期，百废待兴。为稳定社会和发展经济，特别是扫平国民党反动派余部和平定土匪等破坏活动，造成财政支出压力大而政府财源有限，财政收入只有151.5亿公斤小米，而支出高达283.5亿公斤小米，赤字为支出的46.6%。② 当时主持经济工作的陈云认为首要解决之道就是精简节约，也采取了整顿税收、调剂物资等办法。③ 但在当时情况下，超额发行货币几乎成了必然选择。④ 货币的超发引起物价的普遍上涨和通货急速膨胀，财政支出数额必然随之膨胀。此时，发行公债成为缓解财政压力、平衡财政支出、抑制物价上涨的有效手段。

1949年12月2日，中央政府经历几轮协商，在考虑了发债对银根影响和工商界意见的基础上，计划于1950年开始，分两期发行五年期的公债共两亿分，年息为五厘，分五年偿还。为避免通货膨胀的影响，考虑全国范围内的货币统一还在推进，采用本金与利息都用实物折价的方式，即"折实"。公债面值单位为"分"，价值按照当时的上海、天津、汉口、西安、重庆、广州六大城市的米、面、白细布、煤等实物价格加权平均计价。为了避免通胀恶化、保障资金回笼，此次公债不允许在市场流通，也不允许以黄金等货物顶替。对此次债券的发行，工总、团中央、全国妇联和民主党派都发出号召，劝募公债。

人民胜利折实公债的发行中，有工商业主要求城市与农村"平均

---

① 1949年3月6日，东北行政委员会发布了《发行生产建设实物有奖公债的命令》，宣布要发行公债，计划发行3000万拆实分，实际发行3929万拆实分，超额了18.56%。高培勇（1995）按照每"分"实际折收现款1.16元，实际发行数额为4557.63万元。宋燕等（2010）认为的实际发行数量为4204.6万元。两个数额的差距可能是由于拆收现款计量的不同造成的，当时的物价和币值不够稳定，确定实际发行数额确实会比较困难。此外，东北地区还发行了东北榆陶铁路建设公债72万拆实分。虽然此时中华人民共和国证券还未正式成立，但是东北地区早已属于实际控制地区。1949年12月2日《关于发行人民胜利折实公债的决定》被中央人民政府的第四次会议所通过，国债开始正式进入历史舞台。当时主持经济工作的陈云刚刚从东北地区调到中央，《陈云文选》（第二卷）第344页的内容显示，当时参考了华东地区已经有人民公债条例，且华中地区也要求在当地发行公债，可以看出地方债的发行甚至早于国债，国债的发行受到了地方债的启发。

② 高培勇：《国债运行机制研究》，商务印书馆1995年版，第139、143—148页。

③ 陈云：《陈云文选》（第二卷），中央文献出版社2005年版，第3页。

④ 迟爱萍：《破旧立新：新中国元年的中财委》，人民出版社2020年版，第89—90页。

负担"公债,《人民日报》① 发文表示农民税负最重、工人和其他阶层收入微薄,此次公债主要靠工商界认购。江西省委和省政府发布的联合指示中提到,推销这次公债的对象"主要应当在城市的工商业者(投机倒把性大的,应多认购)和殷实富户。在推销过程中,必须谨慎地区别工商业的大、小、中,富户的大、小、中及工业、商业等具体情况,合理地分配销售数字"。② 不同地区的情况有差异,黑河市的推销就特别强调了"适当推销"。③ 1950 年,第一期 1 万分发行公债,预计1—3 月内定期发行。北京分配给机关单位、教职员工、军队、摊贩等共 40 万分的认购任务,公债在北京的发行极为顺利,到 2 月 14 日就超过了原认购额 143492 分。上海也以 2124400 分超额完成,到 5 月基本完成一期公债的实缴任务。

人民胜利折实公债只发行了一期,并没有按照原计划发行两期的原因在于:国内军事进展顺利,政府也取得了稳定的税收来源。陈云等考虑到如果再发行第二期债券,可能会导致银根过度收紧,根据当时的经济形势,决定不再发行第二期债券。④ 1950 年 6 月,毛泽东同志在党的七届三中全会讲话指出,"争取国家财政经济状况根本好转"的三大条件之一"是国家机构所需经费的大量节减"。1951 年 12 月政务院做出了调整结构紧缩编制的决定。关于人民胜利折实债还本付息的资金来源,目前本书没有找到通知文件或者研究文献可以直接说明。从 1962年财政部和中国人民银行总行给广东省财政厅的一封函⑤里可以推断,部分本息支付可能是从地方预算的其他支出款内支付的,而非中央政府

---

① 迟爱萍:《新中国第一笔国债研究——兼论陈云关于"人民胜利折实公债"发行思想》,《中国经济史研究》2003 年第 3 期。
② 中共江西省委江西省人民政府联合指示——关于人民胜利折实公债的推销工作,《江西政报》1950 年第 2 期。
③ 《關於推銷一九五〇年第二期生產建設折實公債指示》,《黑龙江政报》1950 年第5 期。
④ 《物價問題與發行公債——陳雲副總理在中央人民政府委員會第四次會議上報告》,《云南政报》1950 年第 1 期。
⑤ 原文为"自文到之日起改由国家经济建设公债还本付息基金中支付,不再由地方预算的其他支出款内支付"。该函是 1962 年 6 月 2 日广东省财政厅和人民银行广东分行关于如何处理人民胜利折实公债和东北生产建设折实公债、东北榆陶铁路建设公债等没有及时兑换的问题致函所得到的回复。

承担的。只有发行公债十多年后，债权人因种种原因没能及时兑换的部分，由中央财政用国家建设公债的还本付息基金支付。除了人民胜利折实公债，1951—1952年政府还借外债 15.27 亿元。其间，地方政府还发行了两种债券。同月，东北人民政府发行了 4304.6 万元的东北生产建设折实公债[1]。同月，琼崖区党委在请示了中共华南分局和广东人民政府的同意后，以琼崖临时政府的名义发行了解放公债 40 万元。

（二）国家经济建设公债与经济建设（1953—1958 年）

中华人民共和国成立后，随着我国统一财经管理，调整工商业，特别是抗美援朝战争的胜利推进，国内经济形势开始持续好转，财政压力相对缓和。1952 年年底经济工作的重点从恢复逐渐转向建设，1953 年我国开始了第一个五年计划，当年年初出现财政赤字 21.5 亿元。8 月，中共中央发出了增产节约运动的号召，要求精简军政机构，削减一切可以削减的行政、军事等开支。1954 年、1956 年两次对中央和地方各级机关进行了大规模精简。

为了筹集资金以支持经济建设，1953 年 12 月 9 日中央人民政府委员会第二十九次会议通过了《1954 年国家经济建设公债的条例》，计划分五年发布，每年发布 6 亿元，年息为四厘，分八年还清，每年支付利息，抽签偿还本金。[2] 该公债不可流通、也不可向银行抵押。[3] 在债券推销中，贯彻了合理分配、自愿、量力的原则。对于机关、企业、团体、学校的职工及部队干部，采取（一次认购、分期缴款）的方法，即一次认购后，由所在单位在其工资或津贴内分期代缴，自愿一次缴纳者亦可一次缴纳。[4] 1955—1958 年，又连续四年每年发行了 6 亿元的建设公债，分十年期偿还，详细数据如表 3-1 所示。与之前的人民胜利折实公债不同，此次发行的属于货币公债，1954 年、1955 年发行的债券面额以万元券计。由于 1955 年 3 月我国进行了币制改革，开始使用

---

[1] 姜长青：《1949—1950 年东北两次公债发行研究》，《黑龙江社会科学》2019 年第 4 期。

[2] 《一九五四年和一九五五年国家经济建设公债还本付息办法》，《中华人民共和国国务院公报》1955 年第 13 期。

[3] 李增添：《1954 年至 1958 年国家经济建设公债发行述论》，《北京党史》2007 年第 5 期。

[4] 周恩来：《中央人民政府政务院关于发行一九五四年国家经济建设公债的指示》，《江西政报》1953 年第 22 期。

新人民币，在还本付息时折合新币1元比价付给人民币，1956年以后发行的债券面额就以新人民币计价。① 同时，1950—1957年，我国与苏联签订了13个协议，一共举借了68.4亿旧卢布的外债。②

表3-1　　　　　1950—1958年中国国债发行情况

国债种类	计划发行数/千元	实际完成数 金额/千元	为计划数的百分比/%
合计	3330426	3847.636	115.5
1950年人民胜利折实公债	265000	260123	98.2
1950年东北生产建设折实公债	35426	43046	118.70
1954年国家经济建设公债	600000	844066	140.70
1955年国家经济建设公债	600000	621768	103.60
1956年国家经济建设公债	600000	602680	100.40
1957年国家经济建设公债	600000	680767	113.50
1958年国家经济建设公债	600000	796186	126.40

资料来源：财政部国家债务管理司：《国债工作手册》，中国财政经济出版社1992年版，第349页。

（三）地方经济建设公债与财政分权改革（1958—1961年）

1958年4月，国务院决定根据当时的经济形势做出判断，次年起停止发行国家建设公债，同时允许地方政府发债。1958年6月5日全国人民代表大会常务委员会通过了《中华人民共和国地方经济建设公债条例》，其中规定，地方政府（省、自治区、直辖市）认为有必要的时候可以发行地方经济建设公债，其中公债的"大部分应当留归各该专区和自治州、县、自治县、市支配，一部分由省、自治区调剂使用"③。地方公债的利息，条例中明确规定了"年利率一般不宜超过2%""必要的时候也可以发行无息公债""偿还期限，一般不宜超过五年"。

1959—1961年，辽宁、吉林、黑龙江、四川、江西、安徽和福建等省份相继发行了地方债券，每年发行额度如表3-2所示。其中，安

---

① 贺强、于捷：《债券收藏》，中国人民大学出版社2009年版，第127—137、139页。
② 金普森：《新中国外债与社会经济的发展》，《社会科学战线》2010年第8期。
③ 《中华人民共和国国务院公报》1958年第20期。

徽省连续三年发行了总共1133万元的地方经济建设公债,年息为1%,高于国债,偿债期为五年,也短于国债。江西省考虑到1958年已经在省内发行了国家经济建设公债2000万元,1959年没有发行,到1960年计划发行2000万元地方债券,年息为四厘,分五年偿还,职工认购额"相当于当年工资的1.59%"。江西省政府在报纸刊物上进行了广泛的债券宣传,还在福建省幻灯片厂定制了"公债宣传幻灯片",在全省巡回播放,以保障公债的顺利发行。到发行结束,江西省当年实际发行了2056万元的建设公债,相当于原计划的102.8%。[1] 与此前我国政府发行的债券比较,人民胜利折实公债年息为五厘,国家经济建设公债年息为四厘,地方公债的年利率不高,公债利息低于银行存款利息。[2]

表3-2 地方经济建设公债发行情况

年份	涉及省份	计划发行/千元	实际发行 金额/千元	实际发行 为计划数的百分比/%
1959	福建、安徽、辽宁、四川、黑龙江、吉林	22700	21398.7	94.27
1960	福建、安徽、黑龙江、江西	9330	10443.8	111.94
1961	安徽	3000	1881	62.70

资料来源:笔者根据万立明[3]相关资料整理而成。

1958年中,中央政府为何要停止发国债,又为何要给地方政府发债的权利?地方政府虽有发债的权利,又为何仅有只有一部分省份发债,且地方政府发债的时间非常短,只有三年左右呢?原因可能在于当时进行的财政分权改革,改革使得经济形势迅速变化和中央与地方之间的财政关系快速转向。这次财政体制改革对中央和地方的财政关系影响巨大,从财政收支数据来分析对央地财政关系的影响,这次改革的影响可以与1994年的分税制改革相匹配。

---

[1] 刘晓泉:《1960年江西省地方经济建设公债述略》,《当代中国史研究》2014年第5期。
[2] 万立明:《"一五"时期的国家经济建设公债发行——以上海为中心的考察》,《上海行政学院学报》2006年第7期。
[3] 万立明:《地方经济建设公债发行初探(1959—1961)》,《中共党史研究》2017年第4期。

这次分权改革开始于1957年，财税改革的内容主要是给地方下放财权、简化税系、优化税种，充分调动地方的积极性。1958年以前，我国地方财政采取"以支定收，一年一变"的财政收支决定方式。1957年6月国务院颁布了《关于改进财政管理体制的规定》①，其在保证中央统一集中建设重点的基础上，还要给地方一定的财政自主权，地方财政预算管理变为"以收定支，五年不变"，给予地方政府财政自主权，相比以前激励性更强。这次财政体制变革被看作"中华人民共和国成立以来传统体制下的第一次财政分权"。其间，曾有88%的中央部属企业下放给地方政府负责管理。②

这次分权改革之后，导致中央所掌控的财政收入比重下降过于迅速，使中央政府不得不考虑修正1957年国务院通过的财政体制改革方案。然而"大跃进"导致当时的经济情况出现了新变化，这次分权框架执行不到一年就难以为继。仅十个月之后，1958年9月国务院发布了《关于进一步改进财政管理和改进银行信贷体制的几项规定》，地方政府的预算体制改为"总额分成，一年一变"，这种体制把地方政府的财政收入与支出结合起来，有利于调动地方政府的积极性。但中央每年都要决定总额分成比例，是一种"高度集中体制下的部分分权模式"③。而这种体制在后来的十几年间都只有小修小补，没有进行根本性变化。尽管如此，中央财政控制能力依然迅速下降，1958年的中央财政收入从305.26亿元，迅速减少到1959年的118.78亿元。仅一年间从中央财政收入占全国财政收入的80.4%下降至24.4%，而地方财政收入则从1958年的74.36亿元变为1959年的368.34亿元，如图3-1所示。

当时，中央政府的支出压力并未随着收入骤减而相应减少，如图3-2所示，1958年中央财政仍然需要承担44%的财政支出责任，1959年为45.9%，与1957年的71%相比虽然大幅度减少，但依然与1959年24.4%的财政总收入占比不匹配。此后的40余年间，中央财政与地方财政收入占比错位，到20世纪70年代中央财政收入占比甚至一度接近

---

① 项怀成主编：《中国财政通史》（当代卷），中国财政经济出版社2006年版，第55页。
② 唐云峰：《地方治理创新视角下的地方政府债务危机防范研究》，中国严实出版社2014年版，第30页。
③ 项怀诚：《中国财政通史》（当代卷），中国财政经济出版社2006年版，第52页。

1/10，直到 1994 年的分税制改革之后才重新改变了央地财力格局。

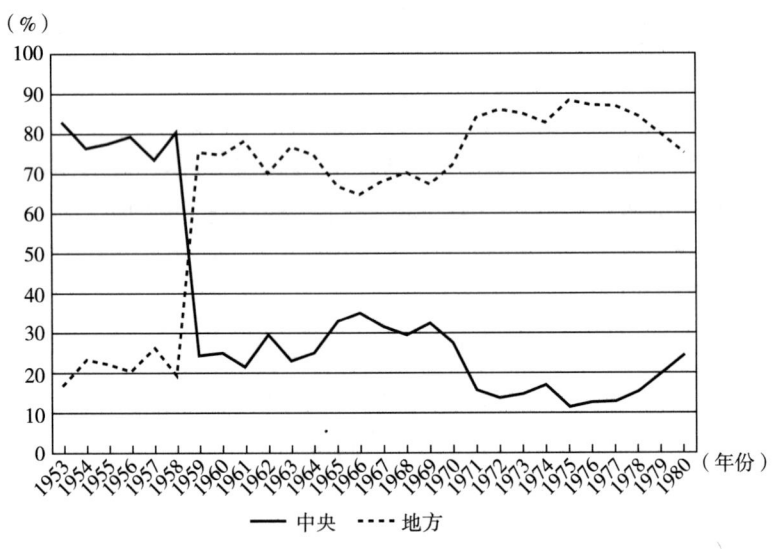

图 3-1　1953—1980 年中央财政与地方财政占全国财政收入比重折线

资料来源：笔者根据《中国财政年鉴》绘制。

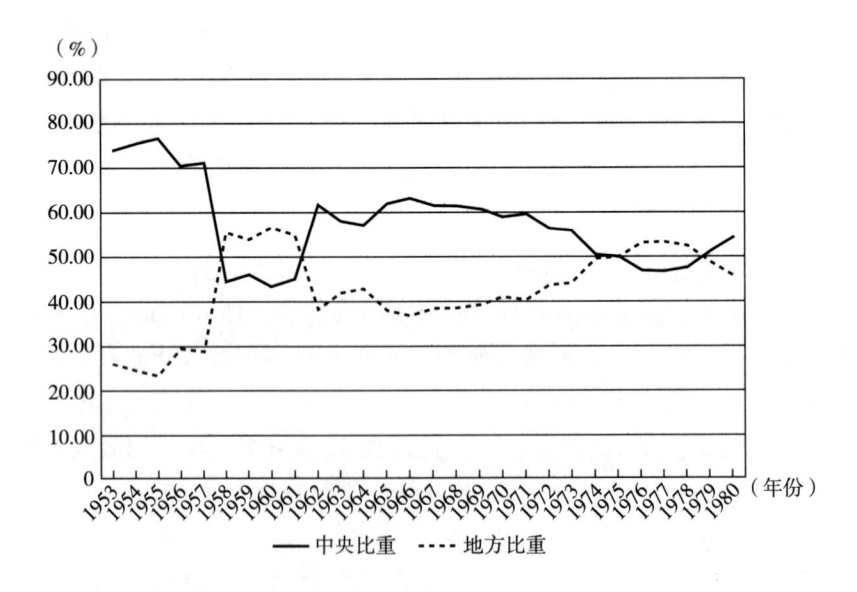

图 3-2　1953—1980 年中央财政与地方财政占全国财政支出比重折线

资料来源：笔者根据《中国财政年鉴》绘制。

地方政府被允许发债是与财政制度变化相匹配的。随着地方政府财政收入比重的逐渐上升,地方政府所承担的财政支出责任可以从财政收入中取得,地方建设公债的发行就不再那么必要。随着社会思想风潮的改变,债务发行自然也处于停滞状态。

公债与税收的本质区别在于,公债是自愿、有偿、灵活的,而税收具有强制性、无偿性和固定性。我国公债的初发阶段,不论是人民胜利折实公债、国家经济建设公债,还是地方经济建设公债的发行,一些地区直接从当地居民工资中扣除,部分居民对公债的偿还也具有一定的不确定性预期。除了极个别省份发行的地方债利率稍高,这些公债的利率都相对市场利率低廉,如果公债利率低于通货膨胀率的话,那么实际偿债成本小于获得的财政融资额。这个时期的公债发行,与其说是一种公债,更像是一种特别税。

三 停滞阶段(1962—1978 年)

1959 年,我国开始停止发行国债和举借外债[①],1962 年开始停发地方经济建设公债,1965 年年初还清外债,1968 年年底还清了内债。这一时期财政主要以平衡财政原则,尽量保持财政盈余,仅在个别特殊年份有赤字。此后直到 1981 年我国才重新发行国库券,有 23 年政府债券的发行是停滞的。我国停发内债的原因,一是苏联决定从 1958 年起停发公债,当时的舆论认为举借公债有损社会主义国家的形象。[②] 二是随着社会主义改造的完成,经济管理日益集中,社会闲散资金有限。三是特殊财政收入机制的确立,农副食品国家统购统销制度使得工业投入品成本大幅降低,工资标准被压低和升级频率的减少则有利于控制劳动力成本,高水平的工业利润进入财政收入。因此,政府并不需要发债。此时,公共债务被隐藏在农业暗税和低工资之中。四是"单位社会"的特殊现象。1978 年,游离在正规部门之外的就业人员仅有 1.5 万人[③],统计数据显示当年总人口为 96259 万人,非正式部门就

[①] 关于国内公债历史的介绍,有表述为从 1959 年开始我国就停发内债。这种说法忽略了地方公债在 1959—1961 年依然继续发行的史实。说明不少学者把公债等同于国债,忽略了地方债的一般史实。
[②] 张雷宝:《公债经济学:理论·政策·实践》,江大学出版社 2007 年版,第 212 页。
[③] 黄宗智:《中国被忽视的非正规经济:现实与理论》,《开放时代》2009 年第 2 期。

业人口占总人口的比重不足万分之一。绝大多数人口就业于正式部门，社会联结关系体现为"国家—单位—个人"，企业办社会减轻了财政支出负担。

这段历史时期，虽然劳动收入微薄，但是与收入相适应的是正式部门都建有特殊公共服务供给机制。在城市，国有企业和机关单位承担了许多财政支出应当承担的责任，在农村，生产大队承担了部分社会保障功能。这一时期政府无法正常地承担公共支出的责任，但是这些责任并不会消失，社会依然需要学校、医院，需要修路建桥，需要有人救助贫困。在城市，这些支出责任相当一部分被国有企业承担了起来。国有企业建立医院和学校，并为职工支付相应的医疗保障、社会福利和养老金，为职工提供住房，供给单位职工所需的水、电、气，北方地区还要负责供暖，甚至负责单位区域和职工宿舍区的消防安全。在农村，这一责任部分地由生产大队承担，比如当时农村地区的"合作医疗"提供一些医疗保障功能，农村地区的居民负担不起的医疗费用，可以部分由生产大队提供。

工农产品价格"剪刀差"的存在增加了财政收入，企业办社会减轻了财政支出负担。学者经过测算得出，由于工农产品剪刀差的存在，农民承担了约6000亿元这种隐性税收。农民收入长期处于很低水平，到1978年农村人均年收入仅为133.57元，比起1966年的106元，只增加了27.57元。[①] 十几年间职工工资收入水平不高且不升反降，1952—1978年有一半年份城镇职工年平均工资较上年下降，全国所有制职工的平均年工资从1966年的636元降低到1976年的605元。[②] 财政用于科教文卫事业和城市建设事业的支出严重不足且比重也在下降，三年调整时期，我国财政支出中科教文卫支出占10.5%，到了"四五"时期下降到了8.7%。非生产性积累在国民收入累计中的占比从1963年至1965年的40.2%，到"四五"时期（1971—1975年）降为22.4%。[③]从当时的经济体制来看，国有企业债务也属于政府负有偿还责任的债务

---

① 高培勇：《国债运行机制研究》，商务印书馆1995年版，第143—147页。
② 1957—1977年有三次小范围小规模的城镇职工工资上涨，分别在1959年、1963年和1971年。
③ 项怀诚：《中国财政通史》（当代卷），中国财政经济出版社2006年版，第85页。

范围。

总体来说，在这一时期人民胜利折实公债、国家经济建设公债和地方经济建设公债的发行，为经济建设筹措资金、保证第一个五年计划顺利完成、保持物价稳定，发挥了积极作用。这一时期，党领导的公债发行和停滞是在马克思主义公债理论指导下进行的实践探索，为推动工业化进程筹措资金，而发行债务的同时，注意控制公债规模，防止其无序扩张所带来的对收入分配的不利影响。在所谓的公债空白时期，公共债务事实上以比较隐藏的方式存在，尽管看起来似乎政府没有还本付息的压力，公债风险为零，但这是以国民资产中公共资产极力挤压私人资产作为代价的，整个社会为此承担了沉重的负担和财政债务风险。其间，税收收入和国有企业利润收入并不是财政收入的主要来源，而且替代政府承担起社会公共事务建设责任的国有企业和机关事业单位都有不同程度的欠债，这些债务政府事实上提供了隐性担保，也负有一定的偿还的责任。国有企业债务随着时间的推移和经济形势的变化，变得越来越错综复杂，为后来的经济发展埋下了隐患。这种隐形的成本很可能不如制度化、透明化的公共债务融资成本来得划算。

四　逐步恢复阶段（1981—1994年）

1978年12月召开的党的十一届三中全会确定了我国经济社会体制改革方针，开始对内改革、对外开放。通过激励机制的重构来激发经济体的生机与活力。从农村改革来看，大幅提高农产品收购价格，增加工业原材料成本，提升了工业产品的成本，财政收入受到冲减。同时由于价格改革还未推进，农产品的销售价格并未改变，行成了购销价格倒挂，财政不得不因此补贴商业部门。同时政府还通过农业税费减免来减轻农村负担。从城市改革来看，1978年开始对国有企业试行利润留存制度，国有企业由全部利润上缴改为部分利润留存，并增加了职工工资，从而给了国有企业自主性，可同时也造成了财政收入的相应减少。[①]

当时，在农村和城市推行的改革都带有减税让利的性质，这些共同

[①] 高培勇：《国债运行机制研究》，商务印书馆1995年版，第148页。

导致了财政收支的不平衡。1980年，中央财政收入占财政总收入的比重仅为24.5%，却需要承担54.3%的财政支出责任。中央财政连续赤字、困难异常，不得不通过向地方财政借款来缓解弥补财政收支的不平衡。1981年和1982年分别向地方借款70亿元和40亿元。[1] 1983年中央财政不再使用临时向地方借款的方法来解决问题，而是通过对地方政府支出基数包干、与地方财政收入比例分成和补助数额的调整来减轻中央财政收入不足的困境。从当年起，中央财政不再向地方财政借款。

随着社会思潮的改变和政治形势转向，对于公债的认识也开始发生变化。对于财政赤字认识的争论与转变，在1985年召开的第七次全国财政理论讨论会中得到体现，虽然有与会者忧虑赤字财政的危害，邓子基[2]在会上发表论文认为财政赤字可以提升社会购买力、在一定程度上能刺激生产和流通是毋庸置疑的，但是这种刺激需要受限制。公债的发行自然也就成了弥补财政赤字的一种选择。邓小平同志发表讲话认为公债发行要"用于生产"，债务规模要适度。[3]

与向地方政府借款一样，举借公债一开始被认为是一种临时性弥补中央财政赤字的举措。1981年1月16日，国务院通过了《中华人民共和国国库券条例》，中央财政开始发行国库券，期限五年，第六年开始每年还本付息20%，利率4%，低于当时的存款利率，且不能流通转让。1981年当年发行了48.66亿元的国库券。1981年发行的国库券还带有一定的摊派性质，认购需要依靠政治动员，利率也低于同期存款利率。1982年1月8日，国务院通过了新的国库券条例，该条例规定单位购买国库券的利率为4%；个人购买为8%，稍高于当年的五年期定期存款利率。国库券被当作财政收入的经常性来源，进入了国家预算安排。随后的两年，国库券发行越来越正常化，发行对象更多地向居民而非单位倾斜，发行制度基本相同。随着国债发行实践的进展、财政赤字并未消失（20世纪80年代中央财政只有1985年没有赤字，地方财政

---

[1] 项怀诚：《中国财政通史》（当代卷），中国财政经济出版社2006年版，第106页。
[2] 中国财政学会：《第七次全国财政理论讨论会文选》，中国财政经济出版社1986年版，第337—349页。
[3] 邓小平：《邓小平文选》（第3卷），人民出版社1993年版，第193、308页。

只有 1981 年、1984 年出现赤字①），以及偿债高峰的到来，使中央政府逐渐意识到国债发行制度建立的必要性，国债的发行也越来越规范，积极认购国债的个人也越来越多，1985 年个人认购首次超过了单位认购。

自 1987 年起，国债发行的期限结构进行了优化，由十年期改为半年期、一年期、两年期、三年期、五年期和多年期多种期限并存的债务期限结构。1988 年放开了国债一级市场，国债债券可以上市转让，债券利率也相应提高到高于市场上的同期定期存款利率。1990 年，培育并建立了国债二级市场，并逐步放开了各类国库券的上市转让。1991 年对国库券的发行试点承购包销方式，让更多的金融机构进入国债的承销过程中来，市场化的国债发行越来越市场化。1993 年建立了国债一级自营商制度。很快国债需求远大于国债供给，据当年购买公债的老人回忆，"当时想要买到国债要提前去银行排队，还不一定买的上，国债认购的消息一经公开发布，便抢购一空"。

这一时期，国家扩大了地方财政和企业的经营自主权。搞活经济的动力，激发了各级投资建设的欲望。1988 年国家成立的 6 个专业投资公司，又纷纷被地方所借鉴。与国债发行的情况相比，地方债的发行进入了一个不同的运行区间。地方政府不能发债，各地多是通过国有企业经地方政府批准发行内部债券、行政管理部门翻牌或挂靠设立"投资公司""开发公司"进行贷款、集资等方式融资。这一现象在 1993 年 4 月 11 日发布的《国务院关于坚决制止乱集资和加强债券发行管理的通知》中得到充分体现。这些企业和公司的举债行为或以自有资产担保，或以政府背景的信用保证。而募集资金项目一旦出现问题，债务最终由地方政府承担。发债的广度还逐步深入到市、县一级，审计署 2011 年的审计公告显示，1979 年 8 个县区负有偿还责任债务，1981—1985 年已经有 28 个省级政府开始举借地方债。1986—1996 年有 74.74% 的市级政府和 73.91% 的县级政府开始发债。1986—1996 年有 74.74% 的市级政府和 73.91% 的县级政府开始借贷。与国债这一有偿财政收入的快速膨胀相对比的是，农业"隐税"和国有企业利润收入在财政收入中

---

① 王奎泉、冯燕：《对 80 年代以来财政赤字深层原因分析》，《当代财经》1993 年第 1 期。

比重的相对下降。

五 走向规范阶段（1994—2014年）

这一时期，我国国债管理经历了一个逐步完善的过程。1994年我国尝试国债无纸化发行，并开辟了国债期货交易市场。次年发行了一年期记账式国债，证券交易所成为唯一合法债券市场。1998年把国债分为凭证式和记账式债券两类，取消实物债。2005年国债采用余额管理，不断推进流通市场的改革进程。国债逐渐从弥补财政赤字的临时性举措，变为实施积极财政政策的重要抓手。国债管理总体来说运行平稳，规模可控，地方政府债务风险开始引发关注。

1994年我国进行了分税制改革，主要以事权划分支出、税种划分收入来确定在中央和地方政府间的收入分配关系，这次改革对央地责任的划分如表3-3所示。与此同时，为了进一步限制地方政府的财权，与分税制相匹配的修订版《中华人民共和国预算法》（以下简称《预算法》），在1994年3月22日通过、1995年1月1日施行，其中第28条规定："除法律和国务院另有规定外，地方政府不得发行地方政府债券。"虽然法律上明令禁止地方政府发行债券，但是在20世纪90年代初期开始升温的经济过热，留下相当规模的在建项目和基础设施投资工程，存在巨大的资金需求。受1997年爆发的亚洲金融危机影响，我国外贸出口增速大幅下降、物价持续走低、消费和投资需求增长趋缓，为此1998年中央实施了以刺激和扩大内需为主要措施的积极财政政策。在当时地方政府不能发债的政策限制下，采用了增发国债并部分转贷地方政府的办法，由申请项目的省级政府与财政部签署协议，地方政府支付本息。

表3-3　　　　中央政府与地方政府事权和支出的划分

中央政府事权	地方政府事权
国防费	地方行政管理费
武警经费	公检法支出
外交和援外支出	部分武警经费
中央级行政管理费	民兵事业费
中央统管的基本建设投资	地方统筹的基本建设投资

续表

中央政府事权	地方政府事权
中央直属企业的技术改造和新产品试制费	地方企业的技术改造和新产品试制经费
地质勘探费	支农支出
由中央财政安排的支农支出	城市维护和建设经费
由中央负担的国内外债务的还本付息支出	地方文化、教育、卫生等各项事业费
中央本级负担的公检法支出	价格补贴支出以及其他支出
文化、教育、卫生、科学等各项事业费支出	

资料来源：《国务院关于实行分税制财政管理体制的决定》（国发〔1993〕85号），1994年12月。

尽管法律上明确禁止了地方政府发债，地方债的发行并未停止，到1996年年底，全部的省级政府、90.05%的市级政府和86.54%的县级政府都已经举债。地方债债务余额增量在1998年上涨得很快，从1997年的24.82%迅速上涨为48.20%。1994年分税制改革之后，地方政府间的税收竞争愈演愈烈。地方招商引资主要依靠税收优惠。为了缓解地方财政压力，中央政府在1998—2004年开始国债转贷地方债。

田毅和赵旭[①]通过对华北一乡镇长达八年的田野调查，发现1998—2004年年初小镇已经有了700万元债务。而且通过对新闻报道和调研资料的检索，田毅等发现华北一乡镇有48个村，其中36个都用"借贷"的方式完成税收任务，说明当时的基层债务问题并非个例，统计公告等数据与调研报告，相互印证了这段历史遗留下相当规模的隐性地方债。

基层政府不规范的借贷行为与事业单位的借款，在20世纪末形成了规模相当的地方债，但是这一时期的债务规模与2008年以后的地方债相比还是小巫见大巫了。自美国次贷危机引发的国际经济危机爆发以来，我国经济受累于外部经济的影响，经济增长放缓。为激发经济活力，我国政府实行了大规模的经济刺激政策，推出了4万亿元投资计

[①] 田毅、赵旭：《他乡之税：一个乡镇的三十年，一个国家的"隐秘"财政史》，中信出版社2008年版。

划，其中中央出资1.18万亿元、地方配套资金2.82万亿元。为缓解地方资金压力，经国家批准，财政部自2009—2011年每年代发代还地方政府债券2000亿元。按财政部印发的《2009年地方政府债券预算管理办法》和配套制发的关于地方政府债券发行兑付、预算管理、会计核算等规定文件执行。具体以省级政府为发行和偿还主体，财政部代理发行并代办还本付息和支付发行费；采用记账式国债发行渠道；纳入地方财政预算管理；税收优惠比照国债政策执行。在这一时期，地方政府争相借贷。在2000年左右流行的BT模型不再独受地方政府的青睐，除了旧有的银行借款，还有各种形式的"金融创新"，比如利用BOT、TOT等项目融资方式、信托融资、资产证券化融资、产业投资基金融资和建设地方投融资平台等。与此伴随的是地方债规模的激增，地方债债务余额增量在2009年上涨迅猛，从2008年的24.82%迅速上涨为461.92%。审计署35号公告显示，到2010年年底全国没有举债的县级政府只有54个，约占全部县级政府的1.8%。

尽管地方政府被文件明文规定禁止发债，无法在"桌面上"发债，只能使用各种金融手段，筹措资金。地方政府运用信托、银行借款、融资平台公司等这些债务融资的成本很高，与某县财政局人员访谈时称，当地县政府借债的利率少有低于10%的。而且向银行借款刚开始还可以凭借行政关系取得，后来旧债总没有偿还，银行不再借给该县政府。只能通过借新偿旧、拆东补西来维持债务。

截至2010年年底，全国除54个县级政府没有政府性债务外，其余省、市、县三级地方政府性债务余额高达10.7万亿元，占当年地方财政总收入的146.6%。在这些债务中，几乎近半来自融资平台借贷，从而把地方政府债务的风险转嫁到了融资平台。而且此时，在国际舆论中出现以房地产泡沫和地方政府债务风险论调为两大原因唱衰中国经济发展。

为探索建立规范的地方政府融资机制，2011年10月，我国在上海、浙江、广东、深圳四省（市）试点地方政府自行发行地方政府债券，发行额度实行年度限额管理，本息由发债地方政府负担，财政部代还。2013年试点省份增加了江苏和山东。2014年8月31日全国人大常委会通过了《中华人民共和国预算法》，明确规范了地方政府的发债行为，把隐性化的地方债显性化。此外，关于地方债的规范文件还有国务院《关于加强地方政府性债务管理的意见》、财政部《地方政府存量债务纳入预算管理甄别办法》（以下简称《办法》）。之后的2016年11月，国务院出台了《地方政府性债务风险应急处置预案》，明确指出"地方政府对其举借的债务负有偿还责任，中央实行不救助原则"，来规范地方债的发行。总的来说，地方债在分税制改革以后，经历了一个从失序到有序、从隐性到显性的过程，奠定了地方政府"阳光发债"的政策基础，也使得地方政府债务从服务经济建设的幕后走向前台。

六 地方债规范化阶段（2015年至今）

随着国债市场化改革的逐步推进，国债流动性增强、规模适度、风险可控，我国公债管理在这一阶段的重点是地方政府债务风险的控制。习近平总书记发表重要讲话指出要"严控地方债务增量"。管理地方债务风险总的思路是清存量、管增量。2014年中《中华人民共和国预算法》修改意见在全国人大常委会审议通过，从2015年1月1日起执行，明确了省级政府在国务院批准的限额内，发行地方政府债券是唯一合法的融资渠道，除此之外不得以任何方式举债。2014年9月，国家下发了《国务院关于加强地方政府性债务管理的意见》（国发〔2014〕43号），明确地方政府可以依法适度举债。省级以下政府由省级政府代为举债，地方政府不得通过企事业单位等举债。取消融资平台的政府融资职能，地方政府不得在融资平台新增政府债务。地方政府债务分一般债务和专项债务分别列入一般公共预算和政府性基金预算。文件要求各级政府完善债务管理的配套制度，强化对债权人监督、问责等约束机制，妥善处理已有的存量债务。

2014年10月财政部开始组织对地方政府存量债务进行甄别清理。之后，国家相继出台了地方政府债券发行、核算和额度管理等有关制度，以及对地方政府履约、偿债能力等风险评估和预警的管理办法。据此，从2015年开始，拉开了地方政府债务规范化管理的序幕。对政府已有的债务管理，分清政府和企业责任，逐笔逐项核准底数纳入预算。按存量债务中筹集资金的用途和归还资金来源分别纳入地方政府2015年年初的一般公共预算和专项预算，自此隐性的地方政府债务，开始归入国家预算核算体系。据财政部部长楼继伟在2015年年底全国人大常委会上的报告，纳入预算管理是规范地方政府债务管理的核心措施，截至2014年年末仅有10%的存量债务纳入预算管理。以此计算，约有13.36万亿元长期游离于体制外的地方政府债务并入国家账本。在对存量债务清底数，入账本的同时，调整债务结构，降低融资成本。经国务院批准，从2015年起，对2014年年底前地方政府负有偿还责任且三年内到期的存量债务，通过发行置换债券的方式进行置换。此举一是改变了债务存在形式并延展了偿还时间，却并不增加债务额；二是债券利率相对较低，减轻了财政负担。

对地方政府确需的新增举债，坚持依法依规阳光发债，规范核算。首先，设立年度新增债务和存量债务限额。参照国债管理办法，对地方政府债务余额实行限额管理。地方政府可以在国务院确定的限额内，通过发行地方政府债券举借债务。其次，设置的限额由财政部按财力和资金需求情况综合考虑，分配至各省级政府。在此基础上，各级政府按中央要求制定了具体的管理办法，在制度的框架内，2015年各级省级政府在财政部下发分配计划内，按规定正式开始发行自发自还的地方政府债券。专项债券在基础设施领域中的投资和拉动作用，补城市化进程短板的助推作用在这一时期得到了发挥。

在防风险呼声渐高的背景下，对地方政府债务的管理也更为严格和细化。2017年增加了地方政府土地储备专项债券和政府收费公路专项债券，2018年增加了棚户区改造专项债券管理办法，要求地方积极试点发展项目收益与融资需求平衡的专项债券品种。2018年年底，地方政府基本完成了债务置换任务。财政部通过逐步推进的公开承销发行、地方政府柜台债发行、信息披露制度、信用评级业务管理等措施，逐步规范地方政府债务的发行。自2015年国家清理地方政府债务和规范管理以来，地方政府债务结构得以优化，基本实现了地方政府隐性债务风险防范的软着陆如表3-4所示。从其债务形成来看，地方政府债务从2014年年底纳入预算管理的约10%，到现在除违规举债外，实现了预算管理全覆盖。从债务存在期限看，由于国家规定地方政府举债与项目相对应，实现了债务与举债投资项目期限匹配，更为科学合理。从投资群体和流通情况来看，已形成了个人、金融机构、外资银行等多元化的投资主体，为债券市场注入了活力。

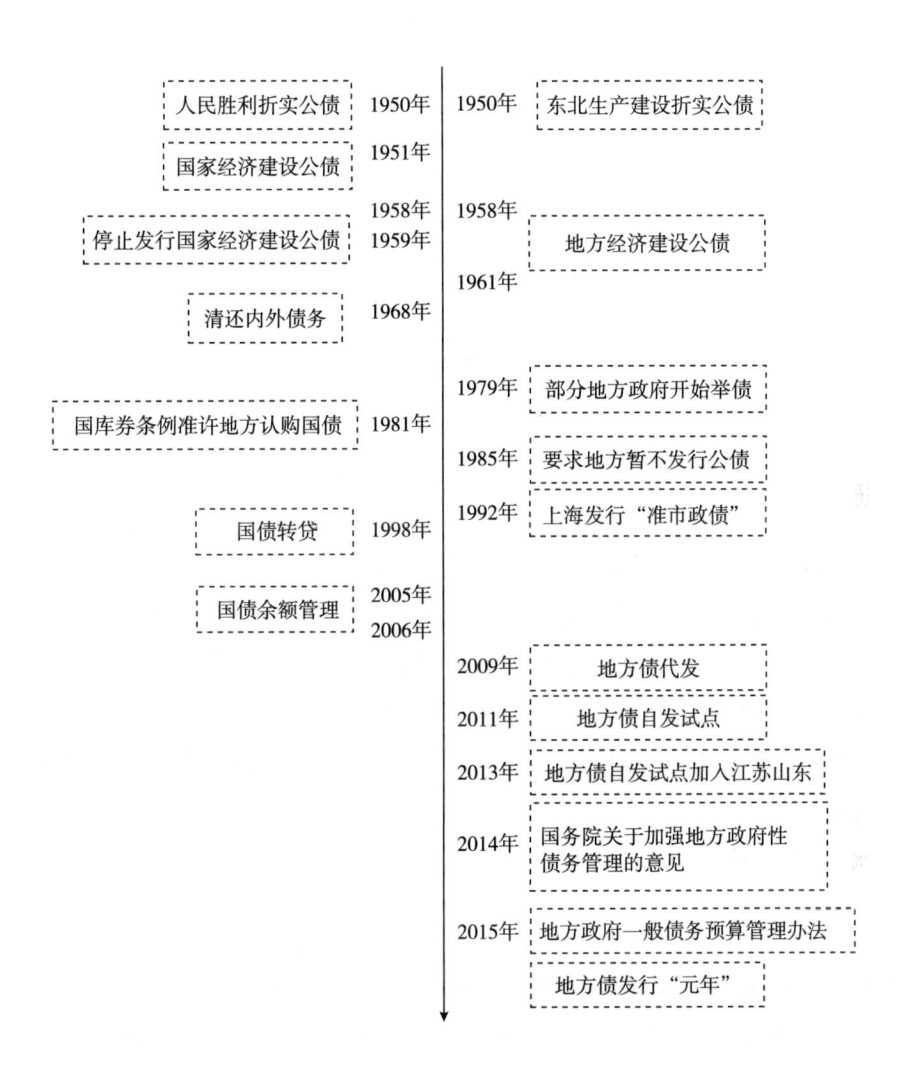

第三章 地方政府债务：发展演变与现状分析

```
1950年 ── 人民胜利折实公债        1950年 ── 东北生产建设折实公债
1951年 ── 国家经济建设公债
1958年 ── 停止发行国家经济建设公债  1958年
1959年                           1961年 ── 地方经济建设公债
1968年 ── 清还内外债务
                                 1979年 ── 部分地方政府开始举债
1981年 ── 国库券条例准许地方认购国债
                                 1985年 ── 要求地方暂不发行公债
                                 1992年 ── 上海发行"准市政债"
1998年 ── 国债转贷
2005年 ── 国债余额管理
2006年
                                 2009年 ── 地方债代发
                                 2011年 ── 地方债自发试点
                                 2013年 ── 地方债自发试点加入江苏山东
                                 2014年 ── 国务院关于加强地方政府性债务管理的意见
                                 2015年 ── 地方政府一般债务预算管理办法
                                          地方债发行"元年"
```

图 3-3 中华人民共和国成立后（1950—2015 年）地方债的发展历程

表 3-4　　　2015—2020 年地方政府债券发行和年末余额情况　　　单位：亿元

项目年度	年度新增限额	年度债券发行量	年末限额	年末决算余额
2015	6000	38350.6	160074.3	154074.3
2016	11800	60458.4	171874.3	147568.37
2017	16300	43580.94	188174.3	153557.65

63

续表

项目年度	年度新增限额	年度债券发行量	年末限额	年末决算余额
2018	21800	41651.68	209974.3	165099.8
2019	30540.69	43624.27	240774.3	213074
2020	47300	45524.85	288074.3	256615

资料来源：笔者根据财政部网站公布的地方债年度数据整理。

2020年，为了应对新冠疫情对经济社会造成的冲击，我国发行了1万亿元特别国债，3.75万亿元地方专项债券，10月修订了地方债券管理办法，专项债新规出台。政府债券的发行帮助经济平稳运行，在推动公共卫生基础设施补短板中发挥了重要作用。但同时，政府债务风险增加又一次引发关注。习近平总书记一直以来高度重视防控风险，自2013年以来多次对提升防范风险的能力作出重要指示。2017年7月，习近平总书记发表重要讲话指出要"严控地方政府债务增量"，2020年4月讲话中指出要"善于运用制度优势应对风险挑战冲击"。

七 启示

本章通过梳理和回顾中国共产党建党以来公债发行实践历程，可以发现这是一段具有中国特色的公共债务发行和探索的实践之路。公债的发行为党领导人民取得新民主主义革命胜利发挥了积极作用。中华人民共和国成立后，在党领导的社会主义建设事业中，公债缓解了财政应急资金需求，公债作为财政政策与货币政策的联结，助力稳定物价安定民心，公债发行在加速工业化进程、推动基础设施建设、恢复和发展经济等方面起到了积极作用。回顾这段实践历程，我们可以深刻认识到马克思主义是如何在中国得以继承和发扬的，中国共产党是如何在以人民为中心的价值理念引导下实事求是适时调整公债政策，逐步探索出通过发扬勤俭节约、艰苦朴素的优良作风来解决赤字问题的。与此同时，地方债发行制度变迁受到了历史记忆的影响。地方债发行与国债发行制度联系密切，但地方债的性质和效应与国债具有明显区别。分税制并不是地方债务风险产生的唯一原因，甚至很难说是主要原因。

（一）始终以马克思主义公债理论作为指导，从人民群众利益出发调整公债政策

马克思生活的时代，欧洲主要国家普遍负债过高，债台高筑对经济社会和国际关系产生了严重后果。因此，马克思极力反对政府过度借贷，反对公债发行中出现的利益勾结和腐败浪费，反对金融巨头利用公债进行掠夺[1]，反对"不公平、不合理、负担沉重的财政制度"。[2] "为了摆脱这种负债状态，国家必须限制自己的开支，即精简政府机构，管理尽可能少些，官吏尽可能少用，尽可能少介入公民社会方面的事务。"[3] 马克思认为取得财政收入的不同方式需要比较其经济影响再做决策，比如马克思并不反对在紧急筹措军费时使用公债，认为相比公债，直接征税用于战争是"最不受欢迎的、负担最重的和最不经济的方式"。[4] 马克思认为"公共信用即公债制度"[5]，公债能够加速资本积累，推动产业革命，促进工业经济发展。[6] 强调代际负担均衡，重视分配正义性。

在新民主主义革命时期，面临财政枯竭状况，运用公债作为工具，解决军费和日常开支严重不足的问题。在根据地稳固后，积极尝试建立负担均衡、公平可持续的财政制度。中华人民共和国成立初期发行的折实公债弥补了财政资金缺口，同时也在通胀管理中起到了重要作用。经济建设公债在我国工业起步阶段解决了资金急缺的问题。自改革开放以来，国债和地方债的相继恢复发行，为解决投资资金不足，起到了公共投资的乘数效应，为中国经济起飞发挥了积极作用。党领导的公债发

---

[1] 中共中央马克思、恩格斯、列宁、斯大林著作编译局：《马克思恩格斯全集》（第十一卷），人民出版社1988年版，第29—30、508页。

[2] 中共中央马克思、恩格斯、列宁、斯大林著作编译局：《马克思恩格斯全集》（第十三卷），人民出版社1988年版，第118—124、526页。

[3] 中共中央马克思、恩格斯、列宁、斯大林著作编译局：《马克思恩格斯全集》（第十卷），人民出版社1995年版，第133—162、207页。

[4] 中共中央马克思、恩格斯、列宁、斯大林著作编译局：《马克思恩格斯全集》（第十四卷），人民出版社2013年版，第13—14页。

[5] 中共中央马克思、恩格斯、列宁、斯大林著作编译局：《马克思恩格斯全集》（第二十五卷），人民出版社2001年版，第676页。

[6] 王勋铭：《马克思的公债理论及我国公债发行问题》，《经济科学》1988年第1期。

行，始终注意对债务风险的控制，限制债务规模膨胀带来的不利影响。以促进社会公平为目标，不断推进财税改革。党领导的公债发行实践，始终在马克思主义公债理论指导下，不断取得新的进展，逐步探索出了具有中国特色的公债理论实践道路。

党领导下发行的第一个债券是在根据地财政极端困难的情况下，拿出收入30%来作为水利建设资金，并发行专款专用的水利债券，切实解决群众生活的现实困难，急群众之所急，想群众之所想。中国共产党同人民群众血肉相连，这是中国共产党能够带领中国人民取得新民主主义革命胜利的重要原因。在党领导的公债发行实践过程中，以实事求是的精神，从实际情况出发，通过充分调研，及时调整公债政策。在经济过热、杠杆率过高的情况下，采取果断措施限制政府债务规模，有效控制了债务风险。在经济下行区间，为起到公共资金对私人资金的撬动作用，适量发行政府债券，以稳定经济波动对人民生活的破坏性影响。积极推进公债发行的市场化改革，降低发行成本。公债发行目的从应急需求，到建设需要，再到改善人民生活，始终根据我国实际情况，适时调整公债政策。这种以人民为中心，为人民谋福利而奋斗的精神，也是今日学习党史的重要体会。

公债发行实践中，党的公共信用得以确立。公债成功发行并如期偿还，我国公共信用也得以建立和维护。党领导的公债发行历程，不论多么艰苦的环境，都尽可能保证债务资金的偿还。在建党初期，自身经济面临艰难处境的情况下，依然通过发放债券和拿出经费来修建地方水利设施建设，解决当地老百姓的燃眉之急，真正体现了党与群众的鱼水关系。公共信用逐步得以确立，让党的公道正派的形象留在百姓心中，让老百姓普遍相信党的正义性，这种信心比金子还珍贵。公共信用的建立为政治斗争和军事战争的胜利奠定了坚实的基础。党所建立和维护的公共信用，不仅在取得新民主主义革命胜利中发挥了积极作用，也让党在领导人民建设社会主义、发展社会主义中，使百姓更愿意跟党走、跟着党干，相信党能够领导中国人民追求更加幸福和美好的生活。亚当·斯密认为"人民如对政府的公正，没有信心，这种国家的商业制造业，就很少能长久发达"。① 党长期建立和维护的公共信用异常珍贵，我们面临当今后疫情时代的经济发展，也应当把维护公共信用当作眼珠一样爱护，严格财政纪律，控制赤字规模，防止债务风险，保持财政的可持续性。

发扬精简节约和艰苦的作风成为解决赤字的重要机制。在弥补财政赤字问题上，中国共产党一贯发挥艰苦朴素的优良作风，把精简节约、严格控制开支作为解决收支不足的重要途径。建党百年历程中，多次号召全体党员进行大规模精简节约运动，并数次开展精简党和国家机构改革，控制行政支出规模。在实践进程中，逐步建立了常态化的公共支出管理机制，通过全面绩效管理、加强预算管理等方式提升行政效能。发展经济学家刘易斯认为经济增长的条件之一是节约精神。② 党领导我国所取得举世瞩目的经济发展成就，也与广大党员带头弘扬勤俭节约的中国民族传统美德有关。在第四次工业革命的浪潮中，为了更好地控制财政支出规模，从根本上限制债务扩张条件，党领导的人民政府正在积极推进政府数字化转型，以更加高效的政府，来应对经济社会的挑战。当前，我国正在面临人口老龄化的严峻挑战，我国债务水平有可能进一步上升。此时，回顾我党发行公共债券的历史，更加启示要重拾精简节约的传统，继续弘扬共产党艰苦朴素的优良作风，以更加充分的财政资源储备来应对未来可能面临的风险挑战。

（二）地方债发行制度的变迁可能受到了历史记忆的影响

如果不是仅观察 1994 年分税制改革以后的财政制度，而是拉长观察的周期，勾画出制度的前半程情景就会发现，我们可能会在历史中找到答案。如图 3-4 所示，会发现以 1976 年为中轴，1953—1976 年和 1976—1994 年这两段时间央地财政收入关系折线几乎是翻转的。从 1994—2014 年，折现几乎是以 2006 年为中轴对称的。通过对我国公债发展历程的回顾和梳理，这可能是由于制度变迁的延续性和历史记忆造成的。

---

① ［英］亚当·斯密著：《国民财富的性质和原因的研究》，郭大力、王亚男译，商务印书馆 1974 年版，第 473 页。

② ［美］阿瑟·刘易斯著：《经济增长理论》，周师铭等译，商务印书馆 1990 年版，第 523 页。

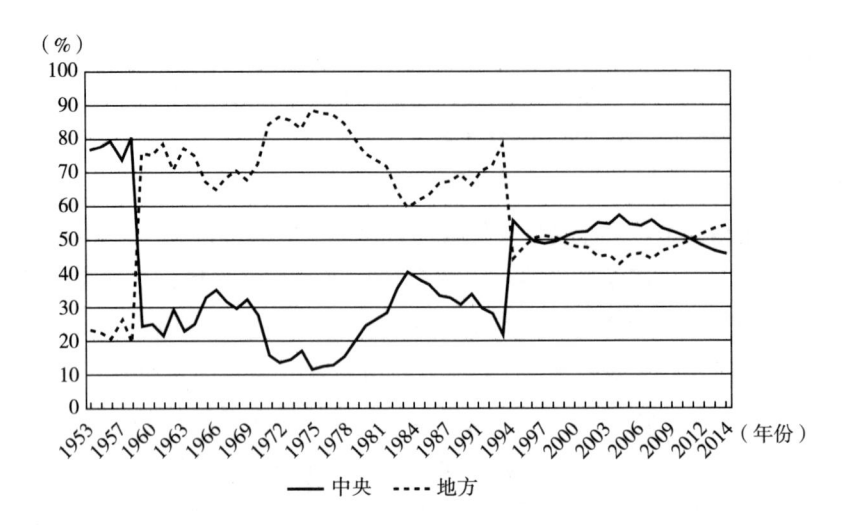

图 3-4　1953—2014 年中央财政和地方财政收入占比

资料来源：笔者根据《中国财政年鉴》绘制。

（三）地方债与国债联系密切，但地方债的性质和效应有别于国债

地方政府事实上可以在增税和借贷之间进行选择。地方政府并没有制定或者修改税率的自主权，可以通过税收优惠、提高征税手段、保证应收尽收等方式来提升当地的实际税率，在这些方面地方政府具有相当的自主权。如果地方政府的行为提高了当地实际税率，就会造成当地企业的外迁，或者想方设法地在其他地区缴税。地方政府会意识到提高实际税率的行动很可能会削弱当地与其他地区相比的竞争力。此时，地方政府如果意识到可以通过各种方式借贷资金，不但不会损害当地的竞争力，还会把这笔钱用于地方基础设施建设等方面，提升该地对企业的吸引力。

地方债存在的原因与国债没有根本性的区别。20 世纪 80 年代国债的恢复发行给减税让利创造了空间，从而促进了经济发展。地方债与国债之间存在紧密的联系，分析地方债的经济效应不应当忽略国债与地方债的联系，当然两者之间经济效应和影响也有区别。我国研究国债经济效应的文献相当丰富，而对地方债的研究大多重债务风险研究，轻效应影响分析；重债务规模，轻债务成本；重财政分权，轻其他变量。

（四）分税制改革并不是地方债风险产生的唯一原因，甚至很难说是主要原因

关于地方债风险的产生和恶化，一个比较普遍的观点认为，光是由财政分权和分税制改革所带来的地方政府财政收入与支出责任的不匹配所导致的。这种看法忽略了对地方债在改革开放之后产生和膨胀的历史事实分析，我国地方债的产生在 1994 年以前就比较普遍。根据审计署 2011 年公布的 35 号审计公告，截至 1990 年，累计有 91.67% 的省级政府、46.17% 的市级政府和 42.61% 的县级政府负有政府性债务。

如图 3-5 所示，地方债规模的膨胀有两次高峰期，一次在 1998 年，另一次在 2009 年，分别在 1997 年席卷亚洲的金融危机和 2007 年美国次贷危机之后的一两年。地方债规模的膨胀是与经济发展状况相关、与政府使用借贷刺激经济的意愿相关联的，因此，分析地方债与经济发展和财政政策制定的互动关系，比过度强调财政分权对地方债的影响更有实践价值。长期以来，对财政分权的集中关注，淡化了影响地方债产生和膨胀的其他原因。

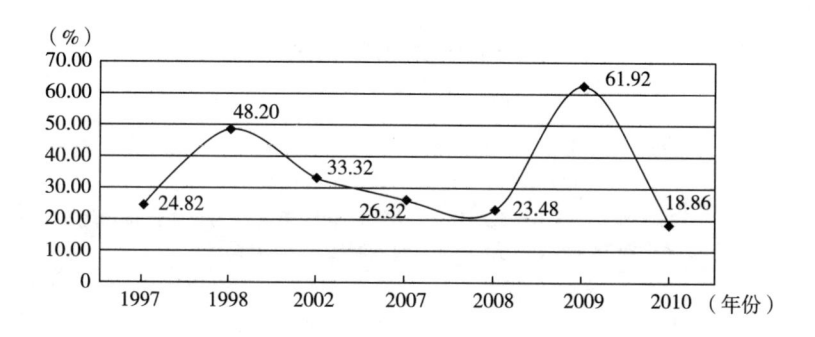

图 3-5　1997 年以来全国地方政府性债务余额增长率变化情况

资料来源：2011 年审计署第 35 号公告：全国地方政府性债务审计结果。

第二节　我国地方债所面临的现状分析

目前，从债券市场来看，银行间债券市场和交易所债券市场正在逐渐弥合，市场发育逐步推进。从地方债的发行上来看，尽管刚刚放开的

地方政府债券存在过地方债期限长、利率低，导致对同期限的国债和国开债有了挤出，导致这些债券收益率上升、收益曲线更加陡峭。① 但随着地方政府债券正式发行时间的推移，地方债的发行利率和债券收益率曲线已逐渐走向正常化。虽然我国主要采取借新还旧的方式消化存量债务，但存量债务的化解依然存在风险隐患。有些政府负有偿还责任的债务比如平台债、建设工程欠款，可能存在偿债主体不清、各主体互相推诿的现象。然而，毋庸置疑的是，地方债的发行有效地降低了政府的融资成本。2015年年底楼继伟关于规范地方政府债务管理工作情况的报告显示，地方政府在2014年年底之前以非政府债券形式举借的负有偿还责任的债务占到了总额的90%，平均成本高达10%。而地方债置换之后成本降低到了3.5%。如表3-5所示，我国地方债务规模逐步膨胀。通过我国地方债现状的观察，未来地方债务主要需要防范以下五个方面的风险，一是PPP模式中蕴含的地方政府债务责任，二是防止地方债"转移支付化"，三是警惕政府过度投资所形成的地方债，四是警惕债券资金支出进度过慢，五是系统性风险带来的债务危机。

表3-5　　　　　　　　地方债务规模的官方数据

时间	地方债务规模	资料来源
2010年年底	全国地方政府性债务余额107174.91亿元	审计署2011年第35号公告：全国地方政府性债务审计结果
2012年年底	36个地方政府本级政府性债务余额38 475.81亿元	审计署2013年第24号公告：36个地方政府本级政府性债务审计结果
2014年年底	政府性债务余额15.4万亿元	十二届全国人大常委会《国务院关于提请审议批准2015年地方政府债务限额的议案》
2015年年底	地方政府性债务16万亿元	
2016年年底	经全国人大批准，新增地方政府性债务限额1.18万亿元，加上存量债务，预计地方政府性债务规模为17.18万亿元	财政部网站：《依法厘清政府债务范围坚决堵住违法举债渠道——财政部有关负责人就地方政府债务问题答记者问》

---

① 来自《华夏时报》对民生证券研究院固定收益组负责人李奇霖的采访。

一 关注 PPP 中的地方政府偿债责任

我国一度大力推广 PPP 模式来解决地方政府的财政紧张状态、缓解财力紧缺与公共产品的大量需求之间的矛盾。PPP 模式即"公私合作制"（Public Private Partnership），PPP 模式作为一种概念最早于 1992 年在英国出现，之后在世界各地得到了广泛的应用与推广，并在 1997 年达到了项目数量和投资水平的高峰。从 20 世纪 90 年代初开始，英国首相撒切尔夫人和美国总统克林顿都大刀阔斧地推进了私有化改革，私人部门进入了传统上由政府提供公共产品的领域，由此引发了全球范围内公私合营模式的浪潮。我国大力推广公私合营模式的原因在于以下几个方面。

（一）公共支出责任扩大与财政收入有限

随着社会发展，政府的公共支出职责不断扩大，公共财政压力不断加大，而政府财政收入是有限的。公共支出职责的扩大与财政收入能力的限制之间的矛盾是 PPP 模式流行的前提。我国在 20 世纪八九十年代的主要改革方向是向地方政府和企业部门放权让利，以恢复经济的活力、刺激经济增长。但与此相伴随的是中央财政占总财政收入比重下降，以及财政收入占国民总收入比重下降的现象。两个比重的下降给我国财政、特别是中央财政带来很大困难，为了给减税让利带来空间，我国除了上文提到的发行国债，还积极利用银行贷款和金融市场融资，来推进基础设施建设、满足经济高速发展对基础设施的需要。政府迫于财政压力积极寻求与私人部门合作。

近年来，我国大力推进 PPP 合作模式，是在财政压力下的选择。我国地方政府长期以来使用了银行贷款、融资平台等方式融资，形成了庞大的地方政府性债务。随着近几年地方政府债务管理的规范化，地方政府性债务的滥发缺口被堵住。再加上，地方增值税扩围之后财政收入受到影响，需要规划地方政府满足当地基础设施建设需求的渠道，此时使用 PPP 模型、与私人部门合作就成了一个选项。

（二）企业提供公共产品有助于节约成本

相对公共部门，私人部门更加了解市场情况，能够更为有效地提供公共产品，节约基础设施建设方面的投资，降低总投资额，从而使得基础设施的使用费更为合理，特许经营期缩短。引入私人部门有益于提高效率，形成竞争，节约项目建设运营成本。

基础建设领域公共部门与私人部门的合作还可以形成私人部门与私人部门之间的竞争、公共部门与私人部门之间的竞争、公共部门与公共部门之间的竞争。公共部门在选择私人部门作为基础设施建设者时，会比较不同私人部门的运行效率和建设质量，从而形成私人部门之间的竞争。在中国，不同的基础设施项目，有的资金来源采取政府贷款，有的项目融资采取PPP模式。如果不同融资方式的项目质量有差异、收费标准有区别，使用者在使用基础设施时会发觉其不同，从而促进了公共部门和私人部门之间提供公共产品时的竞争。如果一个地区的公共部门采取PPP模式，而相邻地区采取其他方式融资，基础设施的使用者就会对两个地区的基础设施建设、运营情况进行比较，从而形成不同地区或者不同层级之间公共部门的竞争。

（三）部分基础设施属于俱乐部产品

俱乐部产生具有拥挤点，应当适当收费。按照世界银行1994年基础设施报告的观点，部分基础设施不是纯粹的公共产品，而是准公共物品，是俱乐部产品。俱乐部产品收费有益于保持使用者的合理规模。俱乐部产品的特点就是具有非竞争性和排他性。准公共产品的一个重要特点是有"拥挤点"，也就是说当消费者的数量达到拥挤点后边际成本为正，增加消费者将减少原有消费者的效用。布坎南认为由于俱乐部产品的特点，应该区分高峰点和非高峰点的收费标准。

PPP模式虽然具有诸多优点，但是，由于公共部门与私人部门目标的差异性表现为项目的公益性和营利性之间的矛盾，可能会导致成本增高、形成地方政府的债务。公共部门和私人部门不可避免地存在不同的利益诉求。对于公共部门来说，其目标主要表现为建成尽可能多的基础设施项目，保持项目质量，合理规制费用，实现社会福利最大化，解决基础设施的紧缺。对于私人部门而言，PPP项目的低层次目标是实现项目利润最大化，较高层次的目标是塑造良好的企业形象，保持与公共部门的密切联系，以获得长期利润最大化和更多项目的机会。笔者曾在美国芝加哥与当地居民讨论本地体育场修建的融资方式选择，发现居民往往希望当地政府通过发债而非PPP的方式来融资，因为用政府债券来修门票会定得低很多，他们看球赛可以少花钱。而且有的居民对当地财政状况具有一定了解，提到芝加哥政府每年发布的财务报表①并不理想，单列出地方财政计划的公共项目有破产危险，当地不断恶化的负债情况使得政府有可能使用PPP的方式融资修建体育场。尽管公共部门和私人部门短期利益目标有所冲突，但公共部门和私人部门长期的利益目标是一致的，这就成为公私合作机制的基础。PPP项目融资方式被地方政府接受并广为使用，PPP中第一个P代表公共部门，PPP项目所蕴含的地方政府性债务风险应高度警惕并加以防范。

二　防止地方政府债券发行"转移支付化"

从学理上来说，地方政府债券发行机制与转移支付制度的差别在于，地方政府债券中有一个市场机制在发挥作用，一个地方政府想要发行多少地方债，除受到上级政府的约束之外，还受到债券市场的约束。一个发育成熟的债券市场会考虑到债券发行主体的资产状况、现金流量和偿债风险等状况来决定是否购买债券。地方政府发债的规模和成本都会反映出金融机构等购买债券意向者对当地财政的看法。不仅是发行时的一级市场，债券交易二级市场还可以动态地反映出对当地财政的现况、经济发展的预期等信息。而转移支付制度，则主要是上级政府根据对下级政府财政收支状况的看法，依据资金的紧缺程度进行财政分配。

现在的地方债发行机制依然存在的一个问题是其发行权集中在省级政府，并没有真正解决县乡财政的困难。之前是省级政府没有发债的权利，国家通过发行国债部分转贷给地方。现在是省级政府拥有了发债权利，分配给下级地方政府。这些省级政府到底如何分配和使用这些债务资金是值得探讨的。需要关注的是不要让地方债发行机制成为一个变相的转移支付机制。众所周知我国财政分权是层级越往上、权力越大、可以支配的财政能力越强。给省级政府发债券并不能根本解决基层政府的财力困难。地方债问题产生的根源，不仅在于政府性债务的管理不规范，或者分税制之后的财政体制，而在于地方政府的压力体制。县乡财政面临深刻的危机，目前阶段，应当规范省级以下政府的发债制度，让

---

① 美国地方政府每年都会公布当地的财务报表，厚度上百页，有非常详细的当地财政收支状况和债务情况。每年联邦政府还会颁奖给财务报表质量高的地方，以鼓励地方政府提高财务报告的水平。除了传统的书面报告，地方政府一般都有专门网站公开当地财政情况，网站色彩鲜艳，内容易懂。

通过发债获得的资金真正流向需要的地方。

在当前财政制度格局下，解决地方政府财力不足的一个重要措施就是转移支付制度。该制度设计本意在于，通过1994年的分税制改革让中央重新恢复对财政资金的掌控能力，更好地提供全国性公共产品，提升社会公平性，均衡地区和不同人群之间的经济资源，并且有利于要素和产品在全国范围内的流动。地方政府收支不匹配的差额由转移支付来弥补。然而，与制度设计事与愿违的是转移支付制度的实际效果并不理想。黄春元和毛捷[1]实证了政府间转移支付和地方债规模之间的关系，发现两者之间存在显著的负相关关系，即政府间转移支付规模越大，地方债规模增长越缓慢。转移支付制度的问题之一在于，依靠上级政府进行财政资源分配可能是不合理和不公平的，导致贫穷的地区更加贫穷、富裕的地区更加富裕的"马太效应"。需要防止地方债券的发行机制"转移支付化"。

治理地方债风险的思路不能走堵口子的思路。治水之道，不在堵而在于疏。与其严防死守，紧盯地方政府的新招，不如让基层地方政府有合理融资途径、规范借贷行为、降低融资成本。关注现实中的地方政府债券发行问题和限额分配问题，需要防止这种机制出现转移支付制度曾经出现的问题和隐患，用好市场机制，利用金融机构和投资者分布广泛、相对专业的信息挖掘能力，关注金融市场对地方政府债券的信息披露，从债券利息率、收益曲线中及时发现当地财政和债务中隐藏的问题。

三 警惕政府过度投资所形成的地方债

我国财政支出，尤其是部分地方政府的财政支出具有较强的"重投资轻民生"倾向，这种偏好的依据是依靠政府投资来拉动经济增长、提高基础设施建设水平。风险不仅在于该政策容易导致财政赤字的累计还最终累积了巨额的政府负有偿还责任的债务，政府性债务的风险。

赤字财政，即依靠发行债务、提高税负或者削减支出来维持扩张型的财政政策，通过扩张型的财政政策刺激经济增长。健康的经济体需要

---

[1] 黄春元、毛捷：《财政状况与地方债务规模——基于转移支付视角的新发现》，《财贸经济》2015年第6期。

依靠机体内部自生自发的力量。长期依赖公共投资拉动，并非长久之计。经济刺激计划在危机情况下可以帮助经济恢复，但是从长远来看，政府拉动型经济增长发展模式是否可以持续，一些病入膏肓的产业是否还要强行维持是值得怀疑的。政府性债务管理的目标从来就不应仅停留在盯住控制规模，而应在风险可控的情况下，成本最小化和福利最大化。地方债务一般被认为应当用于资本性项目、用来改善当地人民生活。然而，如果地方政府过度投资其形成的地方债不但不能提升当地的整体福利水平，还会拖累当地的经济秩序、导致资产贬值。

四　地方债券支出进度较慢，影响资金绩效发挥

公债是财政政策的核心工具，是实现政府资源配置职能的重要手段。合理的地方债券支出资金规模和结构可以有效拉动总需求，提振经济增长势头。债券资金也从财力上实现公共投资对经济的拉动作用和国家重大战略的推进。支出进度可以从经济方面反映政府职能的执行情况，关系到政府治理效能能否正常发挥并有效提升。分析我国公共财政支出的月度数据可以发现，财政支出往往是上半年支出少，下半年支出多，每季度最后一个月支出进度都会加速，到年底支出进度提速。与中央本级财政支出相比，地方财政支出规模更大，支出缓慢的问题更加突出。与其他类别支出项目相比，项目支出的预算执行进度缓慢。其中，地方债券资金支出更加缓慢，容易出现债券资金在账户上"睡大觉"，地方政府需要负担债券利息，债券资金却没有及时发挥应有绩效。

近年来，随着我国财政预算管理制度逐步完善，预算执行进度逐渐推进，财政月度支出进度呈现出均衡化趋势。2020年新冠疫情的暴发和蔓延打乱了原有的财政支出计划，相比以前年度，各级政府不得不预留出更多的应急财政支出额度，更加谨慎地把握预算支出进度，导致当年支出缓慢问题突出，2021年情况虽有所改善，问题却依然存在。当前多种不确定性因素影响着我国经济发展预期，国内消费拉动力不足，出口需求降低，总需求疲软，国际环境复杂多变，下行风险和压力并存。落实中央"稳字当头、稳中求进"经济工作要求总基调，为稳定宏观经济出力，如何让债券资金尽快发挥效能成为当前地方政府面临的课题。

财政支出进度缓慢问题长期存在，客观上有其存在的原因。第一，预算编制的周期性影响。预算周期是形成财政支出慢的直接动因。在我国，年度预算需要经过全国人民代表大会的批准，每年全国人大的会期一般在3月。全国人大审议通过后，预算指标需经过法定程序才能下达到各部门预算单位。按《中华人民共和国预算法》的规定，人大批准预算后，各级财政下达预算的法定时间是20日，各部门接财政下达的预算，批复所属单位的法定时间为15日，转移支付的时间则更长。到实现资金拨付的时间还要再晚。而经济活动是全年都在进行的，为了保证政府机构运转，每年全国人大预算下达前的一二月份，一般只预拨保障运行的基本经费，项目经费则要等预算批准后才履行拨付程序。相比中央政府，虽然地方政府两会的召开时间在前，预算确定也较早，但是在中央政府预算没有确定前，地方财政部门安排资金的态度会相对谨慎，且存在层层下达的情况，实际资金到位相对滞后，预算开始执行的进度就更晚。从财政支出的类别分析，教育支出预算执行进度相对滞后，年底突击花钱现象比较突出，部分原因就在于学校特别是高校真正资金拨付往往已临近暑假，使用资金的时间可能只有9—12月。在部门预算支出中，项目支出与预算执行进度缓慢高度相关，项目支出需要等人大批准预算，项目才能启动，项目开工前的各项审批、招投标及实施采购等各环节都需要一定的时间，支付资金还需要规定的审核和审批，这些规范化管理的措施共同导致了项目支出进度相对较慢，年末为避免形成过大的资金结转甚至形成结余资金，突击花钱的意向更为突出。从单位层面看，存在个别基层单位专项资金拨付可能已经到了年末，资金下达过晚，这些单位只能利用有限时间使用完资金，否则剩余资金可能导致未来年度预算额度的缩减，剩余资金被收回，导致了"被动性"的支出进度缓慢。

第二，支出的季节性波动。财政支出是根据经济活动的需要而产生的，其年度数据波动特点与经济活动周期相匹配，而经济活动在一年之中均呈现出周期性波动。《史记》中说"夫春生夏长，秋收冬藏，此天道之大经也"。生产活动的季节性变动非常明显，人类的生活规律与其相匹配。政府机关与其他机构一样，支出存在明显季节性波动特点。支出进度不完全按照政府部门的主观意愿，只能根据实际需要或随经济实际需要安排支出。从事经济数据分析的学者发现，我国物价相关的数据在春节前会呈现出高峰,在春节后呈现出走低再拉升的现象,称之为"春节效应"。以居民消费价格指数为代表的经济数据存在明显季节性波动规律,经常在年底"翘尾"和来年"阳春"。这一现象在其他国家也同样存在,美国、英国等国家在圣诞节、复活节等重要节日前后也呈现出类似的变化,学者称之为"圣诞节效应""复活节效应"。而欧美等许多国家实行跨日历年度制预算,如美国政府的财政年度是10月1日到下年的9月30日。而我国实行日历年度制预算,年度周期再叠加季节性价格波动影响,导致相对来说年末支出数据更高,支出进度也受到了经济活动节假日效应的影响。

第三,疫情下财政的应急需要。随着我国财政管理制度的不断完善,支出进度缓慢的现象有了显著改善,特别是地方财政支出进度明显加快。但是,2020年支出进度缓慢的问题再度凸显,2021年情况虽有所改善,但问题依然存在,其原因就在于新冠疫情暴发以来,地方政府需要预留出更大的资金空间,以防突发疫情带来的支出压力。一旦某个地区需要封闭管理,其应急资金需要量是以往应急支出量级无法比拟的。而新冠疫情存在时间和发展的不确定性,以及近年极端天气状况多发等紧急状况,使地方政府在执行预算进度上更为谨慎,希望能在资金保障上留有更大的备用幅度,以前可花、可不花的钱,一般就决定不花或者尽量推迟使用。这样到了预算年末,地方财政不需要再保持应急支出额度,就会在预算额度内把之前不敢花、推迟花的钱集中在最后时间内花出去,导致近两年财政支出进度缓慢的问题再次显现。

目前,我国应对公共突发事件的常规资金来源主要有三个部分:救灾资金、救灾物资储备和预备费。救灾资金总量极小,救灾物资储备种类相对于疫情防控需要也相对单一、数量不足。预备费方面,地方按照预算规模的比例计提,用于当年处理自然灾害等突发事件增加的支出以及其他难以预见的支出。当年如果没有紧急事件,预备费无法转入未来年度使用且占用了当年的预算额度。因此,各级财政事实上缺乏足额提取预备费的积极性。应急资金的使用本着"特事特办、急事急办"的原则,审核、拨款和调度相当快捷,特别紧急时可以先行"预拨""挂账"。现实是真正发生紧急事件时,一般应对公共突发事件的常规应急资金来源远远无法满足支出需要,只能通过对预算进行整体性调整来解决资金缺口。如果是自然灾害所带来的公共突发事件，地方政府往往更倾向向中央政府寻求财政援助，希望来自中央财政的转移支付资金能够弥补巨额资金缺口。然而，新冠疫情传播的特殊性，导致我国可能同时在不同地域或不同时间多地遭遇染疫且形成蔓延的管控风险，中央财政无法同时兜底。各地的地方财政只能尽可能调整和控制本地预算安排，防止出现资金不足的风险，这就带来了全国普遍性的支出进度迟缓。地方债券资金作为政府预算资金的组成部分，同样具有周期性、季节性和应急性的特征。特别是其中的棚户区改造、公路建设、疫情防控建设等项目。在实践中，如出现拆迁、征地等涉及利益冲突，项目建设进展受阻，资金无法正常支付，同时还背负着债券利息，直接影响地方债券资金绩效。

五　预防系统性风险带来的政府债务风险

2020年，为了应对新冠疫情对经济社会造成的冲击，我国发行了1万亿元特别国债，3.75万亿元地方专项债券。2022年，我国使用政策性开放性金融工具，再次对经济实施大规模财政支出刺激计划，形成了大量地方债务。这些事实说明，我国已进入风险社会，正在适应风险变化的新特征，大多个人、家庭没有独立应对巨灾风险的财务能力。破坏性灾害发生后，其引发的人身伤害和财产损失，导致部分贫困地区居民甚至出现因灾致贫、因灾返贫。地方政府在自然灾害的冲击下，为了救助受灾家庭、保持经济稳定，不得不发行债券，导致因灾债台高筑。因此，亟须研究如何推进系统化制度化巨灾风险应对机制建设，化解系统性风险带来的政府债务风险。

（一）巨灾风险与巨灾保险的适应性关系

第一，巨灾保险是实现巨灾风险治理的有效途径之一。巨灾风险治理主要有两种思路：一是依靠财政预算。二是建立巨灾保险体系。财政是应对不确定性和风险的重要资源。不管是重大自然灾害、重大事故灾难，还是重大公共卫生事件，财政预算都提供了资金来源、财力支撑和物质保障。公共财政包括预备费、紧急减税（费）或增税、紧急增发内债、转移支付、征用、动用政府资产、向中央银行借款、担保、外汇储备、外债，共10种政策工具，根据不同情况组合使用，以备应急需要。但是，巨灾的发生往往会在收支两个方面对财政产生冲击，可能会带来难以承受的财政风险。建立巨灾保险体系是有效分散风险、减轻财政收支压力的路径选择。

第二，巨灾保险是应对低频高损类风险最有效和富有弹性的机制设计。巨灾保险是一种灾前融资的手段，相对于灾后在短期大量融资的难度和不确定性，灾前融资的巨灾保险可以向时间和空间两个维度分散风险。巨灾保险主要补偿自然灾害和人为灾害导致的人身伤亡与财产损失，可以帮助灾民早日恢复正常生活，保障和改善民生，减轻财政集中支付压力，烫平预算波动，以丰补歉，缓解巨灾在短时间内对经济社会发展产生的负面影响，成为风险冲击的缓冲垫，经济社会的减震器。财政预算与巨灾保险并不相斥。巨灾保险有显著的正外部性，属于准公共产品，巨灾保险的有效运转离不开财政的支持。当财政支出难以从时间和空间上对巨灾风险进行合理的转移和分散时，巨灾保险则可以有效防止灾害诱发财政风险。建立完善的巨灾风险治理体系，需要让巨灾保险和应急财政协调配合、有效协同。

（二）巨灾风险的可保性

从理论角度，可保性风险需要符合大数定律和概率论的分布要求。巨灾风险低发生频率、高损失幅度，其损失分布有厚尾特征。巨灾风险发生后，大量保险标的会同时间出现损失，给保险赔付带来巨大压力。故巨灾风险不符合经典的可保性条件，一般商业保险的可保范围不包括巨灾风险。随着巨灾风险研究愈加深入，对巨灾风险的可保性产生新看法。风险平衡理论拉长时间跨度，实现对巨灾风险的纵向损失均衡。风险分散理论从时空跨度两个维度拓展大数定律的应用，通过有效转嫁和分散风险，达到巨灾风险可保。巨灾分解理论推动保险证券化，创新巨灾风险管理的理念、工具和方法。随着概率论、决策论和数理统计研究取得新进展，带来对巨灾风险可保性的新认识，启发巨灾风险模型、精算模型、保险定价模型的研发。

从实践角度，世界上屡遭巨灾损失的国家和地区已经探索出政府主导、市场主导和公私合作三种主要巨灾保险模式。在全球范围内，巨灾保险在应对天气相关巨灾的损害方面可发挥积极效果，证明了巨灾保险的可保性。我国拥有广袤的土地和全球最多的人口，这既带来多种巨灾风险发生的隐患和系统脆弱性的增加，也带来破解经典可保性条件的思路。我国拥有足够体量的样本来承载相对少量群体发生损失的可能，有足够广阔的地区分散某一地域发生巨灾损失的可能。巨灾保险是以财产险作为承险基准的。财富的积累和资本的扩张，导致脆弱性增加，也导致承保能力的增强。我国有能力从时间和空间维度，通过分保、共保分散风险，利用资本市场转移风险，实现巨灾风险可保。

（三）巨灾保险在试点实践中遇到的困境

我国本着"政府推动、市场运作、保障民生"的原则，逐步推进巨灾保险试点实践，逐渐探索出应对巨灾经济损失的方法，巨灾保险体系正在逐步建立，并取得了积极进展。其中，地震巨灾保险体系基本建立，截至2022年3月31日保险共同体累计为1674万居民，保险支付额为7037万元，其较好地助力了灾后社会正常生产和生活秩序的恢复。我国在巨灾保险体系试点建设的过程中出现了与财政关系不协调、保险减灾作用未充分发挥、防范保险系统性风险等问题。现实需要的急迫性和运行过程存在的问题，表明巨灾保险体系建设进展亟待提速。

第一，政府财政与巨灾保险间不够协调。我国地震、洪水、台风等频发地区，往往是经济发展不发达地区，居民购买保险能力有限，购买巨灾保险意愿不强。让当地州县财政承担保费，压力较大。现有试点实践中，一般由省级政府财政承担大部分支出，市县级财政承担小部分支出责任。在试点地区选择上，有的省份考虑到高风险地区巨灾保险费定价高，财政支持压力大，保险公司参与意愿低，没有选择风险相对较大地区试点。推动更多更广的地区加入试点，则意味着需付出更多的财政支出。在当前经济形势和财政压力下，除了个别灾害频发地区，地方政府缺乏足够动力进一步推广巨灾保险试点。因此，巨灾保险体系的建立和完善，离不开财政资金的投入和政策的支持，需要进一步厘清政府间责任关系。

第二，保险公司对巨灾事先核保查勘难度较高。部分保险公司认为相较于其他财产保险业务，巨灾保险事先核保查勘难度较高。如在调研中，共保体公司负责巨灾保险相关工作人员提到在提高地震巨灾防范能力与房屋抗震等级方面，保险公司的作用有限，需要政府做好建筑物规划和审核。高地震风险地区的居民本身对减灾抗震较为关注，保险公司认为不一定需要再进行宣传。现在仅有少数保险公司和再保险公司具有较高巨灾数据专业分析能力，巨灾风险建模和精算评估。有些共保体公司在承保试点城市时，发现查找试点地区的地震、地质、气候等数据和材料比较困难。中小体量保险公司高度依赖头部公司的专业能力。保险公司为高灾害风险地区承保意愿较低，不愿承保或者不愿作为首席承保公司。这背离了让专业市场组织事先参与减灾防灾、真正减轻灾害频发地区损失的巨灾保险机制设计初衷。

第三，巨灾保险有系统性崩溃的可能。巨灾保险体系分层次，通过保险、再保险和资本市场，进行了风险分散，在此过程中也出现了风险传染效应和系统影响。保险有系统性崩溃的可能。以城乡居民地震巨灾保险为例，参加共同包体成员公司的销售网点和网站统一费率销售，产品、服务模式和理赔都统一。巨灾共保体规模大，参与公司多，这样的设计在分散风险的同时，带来中小保险公司"搭便车"。如保险公司没有严格按照风险管理程序，出现短期进行大规模赔付，又超过承保能力时可能会造成流动性危机，甚至出现金融机构多米诺式坍塌的风险。这种系统性风险出现的概率虽然非常低，但也需提高警惕，提前防范，设置规则，做好监管。

第四，个人对于巨灾保险的参与度不足。地震巨灾保险体系尽管已初步建立，但是个人的投保的渗透率不足，主要原因在于风险意识不足，不了解巨灾保险，购买不方便。我国居民对如何合理利用保险抵御风险的认识不到位，对保险行业存在一些刻板印象，购买巨灾保险的意愿较低。大众一般不知道巨灾保险的存在。上海保险交易所为投保便利性，推出轻轻一点、"码"上投保，使用微信二维码购买巨灾保险服务。然而，微信官方平台提供的保险服务中无法检索到巨灾保险购买入口。如果投保人想要购买保险，需要对巨灾保险承保公司较为了解，才能到相应公司销售渠道找到微信二维码购买保险。部分共保体公司巨灾保险的销售渠道比较容易找到，不少共保体公司官方网站没有找到巨灾保险服务介绍，或者没有提供购买渠道。巨灾保险是以财产险作为承保基准的，承保能力受财产保险规模限制。对于保险公司来说属于政策性业务，商业价值相对有限，又有承保能力约束，缺乏推广巨灾保险、便利购买渠道的动力。

巨灾保险体系涉及各方利益诉求不一致，对风险的认知能力、保障和转移能力不同，导致推动建设巨灾保险体系难度较大。政府希望推动巨灾保险体系建立有效进行风险治理格局的同时不加重财政负担；保险机构希望在参与巨灾保险取得商业利益的同时风险可控；居民希望在保费支出最小化的情况下减少灾害损失。公共部门在巨灾保险建设中承担着重要角色，但是其影响力存在限度。巨灾保险制度设计应充分考虑利益相关者的立场，平衡利益格局，提升各方的参与和遵从意愿，充分发挥各方优势。

当前世界，巨灾的不确定性空前增强，风险的共生性和伴生性并存，灾害损失呈几何倍数放大，亟待推进巨灾保险制度化建设。针对巨灾保险试点中遇到的问题，从公共部门、保险公司、个人三个层面探索优化策略，应实现巨灾保险与财政预算的有效协同，理顺政府间建设巨灾保险责任关系，推动巨灾风险治理的数字化转型。提升保险公司承保能力以有效分散风险，让市场主体在防灾减灾中发挥更大作用，预防政府债务风险。

第三节 本章小结

通过对中国共产党成立以来公债发行历史的梳理，试图论述在公债发行的历程中，中国共产党不仅把公债作为应急筹措战争军费、弥补财政收支缺口、发展经济、抑制通货膨胀的重要手段，而且注重公共信用的建立和维护，注意控制债务风险和对收入分配的影响。中国共产党始终以马克思主义公债理论为指导，以人民利益为中心，实事求是地制定和调整公共债务政策，注重勤俭节约，通过缩减行政支出，解决财政收支缺口，逐步探索出一条具有中国特色的公债发行道路。

我国地方政府债务的发行实践早于国债，地方债的发展经历了从中华人民共和国成立初期发债尝试、债券发行的停滞、逐步恢复到走向规范的过程，发现在我国公债发行的早期，国债与地方债是紧密联系的，而随着时间的推移、实践的深入，特别是2015年以来地方政府债券的正式发行，地方债与国债之间的用途分别得越来越清晰，与此伴随着应当是经济效应区别越发明显。根据本章对我国地方债现状的观察与思考，认为未来地方债主要需要防范以下五个方面的风险：一是PPP模式中蕴含的地方政府债务责任；二是防止地方债"转移支付化"；三是警惕政府过度投资所形成的地方债；四是地方债券支出进度较慢，影响资金绩效发挥；五是预防系统性风险带来的政府债务风险。我国存在着规模庞大、构成复杂的地方债，经济实践活动需要从理论方面开展更深入的地方债经济效应研究。根据第二章对我国公债理论的回顾可以发现，我国理论界的研究更加侧重于对地方债风险的分析，而不是对地方债经济效应的探讨。因此，从理论和现实两个方面需求出发，本章研究的问题就是地方政府债务的经济影响讨论，将在接下来的章节中展开详细地方债经济效用的讨论，分别分析地方债对产业结构升级、经济增长、当地居民财产影响等的经济效应。

第四章

地方政府债务与产业结构转型升级

2020年,我国发行了1万亿元特别国债和3.75万亿元地方专项债券。政府债券的发行对冲了公共风险,缓解了新冠疫情对经济社会的冲击。然而,相对于债务风险,公债经济效应的具体机制研究却相对有限,特别是地方债券如何更好发挥其对经济增长的促进作用缺乏足够的理论研究作为支撑。产业结构是影响不同国家的经济发展速度和国民收入水平的关键性因素,产业结构的转型升级是经济高质量发展的重要推动力量。地方政府债务的使用投向,应弥补当地产业发展所需要的基础设施和投资缺口,促进生产效率提升,推动产业结构由量变到质变转化,从而实现经济长足发展。在当前形势下,更加需要研究地方债券在产业结构转型升级中具体作用机制、分析总结不同地域的特点,以此来更高效地发挥地方政府债务的积极经济效应。因此,本章分析地方债务与产业结构升级之间的具体传导机制,旨在对发挥地方政府债务的经济效应有所裨益。

第一节 相关研究文献述评

一 地方债务的经济效应

现有研究地方债务经济影响的文献中,有的研究文献涉及地方债务对工业部门的影响,如范剑勇和莫家伟[①]研究发现,债务融资可以通

[①] 范剑勇、莫家伟:《地方债务、土地市场与地区工业增长》,《经济研究》2014年第1期。

过直接投资增长和基础建设完善等方式提升 GDP，但对禀赋好的地区容易导致土地资源过度倾斜至工业部门，对禀赋差的地区土地出让难以偿还债务。此外，有关地方债务规模对经济增长的研究较多。如陈浩宇和刘园[1]分析城投债规模对地方经济增长的影响，结果显示：城投债规模显著推动地方经济发展，但当城投债规模超过某个阈值时，会对地方经济增长造成负向影响。张曾莲和方娜[2]研究地方政府债规模对经济高质量发展的传导路径，结果表明：二者之间的影响是非线性的，显性债务率和隐性债务率均存在三重门槛效应，一旦超过门槛值，都不利于经济高质量发展。刘哲希等[3]从债务规模和债务结构的两个视角，分析地方政府债务对经济增长的影响。结果表明：当地方政府债务率相对较低时，增加债务有助于促进经济增长，当地方政府的隐性债务占比过高时，地方政府债务的扩张会对经济增长产生负向影响。

二 地方债务与产业结构

如果聚焦地方债务与产业结构升级关系的文献，目前学术界研究还相对有限。司海平等[4]、司海平和李群[5]分析了地方政府在产业结构变迁中所起的作用，使用面板数据实证认为地方债务推动了第三产业经济占比的扩大，这种效应在东部地区比较明显，中西部地区不太显著。张曾莲和郝佳赫[6]基于省级面板数据，对包括产业结构调整在内的地方政府债务规模影响变量进行实证分析，认为第三产业比重越高，地方债规模越能得到有效控制。张国建等[7]使用城投债数据，分析 2004—2015

---

[1] 陈浩宇、刘园：《城投债发行规模对经济增长的影响研究》，《价格理论与实践》2018 年第 11 期。

[2] 张曾莲、方娜：《地方政府债务对经济高质量发展影响的空间网络与门槛效应研究》，《国际金融研究》2021 年第 10 期。

[3] 刘哲希等：《地方政府债务对经济增长的影响——基于债务规模与债务结构的双重视角》，《改革》2020 年第 4 期。

[4] 司海平等：《地方债务发行与产业结构效应》，《经济评论》2017 年第 1 期。

[5] 司海平、李群：《地方发债、债务投向与产业结构升级》，《工业技术经济》2020 年第 1 期。

[6] 张曾莲、郝佳赫：《经济增长、产业结构调整、金融发展与地方政府债务规模控制》，《经济研究参考》2019 年第 7 期。

[7] 张国建等：《地方政府债务扩张会促进产业结构转型升级吗》，《山西财经大学学报》2020 年第 10 期。

年债务扩张和产业结构高级化和合理化之间的关系，认为二者存在显著的倒"U"形关系。

现有研究主要基于动态面板数据模型，就地方债对产业结构的推动作用机制进行富有启发性的探索。由于宏观经济变量之间普遍存在内生性问题，目前研究地方债务和产业结构升级之间是否存在相互影响的文献还相对不足。本章主要探讨产业结构与地方债务是否存在双向影响及其区域异质性问题，以期丰富相关研究。

第二节　理论分析

一　地方债务对产业结构的影响

地方债务对产业结构的影响，具体可能受到两个关键机制的作用：第一个机制要看公共投资究竟是挤入还是挤出社会融资。政府的债务融资资金如果用于增加技术公共产品供给，以公共投资带动社会融资，助力技术扩散，推动本地区的产业转型升级。与此相反，如果公债发行过量，导致公共投资过多，挤出私人部门的投资，可能导致企业缺乏足够的资金用于技术研发，创新乏力，从而阻碍产业结构优化升级。吕晓萌和张永亮[①]的研究就证实了技术进步所带来的不同产值增长效应具有地域的异质性。而地方债务的使用投向，由于不同地区的使用情况不同，效果也具有差异，这就带来了地方债务经济影响的地域异质性。

第二个机制是地方债务的使用投向。地方债务的经济效应需要根据地方债务的使用方向，具体情况具体分析。地方政府通过债务的使用能体现其产业政策的取向，从而引导本地经济的转型升级。不同地区的地方债务资本效应和使用投向可能有差异，其地方债对产业结构的影响结果也有区别。地方政府债务可以弥补基础设施领域投资不足，弥补投资结构与产业结构之间的失调。一个地区如果能够深入理解本地要素禀赋结构，分析其产业发展条件和投资结构，并据此有计划性、针对性地使

[①] 吕晓萌、张永亮：《技术进步对我国产业结构调整的影响研究——基于产业和区域差异性的实证分析》，《价格理论与实践》2019年第7期。

用政府债务适度融资，真正弥补产业发展所亟须解决的基础设施短板，用好区位优势，就可以真正推动本地产业结构转型升级，带动经济发展。根据以上分析，可以提出假设4-1。

假设4-1：地方债务发行规模影响产业结构，且存在区域异质性。

二 产业结构对地方债务的影响

参考美、日等国家后工业化的历史进程，产业结构对地方债务的影响表现为随着服务业取代工业成为经济主导产业，其政府债务规模不断膨胀。由此，本章认为产业结构对地方债务规模的影响可能只有一种方向，即产业结构升级导致地方债务规模扩张。

根据主导产业的不同，经济增长分为不同阶段。产业结构升级导致地方债务规模扩大，有可能是由于公共支出在经济发展的各个阶段都不断上涨造成的。在经济发展各个时期，公共支出的绝对数量和相对数量都在膨胀。针对这一现象，不同学者对原因的理解不同。一种解释认为，由于经济发展的不同时期政府支出的重点不一样，但随着经济发展阶段变化公共支出必然不断上涨。农业为主导产业时，政府支出侧重于农田水利建设等。主导产业由农业向工业转变后，工业社会要求政府在基础建设中进行更大规模的投资。此时，地方政府为了更好促进本地经济发展，往往会通过大规模发行地方债券筹措资金，从而形成地方债务规模的膨胀。当主导产业从工业转向服务业，由于服务业的特性，产业结构变迁后的一段时间内，其产值增长速度会放缓，带来整体经济增长率下降，财政收入增长也随之放缓。此时，地方政府为了回应社会需要，不得不增加社会保障的支出力度，政府职能从促进经济发展向更多平衡社会分配转变，财政收支存在较大缺口，持续的财政赤字，形成了地方政府债务的膨胀。另一种解释认为，政府部门的生产效率低于非政府部门的，导致政府规模必然不断膨胀，相应的公共支出不断上升。随着产业结构升级，私人部门生产效率有了质的飞跃，公共部门的效率提升不如私人部门快，面对私人部门不断提升对公共部门办理事务的要求，公共部门只能增派更多人手，导致组织规模膨胀，支出规模上升。税收收入受到法律的严格制约，以税收为主要来源的财政收入规模不能随意扩张。财政支出需求的增加和收入规模的限制，双方作用使得财政收入与支出之间的缺口不断扩大。还有，现代社会发行公债条件越来越便利，赤字累积易导致债务规模膨胀。特别是地方政府与企业群众更为接近，产业结构升级带来的效率提升对地方政府的压力更大，更有可能导致地方债务规模扩张。由上述分析，主导产业的变化可能会导致债务规模变化，提出假设4-2。

假设4-2：产业结构升级可能导致地方债务规模扩张。

第三节 实证分析

一 模型设定

本章使用面板向量自回归（Panel Data Vector Autoregression，PVAR）模型对地方政府债务与产业结构转型升级关系进行实证分析。宏观变量之间不可避免地存在互为因果的内生性问题，该模型的优点是无须考虑存在内生性问题。本章建立的PVAR模型如下所示：

$$Y_{it} = \theta_0 + \sum_{j=1}^{k} \theta_j Y_{it-j} + \alpha_i + \beta_t + \mu_{it} \tag{4-1}$$

其中：Y表示包含地方债务规模和产业结构高级化的列变量；θ_0表示截距项；θ_j表示滞后j阶矩阵；α_i、β_t分别表示个体效应和时间效应；μ表示随机误差。

二 变量选取与数据来源

（一）政府债务

本章使用的地方政府债务数据口径为地方政府债券、国债转贷与城投债数据加总。其中，地方政府债券来自财政部和中债登记网站数据的手工整理。国债转贷数据来自各省财政统计年鉴。城投债数据来自WIND数据库城投债发行数据的手工整理。

（二）产业结构升级

本章使用产业结构高级化代表产业结构转型升级。产业结构高级化可以比较好地说明产业结构从低水平状态向高水平状态的发展。2012年，我国第三产业附加值首次超过第二产业附加值，整体产业结构正处于后工业化阶段。因此，本章用第三产业/第二产业计算产业结构高级化。产业结构数据来自国家统计局。

本章实证样本选取2010—2020年省级面板数据。由于西藏自治区数据过少，仅使用30个省级单位（西藏自治区、台湾省、香港特别行政区、澳门特别行政区除外）的数据。为进一步探讨地方债规模和产业结构高级化是否存在区域异质性，需要把省份划分为不同地区，分别讨论地方债务和产业结构的互动关系。考虑到按照东、中、西部划分可能不能识别个体差异，现有使用面板向量自回归方法进行我国省级地域异质性分析的学者多参考熊启跃和张依茹[①]的划分方法，将研究样本按照经济发展水平分为经济发达地区、经济次发达地区和经济欠发达地区三个类别，本章参照此分法，具体划分情况如表4-1所示。

表4-1　　　　　按经济发展水平的区域划分

经济发达地区	北京、天津、上海、江苏、浙江、山东、广东
经济次发达地区	河北、山西、辽宁、安徽、福建、江西、河南、湖北、湖南、广西、重庆、四川、新疆
经济欠发达地区	内蒙古、吉林、黑龙江、海南、贵州、云南、陕西、甘肃、青海、宁夏

三　平稳性检验

实证分析依靠stata16.0的pvar2工具包完成。本章使用宏观经济变量的初始数据均不平稳，为实现深入实证分析，本章对两个变量均取对数后做差分。从样本容量适用的渐进理论判断，本章使用IPS方法进行面板单位根检验，发现地方债务数据和产业结构高级化原始数据都是不稳定的，取对数后做一阶差分的数据平稳性符合实证要求，结果如表4-2所示。由于本章选取的变量本身不平稳，一阶差分后平稳，使用pedroni方法对原序列进行协整检验，检验结果显示：三个p值均小于0.05，说明序列协整。

表4-2　　　　　单位根检验结果

变量	lnindustry	lndebt	dlnindustry	dlnindustry
IPS检验	-0.1247	-5.0527***	-5.0751***	-8.6136***

---

① 熊启跃、张依茹：《货币政策信贷渠道的经济区域效应研究——基于我国31个省际面板数据的经验证据》，《投资研究》2012年第7期。

续表

变量	lnindustry	lndebt	dlnindustry	dlnindustry
平稳性	不平稳	平稳	平稳	平稳

注：lnindustry、lndebt、dlnindustry、dlnindustry 分别代表地方债务规模取对数、产业结构高级化取对数、地方债务规模取对数后一阶差分、产业结构高级化取对数一阶差分。

四 格兰杰因果关系检验

对全国总体数据从 AIC、BIC 和 HQIC 值中选择最小值，确定最佳滞后阶数为二阶。根据研究目的，本章首先检查地方债务规模和产业结构高级化两变量是否存在格兰杰因果关系，结果表明：在5%显著性水平下，地方债务规模是产业高级化的格兰杰原因；产业高级化不是地方债务规模的格兰杰原因。与全国总体样本的处理过程类似，本章对三个地区的数据进行单位根检验和协整检验。在数据平稳协整的基础上，分别进行了格兰杰因果关系检验，结果如表4-3所示。

表4-3　地方债务与产业结构高级化之间的格兰杰因果关系检验

项目	χ^2	自由度	p值	因果关系
全国	14.221	1	0.000	地方债务是产业结构高级化的原因
全国	0.80611	1	0.369	产业结构高级化不是地方债务的原因
发达地区	18.736	1	0.000	地方债务是产业结构高级化的原因
次发达地区	10.441	1	0.001	地方债务是产业结构高级化的原因
欠发达地区	1.1923	1	0.275	地方债务不是产业结构高级化的原因

地方债务对产业结构影响存在区域异质性，可能是由于不同地区对地方债务的用途有区别，经济发达地区和经济次发达地区更多用发债筹集来的收入支持本地产业政策，促进产业结构的转型升级，其债务对私人部门投资起挤入作用。经济欠发达地区政府债务对促进产业升级效果不佳有三个可能的原因：一是把债务作为弥补刚性收入不足的一种手段。二是可能存在地方债务使用中的浪费和低效问题。三是债务规模过大，导致存在挤出效应。具体原因还需要进一步实证研究加以证实。

实证结果否定了假设4-2，即产业结构升级没有显著影响地方债务规模。在机制分析中，本章分析了产业结构升级导致地方债务扩张的两种可能原因：一是产业结构升级让政府投资需求快速增长，让政府不得不通过借贷弥补缺口；二是产业结构升级导致公私部门之间效率差异拉大，致使政府支出膨胀和债务的累积。事实上，如果假设 4-2 被证实，将是个关于地方债务规模控制比较悲观的结论，即随着产业结构升级，经济发展进入更高阶段，地方债务规模必将随之膨胀。然而，本章使用我国省级面板数据的实证否认了这一结论，说明我国的地方政府债务规模并不一定会随着产业结构升级继续膨胀。这可能是因为我国在协调产业结构投资需求和基础设施投资需求之间的努力，以及控制公共支出的措施发挥了积极效果。

我国产业升级确实导致了对地方政府基础设施投资需求的快速增长，在追求分配正义的过程中，社会保障支出也在不断膨胀，以其他国家发展历程作为参照，地方债务规模也会相应膨胀。结合事实分析和调查研究，本章认为，我国在产业结构升级中，没有显著影响地方债务规模的原因，可能在于我国通过不断创新政府的体制机制，不断提升公共部门效率，缩小了公私部门之间的效率差距。我国通过政府机构改革、严格控制三公经费支出、加强预算管理等办法，积极有效地控制住了公共支出规模的膨胀趋势。通过"放管服改革"、政府数字化转型、全面绩效管理等方式，注重公共支出绩效的提升。地方政府以高效率低成本的做法，应对产业结构升级对政府效率提升和机构膨胀倾向的挑战，从而达到了抑制地方政府债务规模过度膨胀的效果，并没有出现随着产业结构升级，必然导致地方债务膨胀的问题。

五 脉冲响应函数分析

为了更好地分析地方债务对产业结构高级化的动态传导过程，本章分别对全国样本使用蒙特卡罗方法进行脉冲响应函数分析，全国的脉冲响应结果显示：地方债务对产业结构高级化在前两期有正向冲击效应，其影响在第 1 期后即开始下降，在第 6 期时趋向于 0。

六 方差分解分析

方差分解分析有助于理解某一变量在另一变量的波动中所占据的比重。为了更清楚地勾勒地方债务规模和产业结构高级化这两个变量之间存在的动态影响，本章进一步采用方差分解分析度量二者之间的互动关系，总体数据的结果如表4-4所示。方差分解结果显示：两变量对自身影响的贡献度都很大。在两变量互相影响的贡献度方面，地方债务对产业结构高级化的影响更明显。

表4-4　　　　　　　　　面板方差分解结果

被冲击变量	产业结构高级化		地方债务	
期数	冲击变量			
	产业结构高级化	地方债务	产业结构高级化	地方债务
1	1	0	0.095	0.905
2	0.972	0.028	0.104	0.896
3	0.97	0.03	0.104	0.896
4	0.969	0.031	0.104	0.896
5	0.969	0.031	0.104	0.896
6	0.969	0.031	0.104	0.896
7	0.969	0.031	0.104	0.896
8	0.969	0.031	0.104	0.896
9	0.969	0.031	0.104	0.896
10	0.969	0.031	0.104	0.896

第四节　结论与建议

一　结论

本章旨在探索地方债务与产业结构高级化之间是否存在双向因果关系，实证结果支持假设4-1，即地方债务发行规模影响了产业结构高级化，且存在区域异质性。经济发达地区和经济次发达地区的地方债务显著推动了产业结构高级化，而经济欠发达地区地方债务对产业结构高级化的影响并不显著。根据机制分析，存在地域异质性的原因，可能是经济发达地区和经济次发达地区的政府债务拉动了私人部门的投资，更好地促进了当地技术扩散，债务使用投向相对更加合理，更契合本地的要素禀赋结构，让当地投资结构和产业结构之间的关系更加匹配。实证结果否定假设4-2，即产业结构升级没有显著影响地方债务规模，其原因可能在于我国通过创新政府的体制机制，不断提升地方政府运行效率，抑制了由于产业结构升级对地方政府效率的冲击，以高效率低成本应对地方债务不断膨胀的挑战。

二　建议

（一）地方政府债务发行规模应适度

健康的经济体需要依靠机体内部自生自发的力量，保持地方政府债务规模适度。推动产业结构转型升级的关键技术，要依靠私人部门的不断探索和创新尝试。地方债务对产业结构升级只能起到辅助作用。中央文件多次提到要严格控制地方债务规模，坚决遏制新增地方政府隐性债务。地方政府适量使用债务融资，提升公共服务供给水平，通过公共投资拉动私人投资，促进本地技术扩散，进而推动产业升级，可以发挥积极的效果。此外，可以根据经济发展和负债状况，对不同地区制订不同的政府债券发行计划，切实遏制高债务风险地区债务对产业结构升级的负面效应。

（二）审慎决定债务融资资金使用投向

专项债券的投向应更加精准。地方政府应当根据自身经济发展状况，更加审慎地决定债务投向。地方政府需要把有限的公共收入投入增加本地技术公共产品供给，提升基础设施和公共服务供给水平，特别是用于基础设施和公共产品的补短板中。为了进一步发挥专项债券对产业升级的积极影响，各地应当在决定专项债券使用投向前，切实研究本地要素禀赋结构，根据本地产业结构特点和发展的实际需要预先做好专项债券的使用安排。

（三）持续创新政府体制机制

以提升政府效率来应对技术变迁和产业升级对公共部门的更高需求。随着技术变迁和产业升级，私人部门必然会对公共部门的运行效率产生更高要求。地方政府需要切实提升自身绩效，进一步控制机构规模，积极使用数字技术革命所带来的新技术，推动数字政府建设。当前我国各地出现的专班制、例会制，就是公共部门提升绩效的积极行动。只有继续通过创新政府的体制机制，不断提升地方政府运行效率，加快自身变革速率，才能以高效轻便的政府应对万变经济社会的持续挑战。

第五节　本章小结

随着我国地方政府债务发行的规范化，其对地方经济发展和产业结构的影响越发显著。本章旨在对地方政府债务和产业结构升级之间的关系进行研究，并基于2010—2020年省级面板数据，使用PVAR模型进行实证检验。结果表明：地方政府债务推动了产业结构升级，此效应在经济发达地区和经济次发达地区更显著，而在经济欠发达地区并不显著。无论是全国数据还是分地区样本数据，我国产业结构升级对地方债务规模都没有显著影响。地方政府应当控制债务融资的规模，慎重债务融资的用途，精准专项债券投向，创新体制机制，提升政府效率，以此应对技术变迁和产业升级对公共部门的效率挑战。

第五章

地方政府债务对经济增长影响分析

本书在第二章文献综述部分已经回顾了公债理论的发展,并从中找到了本书所使用的三个分析框架,在公债理论争论的第一个框架里面,梅隆认为国债是左右手借贷、内部人之间的借贷关系,不会影响总体国民财富,而休谟反对这种观点,认为需要分析债务所带来的偿债负担和国家内部的分配关系。与国债主要是由内部人购买的不同,地方政府债务主要是由本地区外部的人购买的,因此可以被看作"外债"。地方政府债务不仅会带来休谟所提到的公债偿还和分配的问题,还可能会对整体的国民经济发展产生影响。地方政府债务经济效应的分析主要从政府债务是如何影响居民消费行为、如何影响储蓄与投资、如何对经济要素产生影响等方面展开的,已有的研究非常关注地方政府债务对经济增长的影响。

第一节 理论分析

一 文献概述[①]

(一) 公债与经济增长

正如本书第二章文献综述所讨论的,公债对经济增长的影响实际上存在争议,总的来说,存在三种观点:一是公债有害论;二是公债有益论;三是公债"中性"论,或者无意义论。持有公债有害论的观点主

[①] 文献综述部分对公债研究的总结侧重在讲述公债理论发展的思想脉络,重点介绍本章受到启发的文献,文献综述的框架是与本章的分析框架相对应的。本节的文献概述内容简要介绍实证类文献,目的是与后面的理论机制分析和实证研究设计相衔接。

要是继承了经典经济学理论的新古典经济学流派，认为公债可以提高边际消费倾向，从而促进整个社会的发展。持有公债有害论的观点认为，公债由于存在对私人投资的挤出效应，因而会阻碍经济的发展。持有公债"中性"论的观点主要是李嘉图等价定理，认为公债与赋税存在等价效果，也有学者使用实证方法检验得出了两者不相关的结论。随着相关研究的丰富，一些研究者认为在公债对经济发展中的影响存在着一个阈值，在没有到达阈值之前，公债可能会推动经济增长，而到达阈值之后，公债会拖累经济增长或者与经济增长无关。政府债务与经济增长之间所存在的非线性关系，这一认识最早由克鲁格曼在1988年提出。[①] Reinhart和Rogoff的研究尤为具有代表性，二人根据该研究成果而写作的著作《这次不一样？：800年金融荒唐史》[②]成为畅销书，在学术论文中被广泛地引用[③]。尽管他们的研究使用了描述性统计的方法，认为公债对经济增长影响转折的阈值在90%。然而，学术界对阈值的数值依然抱有争议，有一些研究认为阈值应当低于90%，或者公债与经济增长之间存在着更加复杂的非线性关系。

总的来说，对公债与经济增长的研究越来越深入。近年来，对两者之间关系的研究已经超越了单纯的公债推动经济增长或者公债阻碍经济增长的单一结论，而是使用更加贴合经济现实的实证方法，运用多种分析工具对两者的关系进行观察。研究经过不断地探索，目前研究者主要

[①] 邱栎桦等：《经济增长视角下的政府债务适度规模研究——基于中国西部D省的县级面板数据分析》，《南开经济研究》2015年第1期。

[②] ［美］卡门.莱因哈特、肯尼斯·罗格夫：《这次不一样？：800年金融荒唐史》，机械工业出版社2010年版。

[③] Reinhart和Rogoff关于债务与经济增长关系的研究不仅被写为数篇论文，还合著了一本著作《这次不一样？：800年金融荒唐史》。这本书不但是英文世界的畅销书，而且被翻译为中文，在我国也很畅销，帮助作者把债务与经济增长关系的纯粹学术成果推广开来。Reinhart和Rogoff的《这次不一样？：800年金融荒唐史》使用了长历史周期数据，收集了长达700多年，涵盖了66个国家和地区的债务数据，认为每次金融危机的发生都被认为是"这次不一样"，但是实际上，一切都是历史的循环，作者认为"金融危机是一个永恒的现象"。这本书系统性地探讨了政府、银行和消费者过度借贷，所导致的系统性金融风险，从而推高了包括房价在内的资本价格，影响了经济的长期可持续发展。过度举债所造成的虚假繁荣假象会导致政府和私人部门的盲目信心。一旦市场预期发生危机，已经积累的金融风险很可能就会发生泡沫破裂，导致经济衰退。当然，Reinhart和Rogoff并不认为借贷行为是万恶之源，他们认为债务是个工具，如果利用得好可以帮助政府和私人部门在风险中把握机会，但是也不能忽视债务所带来的挑战。

对两者关系存在倒"U"形达成了一定的共识,对阈值的具体数值存在争议。相信随着实证方法的改进,数据更加丰富,对于公债经济增长效应的研究,将会在非线性方向上的探索得到更多发现。

(二)地方政府债务与经济增长

地方政府债务对经济增长影响的研究,根据使用的数据来源不同可分为三类,分别是我国区域经济数据、我国公债数据(包括国债和地方债)、国际面板数据。第一类使用我国区域数据,由于数据可得性的问题,使用区域数据的研究一般是依托某个重点基金或者与政府部门委托的课题,比较有代表性的是伏润民等的研究。缪小林和伏润民[1]使用某西部省份的县级数据、借鉴 C-D 生产函数和 IS-LM 建立模型,进行实证分析,认为地方政府债务促进了经济的发展。邱栎桦等[2]基于结构面板门槛模型实证,认为地方政府债务对经济增长的促进作用只存在于短期,从长期来看,地方政府债务对经济增长没有显著的作用,阈值在 20%。除使用地方政府债务数据外,也有使用替代变量分析地方政府债务与区域经济发展关系的研究,比如冼海钧[3]把转移支付排除,使用地方本级财政收支缺口数据作为地方债务数据进行实证研究,结论是地方财政存在短期的李嘉图等价定理,长期来看,财力缺口会促进地方经济发展。

第二类是使用全国各个省份地方政府债务的数据,讨论地方政府债务对当地经济增长的影响,此类研究往往以 2011 年和 2013 年审计署的两次审计报告数据为基础,或者使用替代变量代表地方政府债务水平的方法。朱文蔚和陈勇根据债务的审计数据,讨论了地方政府债务与区域经济增长的关系,认为具有明显的正相关关系。

第三类是使用国际面板数据[4],讨论开放条件下公债对经济增长的

---

[1] 缪小林、伏润民:《地方政府债务对县域经济增长的影响及其区域分化》,《经济与管理研究》2014 年第 4 期。

[2] 邱栎桦:《经济增长视角下的政府债务适度规模研究——基于中国西部 D 省的县级面板数据分析》,《南开经济研究》2015 年第 1 期。

[3] 冼海钧:《地方公共债务与区域经济发展关系研究——基于李嘉图等价定理》,《区域金融研究》2015 年第 5 期。

[4] 把国际面板数据放到此处,原因在于,在国际范围内思考债务问题,把地球看作"地球村"总体,各国的政府债务相当于各个地方的债务,也就是"地方债"。

影响。比如龚六堂等研究了开放经济条件下政府债务与经济增长之间的关系，使用1990—2010年的50国跨国面板数据分析，分别研究了发达国家和发展中国家内债和外债对经济增长的影响，发现：政府债务不管内债、外债对经济增长的影响都呈现出倒"U"形；在内债与经济增长的关系中，发达国家为负面，发展中国家为正面；外债对发达国家和发展中国家经济增长的影响都是负面的。欧美国家的政府债务危机常表现为债券利率非常高，超过了发行的成本。在欧美国家，政府公债通常是市场上重要的利率基准，甚至是本国金融市场的基准利率。政府债务对经济的影响主要是通过高利率传导的。通过高利率对利率敏感部门进行影响，比如房地产部门。同时，高利率会对私人投资产生挤出作用，加大通货膨胀压力，从而影响实体经济的运转，对整个宏观经济造成影响。

二 机制分析

根据凯恩斯提出、萨缪尔森所发展的宏观经济学基本原理，地方政府债务对经济增长的影响，主要可从短期和长期两个角度观察。从短期来看，地方政府债务会拉动区域投资和消费，从而提高当地社会总需求水平，进而拉动区域经济增长。从长期来看，地方政府债务会改善当地经济结构、提高资本存量，带动区域经济发展。政府债务对经济增长的促进作用机制属于宏观经济学基本原理，前人文献已经进行了大量而充分的讨论，基本上达成共识，本章不再使用篇幅详述，具体机制如图5-1所示。

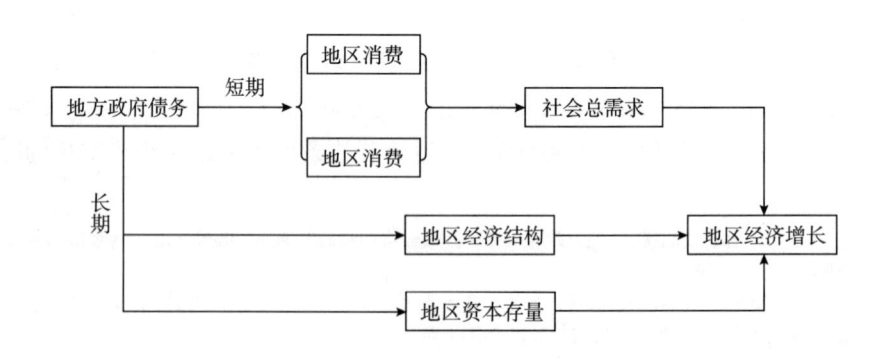

图 5-1 地方政府债务对经济影响的作用机制

资料来源：朱文蔚、陈勇：《地方政府性债务与区域经济增长》，《经贸研究》2014年第4期。

地方政府债务对区域经济增长的短期拉动作用，主要是通过刺激投资和消费、从而拉动社会总需求实现。但是，如果地方政府债务过于庞大，政府借贷水平过高，就可能造成私人投资的挤出效应。同时，债务偿还负担过重，也会导致地方政府财政支出压力过大，市场预期可能会有违约风险，当地新发行的债务利率就会比较高。所以总的来看，地方政府债务与经济增长之间在长期存在着一个倒"U"形关系，随着地方政府债务规模的扩大，地方债不再促进区域经济的发展，反而对经济增长起到负面作用。

第二节 实证分析

一 早期平台债发行实证

根据第一节的分析，地方政府债务对经济增长的影响机制有正有负，因此，为了考察我国地方政府债务对经济增长的影响可以采用实证研究方法，进行量化分析，从而确定我国地方政府债务对经济增长的作用所处区间。参考陈诗一和汪莉[①]，构建如下模型：

$$y_{it} = \mu_i + \alpha_1 Debt_{it} + \beta_j X_{it} + \varepsilon_{it}$$

其中：i 为省份；t 为相应年份；μ_i 为不随时间变化的个体效应；ε_{it} 为随机干扰项；y_{it} 为省份在 t 时期的人均实际 GDP 增长率；$Debt_{it}$ 为 i 省份在 t 时期的人均债务规模；X_{it} 为一组控制变量。

（一）指标设计与数据来源

根据前文文献分析，已有地方政府债务对经济影响的研究主要选取了如表 5-1 所示的控制变量。

表 5-1　　　　　　　　控制变量的选取汇总

文献	控制变量
缪小林和伏润民（2014）	人均全社会固定资产投资第二产业、第三产业比重、城镇化率
邱栎桦，伏润民，李帆（2015）	投资率、人口增长率、宏观税负、城市化率
刁伟涛（2016a）	当地资本形成率、当地常住人口增长率、当地金融发展水平

---

① 陈诗一、汪莉：《中国地方债务与区域经济增长》，《学术月刊》2016 年第 6 期。

续表

文献	控制变量
刁伟涛（2016b）	固定资产投资率、常住人口增长率、经济开放程度、金融发展水平
周明和王满仓（2016）	政府财政收入，CPI
张启迪（2016）	人均人力资本指数、总资本形成总值、总要素生产增长率、总储蓄率、M2

本部分使用的是2010—2015年的Wind数据库城投债数据，考察时间较短。根据理论分析，参考文献变量的选取方式，本章节的被解释变量是经济增长，用Y表示，主要的解释变量是人均负债，用debt表示，控制变量的选取主要需要控制住对经济增长具有影响的指标，比如物质资本增长率、地区生产总值、人口规模等。为了控制反向因果和部分解决内生性问题，使用的所有解释变量都是滞后一期值。由于海南省和西藏自治区投债数据缺乏，样本数据为除台湾省、香港特别行政区、澳门特别行政区外的其余29个省份。具体变量解释如表5-2所示。

表5-2　　　　　　　　变量解释及其数据来源

	变量	符号	解释	数据来源
被解释变量	经济增长	gdp	代表经济增长	《中国统计年鉴》
解释变量	人均债务	debt	代表人均地方负债水平	Wind数据库
控制变量	固定资产	inv	代表当地资本增长	《中国统计年鉴》
	人口增长率	Pop	代表当地人口增长情况	《中国统计年鉴》
	城市化率	c	代表城市化水平	《中国统计年鉴》

我国地方政府债务指的是政府及其部门的债务，而地方政府债务还包括事业单位、融资平台公司等方式举借的债务。由于地方政府债务只包括直接、显性的政府债务，权威的官方数据来自我国审计署在2011年和2013年对我国地方政府债务的审计公告，在2013年各省份的审计部门也公布过该省的债务情况。通过这三次的审计，可以得到2010年12月、2012年12月、2013年6月大多数地区的省级地方政府债务数据。但是由于统计截止时间点的不统一、2010年缺失多省数据。更加关键的是，根

据本章对基层财政工作人员的访谈，发现被访谈的人员表示，2011年和2013年两次审计是让基层单位自主填报，可能存在数据统计的不准确。使用审计公告的地方政府债务数据可能会存在一些基础数据质量的问题。本章使用融资平台债务作为地方政府债务的代表数据，根据Wind数据库对地方债的口径，得到8249条地方债数据，按照所在省进行分类，之后得到每年的发债数量。由于海南省和西藏自治区数据缺失比例较大，仅使用除台湾省、香港特别行政区、澳门特别行政区外的其他29个省份数据，做成省级的面板数据。其余数据主要来自EPS数据分析平台，根据《中国统计年鉴》和金融市场相关年度的数据整理而成，相关数据使用当地CPI进行了价格调整。各变量的描述性统计值如表5-3所示。

表5-3　　　　　　　　各变量的描述性统计

变量	均值	标准差	最小值	最大值	样本量
gdp	45639.73	21500.82	13119	107960.1	N=174
debt	0.0612579	0.084074	0	0.5858625	N=174
inv	3.178999	1.266887	0.8924743	7.648592	N=174
pop	5.060977	2.567784	-0.6	11.47	N=174
c	54.94282	13.22651	33.81	89.6	N=174

（二）实证检验与结果分析

使用软件STATA14，在10%的显著水平下，通过使用F检验，选择使用固定效应模型。通过霍斯曼检验，认为选择固定效应优于随机效应。使用固定效应模型，结果如表5-4所示。根据实证检验的结果，人均债务的系数估计均为正，且均在1%置信区间内显著。结果显示，如果以城投债作为地方政府债务的替代变量，结果显示，我国地方政府债务对经济增长具有正向的促进作用。我国地方政府债务如果用于加强基础设施建设，提升了地方公共品存量水平，可以帮助区域经济的发展。

表5-4　　　　　　　　固定效应的估计结果

	(1) fe1	(2) fe2	(3) fe3	(4) fe4	(5) fe5
Llndebt	0.097*** (0.007)	0.026*** (0.006)	0.028*** (0.006)	0.023*** (0.006)	0.025*** (0.006)

续表

	（1） fe1	（2） fe2	（3） fe3	（4） fe4	（5） fe5
Llninv		0.378*** (0.025)	0.371*** (0.025)	0.246*** (0.045)	0.232*** (0.046)
Lpop			-0.012 (0.009)		-0.014* (0.009)
Lc				0.020*** (0.006)	0.020*** (0.006)
_cons	11.045*** (0.025)	10.405*** (0.044)	10.479*** (0.071)	9.461*** (0.280)	9.513*** (0.280)
N	139	139	139	139	139
R^2	0.659	0.891	0.893	0.902	0.904
r2_w	0.659	0.891	0.893	0.902	0.904
r2_b	0.152	0.416	0.472	0.920	0.907

注：*代表 p<0.1，**代表 p<0.05，***代表 p<0.01。

二 地方政府债务与经济增长关系的实证分析

（一）模型设定

本章使用面板向量自回归模型对地方政府债务与经济增长关系进行实证分析。理论分析认为地方政府债务和经济增长互为因果，考虑到模型内生性问题，实证选择无须考虑存在内生性的 PVAR 模型。本章建立的 PVAR 模型如下所示：

$$Y_{it} = \theta_0 + \sum_{j=1}^{k} \theta_j Y_{it-j} + \alpha_i + \beta_t + \mu_{it}$$

式中，Y 为包含地方债务规模和经济增长的列变量；θ_0 为截距项；θ_j 为滞后 j 阶矩阵，α_i、β_t 分别为个体效应和时间效应；μ 为随机误差。

（二）变量选取与数据来源

政府债务数据口径和来源同第四章。经济增长，本章使用经济增长总值增加值（当年价）作为经济增长代表数据。数据来自国家统计局。本章实证样本选取 2007—2019 年省级面板数据。由于西藏自治区数据过少，使用的是 30 个省级单位（西藏自治区、台湾省、香港特别行政区、澳门特别行政区除外）的数据。

(三) 平稳性检验

实证分析依靠 stata16.0 的 pvar2 工具包完成。本章使用的宏观经济变量的初始数据均不平稳，为实现深入实证分析，本章对两个变量均取对数后做差分。从样本容量适用的渐进理论判断，本章使用 IPS 方法进行面板单位根检验，发现地方债务数据和经济增长原始数据都是不稳定的，取对数后做一阶差分的数据平稳性符合实证要求，结果如表 5-5 所示。由于本章选取的变量本身不平稳，一阶差分后平稳，使用 pedroni 方法对原序列进行协整检验，检验结果显示：三个 p 值均小于 0.05，说明序列协整。

表 5-5　　　　　　　　　单位根检验结果

变量	lnGDP	lndebt	dlnGDP	dlndebt
IPS 检验	7.5284	−4.5240***	−5.9412***	−8.1151***
平稳性	不平稳	平稳	平稳	平稳

(四) 格兰杰因果关系检验

从 AIC、BIC 和 HQIC 值中选择最小值，确定最佳滞后阶数为二阶。根据研究目的，首先检查地方债规模和经济增长两个变量是否存在格兰杰因果关系，结果表明：在 5% 显著性水平下，地方债务规模不是经济增长的格兰杰原因；经济增长是地方债务规模的格兰杰原因，结果如表 5-6 所示。

表 5-6　　　地方债务与经济增长之间的格兰杰因果关系检验

项目	χ^2	自由度	p 值	因果关系
全国	0.0253	1	0.003	地方债务不是经济增长的原因
全国	0.0253	1	0.874	经济增长是地方债务的原因

(五) 脉冲响应函数分析

为了更好地分析地方债务对经济增长的动态传导过程，本章分别对样本使用蒙特卡罗方法进行脉冲响应函数分析，脉冲响应结果显示：地方债务对经济增长具有正向冲击效应，其影响第 1 期后即开始下降，在第10期趋向于0。综合计量结果，我国地方债务在早期能够对经济起到积极推动效果。但随着债务规模膨胀，对经济增长的推动作用正在减退。

（六）方差分解分析

方差分解分析有助于理解某一变量在另一变量的波动中所占据的比重。为了更清楚地勾勒地方债规模和经济增长这两个变量之间存在的动态影响，本章进一步采用方差分解分析，度量二者之间的互动关系。总体数据的结果如表5-7所示。方差分解结果显示：两个变量对自身影响的贡献度都很大。在两个变量互相影响的贡献度方面，地方债务对经济增长的影响更明显。

表5-7　　　　　　　　　面板方差分解结果

被冲击变量	经济增长		地方债务	
期数	冲击变量			
	经济增长	地方债务	经济增长	地方债务
1	1	0.001	0.000	0.999
2	0.998	0.028	0.002	0.996
3	0.989	0.004	0.010	0.996
4	0.990	0.034	0.011	0.963
5	0.989	0.037	0.011	0.963
6	0.989	0.040	0.011	0.961
7	0.989	0.040	0.011	0.960
8	0.989	0.040	0.011	0.960
9	0.989	0.041	0.011	0.959
10	0.989	0.041	0.011	0.959

第三节　对策建议

一　提升财政透明度以了解债务实际状况

（一）提升财政透明度的必要性

财政预算透明度对地方政府债务状况的影响，主要是通过消除债务幻觉和财政监督缺位实现的。一是预算透明度越不透明，越容易给公众造成债务幻觉。债务幻觉让纳税人感受到的负担比实际的负担轻,从而倾向于更大规模的财政支出,忽视了由此带来的未来偿债义务和财政风险。财政收支的不透明,容易给纳税人产生错觉,高估了享受到的公共服务的效应,低估了为了供给公共服务所需要支付的税收,甚至慢慢忽略了税收的支付。税收制度的复杂性和间接税的隐含性也容易导致纳税人的债务幻觉。政府债务融资可能会导致纳税人只会感到资产的增加,而忽视了未来的纳税义务,也是债务幻觉的一种。当政府要进行财政支出项目听证时,债务幻觉使得政府很容易获得支持,从而高估了当地财政负担能力,产生过大规模的财政支出,成为经济发展的隐患。

二是不透明的公共预算无法给社会公众足够的信息去进行财政监督,也无法让研究人员和研究机构得到足够的资料进行财政收支状况研究,从而导致财政预算越不透明,债务的真实状况就越难掌握,财政风险恶化的可能性就越大。不透明的财政预算说明政府自身对财政整体状况的认识可能存在不准确或者不全面,而由于缺乏数据,专家和学者无法准确分析财政状况,新闻媒体和公众无法对财政进行有效监督,导致债务所带来的负担难以尽早被察觉,及时得到关注和应对。如此一来,隐性债务等问题由于财政的不透明而被隐藏起来,日积月累,形成了不容小觑的经济隐患。这种没有被充分暴露的风险累积到一定程度,就有爆发的危险。债务危机一旦爆发,不透明的预算容易导致社会公众对预算体制的不信任和政府数据的不认可,可能会陷入"塔西佗陷阱",即政府在民众心中失去信用,无论政府如何采取有效行动都无法取信于民,从而加剧财政风险的蔓延,加速风险向危机转化的速度。反之,透明的预算管理、专业的财政报表、易懂的财政数据、公开的决策过程可以有效建立公众信心,缓解社会担忧,保证公债的规范使用,推动财政状况的改进。根据上海财经大学发布的《2016年中国财政透明度报告》对我国财政透明度整体的打分都比较低,只有两个省份及格,这说明我国预算编制的专业性和透明度依然有待提高。

(二)财政预算数据透明度不足的表现

第一,公共债务数据不够细致详尽,公共债务的具体来源、债务使用的实际去向、取得超预算收入和支出的原因与用途,这些都没有用真正合理、详细的分类数据加以说明,导致社会很难了解财政实际状况,学者的研究也往往陷入难为无米之炊的窘境。

第二，政府债务的借贷原因和限额没有得到充分的专家讨论和民众听证，政府债务管理需要提升专业性和透明度。

第三，一些财政政策法规和改革方案很难找到原文，往往只能在财政网站找到财政条文的发表时间和内容纲要，或者只有新闻报道中提到某项财政法规或改革提纲出台，而不了解具体的财政政策法规和改革措施具体内容。

第四，财政税收政府网站建设没有跟上电子政务和大数据的发展趋势。政府的财政税务网站往往只是通知发布站，地方财政预算发布网络平台非常分散，没有建立统一的平台，导致想了解不同层级和不同地区的公债数据查找非常困难、也需要耗费大量时间。

第五，政府的隐性债务和或有债务的数据难以获得，只能通过有关部门内部调研，以及高校和研究机构教职工、博士研究生到地方挂职等方式了解。近年来，部分地方政府也提高了对挂职人员保密性的规定，使得到真实可靠研究材料和数据更加困难。

（三）有效提升财政透明度的做法

实施有效的监督机制，提升预算透明度。对财政预算实施有效监督，一方面，可以真正提升预算执行单位对于财政支出进度的重视；另一方面，可以避免在加快预算执行进度中出现资金浪费。这就需要从内部督促和外部监督两个方面发力。

预算支出计划的按时推进，离不开有效的内部督促机制。我国财政经历了统收统支、包干制、分税制三大阶段，财税管理制度逐步建立、完善。尽管预算制度一直在朝着现代化的管理制度前进，尤其是2014年颁布、2015年实施《中华人民共和国预算法》把财政从一般公共预算账的一本账管理，加入了政府性基金预算、国有资本经营预算、社会保险基金预算，变为四本账的管理，财政预算管理的科学性已经有了很大进步。财政单位要进一步强化预算资金的内部监督机制，让财政资金使用更加安全、规范。随着经济社会发展，预算执行部门工作日益繁忙，如果对预算执行的重要性认识不足，工作注意力就可能更集中在其他工作中，从而出现预算执行缓慢。对于这种情况，这时就需要主管部门及时督促启动支付程序，并完善预算执行与预算过程挂钩的机制，强化预算安排对于执行单位的约束力。

在加强内部监督机制的同时，也需要对财政支出实施有效的外部监督，提升透明度。加快财政支出进度的目的是用好财政资金，不能因为着急花钱而浪费资金。为缓解群众对支出中是否有腐败问题的关切，应当进一步提升预算透明度。公开的财政收支数据不够细致详尽，读懂财政收支报表需要一定的专业知识，这就导致社会公众比较难以理解财政收支的实际状况。阳光的账目可以帮助公众了解财政资金去向，监督资金使用绩效。透明的预算管理、专业的财政报表、清晰的分级账目、易懂的财政数据、公开的决策过程可以有效建立公众的信心，缓解社会的担忧，保证资金的规范使用，切实推动绩效的提升。

发达国家预算透明度方面的经验值得借鉴，欧美国家财政透明度相对较高，预算编制相对成熟，政府会计制度相对合理，国外学界在或有债务概念出现后，紧接着政府对资产负债表就开始研究和编制，财政报表也相对清晰易懂，政府债务的状况也不会如水中看花、镜中观月。比如，美国、日本、新加坡等国的政府预算公开网站，使用丰富的数据、多种类图表、鲜亮的色彩、易懂的表述等多种手段，降低阅读预算的门槛，让居民理解预算报表。政府应当努力让财政报表更加清晰易懂，让政府预算公开网站更加容易找到，使用尽可能详尽的数据，降低阅读预算的门槛，让居民理解预算报表。真正使预算公开变得清晰、全面、可读，有效降低了财政不确定性，改善了财政风险状况。

二 引入市场机制，控制地方债务的借贷成本

李萍[①]根据地方政府债务制度环境进行跨国观察，如图 5-2 所示，以制度约束、协商机制、行政控制、市场约束对地方政府债务管理体制进行分类，第一类以加拿大、新西兰为代表的国家地方政府债务管理以市场约束为主；第二类以澳大利亚为代表的国家属于协商机制；第三类以英、美、巴西、南非为代表的国家主要靠制度约束；第四类以韩国、日本和法国为代表的国家用行政控制来管理地方政府债务。以行政控制作为最主要手段的国家，如韩国、日本和法国，几乎都面临着严峻的债务负担过重问题。按照李萍的分类，我国应当也属于行政控制型，本章

---

① 李萍：《地方政府债务管理》，中国财政经济出版社 2009 年版，第 22 页。

认为是否应当考虑参照德国、英国等国家建立有效的制度约束，加入市场对地方债的约束机制。

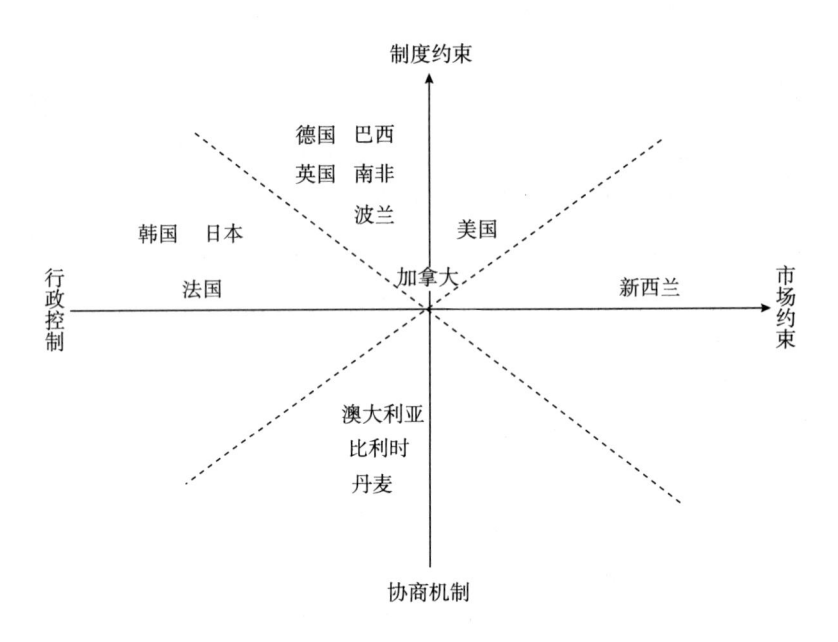

图 5-2　各国地方政府债务管理体制比较

资料来源：李萍：《地方政府债务管理：国际比较与借鉴》，中国财政经济出版社2009年，第22页。

我国地方债所面临的不仅是规模膨胀，更重要的是成本偏高，如表5-8所示，收集到的几乎所有国家都追求借债成本的最小化。我国之前的地方政府管理往往过多地关注规模管理，而缺乏对成本控制，特别是应当在成本与收益之间取得平衡，降低用债成本、提升债务使用效率，以利用地方政府债务促进经济发展、提升当地居民福利。

表 5-8　　　　　　　　　部分国家政府债务管理的目标

国家	目标设置
爱尔兰	对现有债务进行管理，为偿债筹集资金以保持短期和长期流动性，控制年度偿债成本及其波动性，使债务管理质量超过标准组合或影子组合的要求

续表

国家	目标设置
澳大利亚	以尽可能低的成本发行、管理和偿还英联邦债券,并把风险控制在可接受的范围之内
巴西	降低到期债务的集中度;优化外债的平均期限;降低借债成本;逐步重组外债;扩大投资者范围,向其他私人和公共借款人开放市场
比利时	在实现确定的风险水平下,实现债务成本的最小化
波兰	偿债成本最小化;化解汇率风险和外汇融资风险;加强中央预算资金管理
丹麦	在考虑政府债务风险的条件下保证低融资成本
芬兰	在不超过一定风险水平下使债务成本最小化
哥伦比亚	在一定的风险范围内实现长期融资成本最小化,改进风险与收益的配比关系;促进国内债券市场的发展
韩国	满足政府的资金需求,使中期和长期的融资成本最小化,并培育国内债券市场
荷兰	以最有效率的方式进行政府债务融资,使债务成本在可接受的风险水平下降到最低
加拿大	为政府提供稳定的低成本资金,维持并强化运行良好的政府债券市场
美国	通过必要的借款满足政府的资金需求,并使联邦政府的借款成本最小化
墨西哥	维持较轻的外债摊销负担,并在控制再融资风险的同时降低成本
葡萄牙	在既定的风险策略下满足国家的借款要求,并使长期成本最小化
瑞典	在现存的政策框架和风险限制下,实现长期和短期借款成本最小化
泰国	降低借款成本,管理再融资风险,满足政府融资需求,完善国内融资市场
新西兰	在财政战略及风险控制的约束下,实现政府债务融资的长期收益最大化
意大利	市政府债务的预期成本最小化,降低债务的结构性风险
英国	在考虑风险的情况下实现政府长期融资成本最小化,并以最有效的方式满足国库总体现金需求

资料来源:李萍:《地方政府债务管理:国际比较与借鉴》,中国财政经济出版社 2009 年版,第 31 页。

三 加快预算执行进度,提高债券资金使用绩效

要切实加快财政支出进度,不能只着眼于预算执行缓解,而是需要从预算编制、预算执行、预算监督和绩效评估等多个环节发力,这样才能做到在加快支出执行进度的同时,真正实现财政资金对稳增长的作用,并真正提升政府资金使用绩效,避免出现资金浪费。

（一）守正预算编制原则，夯实执行基础

要真正加快财政进度，首先要在预算编制上下功夫，做到早、细、准。

1. 早

早指的是预算决策和编制需求提早准备，应急财政早做打算。预算决策准备阶段的核心是根据年度经济发展趋势预测可能的财政收入，根据国家宏观调控政策和服务社会经济发展的需要，寻求财政支出在保障和发展上的合理分配和支持重点。所以必须提前分析解读经济政策，对经济形势进行研判，找准发展重点和国家政策倾斜点，尽早确定预算策略。我国现行的零基预算"需要优先"是基础。其科学性在于合理准确的支出需求与可能的财力匹配后产生的资金高效。所以应当提前部署，充分收集各类支出需求，根据财力的对比分析，对支出的必要性做出评判并合理安排，对项目支出特别是大项支出进行充分的评比论证和筛选。超过一定资金规模、项目复杂、论证和评审时间长的项目，必须由项目执行部门和预算管理部门共同准备，提早规划，预先论证和评估。不能出现预算已下达，资金开始拨付，项目单位没有足够的时间、充实的能力和精力完成评估事项，只能匆匆走形式上的程序，缺乏真正对支出方案必要性和可行性的把关。另外，对于可能出现的突发性事件，要真正坐实财政应急预案，提足准备金，备好应急救援物资。当代社会不确定性不断提高，随时可能存在像新冠疫情防控这样巨额的财政支出。因此，不仅要对突发事件发生时的财政拨款流程进行安排，还要对财政支出占比较大的支出做出适当的整体性应急预案安排。

2. 细

细指的是细化预算编制，避免随意更改。细化预算编制是《中华人民共和国预算法》明确的预算编制原则。精细的预算草案是提高预算效率的基础。收入预算的编制要以税务等征收单位下年度预算收入的预测为参照，拟定的收入预算应当征求税务等赋有预算征收职能单位和部门的意见，预算支出标准的确定要充分考虑当地的经济社会发展水平、财力状况，编列到项、到款的支出要尽量地细化具体内容。在预算编制过程中，要对可能的支出做出尽可能细致周全的安排。中央主管部

门出台某项新政策需要地方提供配套资金时，要对不同地方财力有清晰的认识，特别是要充分考虑到预算是以年度为周期的，要给予地方政府一定时间，减少预算调整。全国人大通过的预算具有法律效力。避免"中央请客，地方埋单"类似的现象，对地方财力的过度占用。各级各部门在做新项目决策前，需预先考虑到财政预算安排主要是以年度为单位的，本年预算在已经在国家政策方向和上级要求下，根据本地具体情况和实际财力做了精心安排，得到了本级人大的批准。在预算通过后，不能临时拍脑袋定项目，让财政部门临时调整预算。如果确需安排的项目，可考虑在未来年度或者一定范围内来进行合理安排。

3. 准

准指的是预算安排方向性要精准。财政预算不仅是政府的支出计划，更是政府实现政策目标的重要经济工具。这就要求预算部门要对未来一段时间经济工作重点和方向心中有数，要对上级政府对本区域或本部门未来规划方向有把握。中央为下一年度经济工作定调之后，各级各部门政府需要尽早找方向、定节奏、快布置。下级单位提早与上级政府进行充分的预算决策沟通，让预算编制与上级政府要求相一致，把钱真正花在该花的地方，花在"刀刃"上，确保预算安排方向和重点的准确性。准是预算编制中最需要注意的问题，否则越是早编、细编，越是脱离现实就越是无法实施。

随着零基预算改革在我国的逐步推进，预算编制不再倚重历史支出数据，而是根据实际情况和合理需求来编制预算。零基预算就需要对预算进行科学合理的编制，做到早、细、准，才能真正让财政资金发挥效能。

（二）创新体制机制，推进预算执行进度

在预算执行的把握上，要合理推进资金使用进度，不让资金长期白白趴在账上，造成资金的浪费。财政预算单位要积极调研，分析本地在预算执行中切实存在的困难，对症下药。

针对资金拨付耗时过长的问题，就需要进一步推进和完善财政预算管理体制机制，提升资金拨付效率。2020年以来推进的财政资金直达机制，"一竿子插到底"让中央财政资金直达市县基层，通过建立"点对点"拨付机制，极大提升了资金拨付效率，有效防止出现对基层资金的层层截留，对提升基层财力效果显著，真正做到了财力对基层的倾斜。并通过单独标示资金和监测预警机制的建立，确保了财政资金流向的清晰明显，这样创新性的财政体制机制要进一步常态化加以推广，并向市县层面的资金分配机制推进。

针对项目支出容易出现支出进度缓慢的问题，可以进行针对导致项目支出缓慢的不同情况进行有针对性的分析，并找寻解决方案。如果是因政府采购项目或预算项目实施中缺乏专业性，造成资金使用进度缓慢，考虑是否进一步推进政府购买公共服务，引入社会力量，提升资金使用的专业化水平。如果是因为项目支出手续烦琐，要在现有财政管理制度框架内进一步优化办事流程，便利资金使用单位。如果由于执行单位不了解预算制度造成支出迟缓，需要进一步加强预算沟通，进行财政预算资金管理制度培训和资料编写。

针对容易出现互相年底支出集中问题，建立合理的结余资金的控制和管理机制。在分析资金结余原因的基础上，适当允许调整当年预算额度到下一预算年度。如果财政到年底确有大幅盈余，可以考虑补贴给本地困难群众。随着我国财政职能从购买性支出向转移性支出转移，财政可以承担起更大的缩小收入差距转移支付责任。我国港澳地区在年末给居民派发红包。新加坡的"政府盈余全民分享计划"侧重对弱势群体的关照。对我国有较大规模财政盈余的地区，允许当地政府在其结转资金或者结余资金中，留用一定比例，用于改善当地的民生或补助困难群众，这样既有利于调动其积极性，也避免了"突击花钱"问题。

（三）加快数字化转型，切实提升财政资金绩效

随着数字技术不断进步，我国的数字经济规模不断扩大，社会运行效率提升显著。财政管理应当在数字经济、数字社会、数字政府建设蓬勃发展的时代背景下，顺势而为，迎难而上，加快数字化转型步伐，大力提升数字化管理理念，完善财政与政府其他职能部门间经济社会运行数据的互联共享机制，为财政科学决策提供依据，为预算编制预留时间。以推动财政数字化转型为目标，搭建完整统一的财政运行数字网络，整合财政管理数据资源，实现预算全程在线运行，充分运用大数据、人工智能等先进技术手段，为加强预算管控提供支撑，为强化预算监控扩展空间。深度挖掘大数据分析结果，优化财政运行和管理流程，

第五章 地方政府债务对经济增长影响分析

提升预算管理的数字化管理水平,从而有效提高财政资金绩效,从根本上解决支出进度缓慢所可能引发的资金使用绩效低下和管理不够科学等问题。

加快预算执行进度从根本上讲是为了真正用好、用足财政资金,让财政支出能对经济发展起到积极效果。习近平总书记强调"党和政府带头过紧日子,目的是为老百姓过好日子"。足国之道,节用裕民而善臧其余。不论是解决财政支出进度缓慢的问题,还是其他与财政预算有关的问题,都务必要节俭,不能浪费。不能因为着急花钱,而带来资金浪费。公共部门所使用的每一分钱,都是纳税人出于信任托付给政府的税金,不辜负老百姓对政府的信任。要在推进支出执行进度中,进一步真正做到让人民满意的服务型政府。

第四节 本章小结

地方债主要由本区域"外部"的人购买,从区域结构来看是一种"外债",与国债的经济效应和债务负担会有所不同。本章回顾了政府债务与经济增长的实证研究文献,发现虽然政府债务与经济增长之间的关系存在多种看法,近年来的研究学者大多认为两者存在一个倒"U"形关系,政府债务在一定限度内会刺激区域投资和消费,从而拉动总需求,促进经济发展,但是从长期来看,随着债务规模的膨胀,债务可能挤出私人投资,影响长期的资本存量,促进作用可能会消失。本章认为我国的城投债与欧美国家的市政债券颇为相似,可以作为地方政府债务的替代数据进行效应分析。本章使用2010—2015年的省级面板数据进行固定效应分析,结果表明该时间段城投债促进了经济增长。原因可能在于城投债主要用于基础设施建设,属于资本性支出,有利于区域经济的发展。使用2010—2020年地方债务与经济增长数据,基于PVAR模型实证检验,发现地方债务对经济增长的正向推动作用在减退。应提高财政透明度以增强财政监督。引入市场机制,控制地方债务借贷成本。加快预算执行进度,提高财政资金使用绩效,以增强地方债务的经济增长效应。

第六章

地方政府债务对居民财产价值的影响

讨论我国地方政府债务对居民财产价值的影响，可以以房价作为居民财产价值的代表，因为房产价值在我国居民财产构成中所占比重最大，尤其是城镇居民财产价值的最大构成部分。[①] 而且，房产价值占居民财产价值的比重不断上升，随着房价的攀升，房产价值在居民财产总值的比重已经超过了一半。本部分讨论的重点并不是我国房价的影响因素，而是关注地方政府债务是否会对居民财产价值产生影响。

第一节 文献综述

关于居民财产价值的影响因素，既有研究着重分析了地方政府行为对居民财产价值的影响。其中，在地方政府行为中，有众多学者研究了地方债务扩张与居民财产价值的关系，但视角大多集中在土地财政和工业化、城市化引致的住房需求上，忽视了债务资本化效应。

债务资本化（Debt Capitalization）指的是地方政府债券资本化进入房地产价格中，从而影响居民财产价值。Oates 在《财政联邦主义》一书中提出了债务资本化的基本思想，可以概括为：从具体项目来看，地方债投资项目所带来的效益大于借贷成本，就会导致当地房产价格升值；反之，如果地方债所带来的收益小于借贷成本，那么就会导致当地

---

① 梁运文等：《中国城乡居民财产分布的实证研究》，《经济研究》2010 年第 10 期。

房产价格贬值。地方债务资本化理论表明，地方债的发行可以在一定程度上满足地方居民对公共产品的差异化需求，但是如果地方债规模过于膨胀、政府过度投资，反而会损害当地居民的财产利益，这充分说明了地方政府发行公债的必要性与发行规模受到限制的合理性。因此，本章将从债务资本化理论入手，分析我国地方债务扩张对居民财产价值的影响。

本章考察债务资本化理论下，我国地方政府债务对居民财产价值的影响，并探讨债务管理在地方政府债务与居民财产价值关系中的作用。本章可能的边际贡献在于以下三个方面：①拓宽地方债务对居民财产价值影响的理论视角，从债务资本化理论的角度出发丰富地方政府债务经济效应的相关研究，本章着重分析地方政府债务扩张与居民财产价值之间的非线性关系，从政府供给和居民需求两个方面，探讨地方政府债务扩张影响居民财产价值的内在机制；②利用我国省级政府债务数据和房产价格水平，实证证明地方政府新增债务与居民财产价值之间存在显著的倒"U"形关系；③异质性分析中，发现在我国不同区域地方政府新增债务规模与居民财产价值之间依旧存在倒"U"形关系，并且中西部地区产生负面影响的阈值水平更高；④地方政府新增债务对居民财产价值的影响，会因居民收入水平和地方政府财政独立性的不同而存在显著差异。

一　债务资本化

债务资本化研究是近年来公债领域研究的重要突破，如果说对李嘉图等价定理的争论与讨论拓展了规范化研究国债理论的基础，那么地方层面的李嘉图等价定理和债务资本化的讨论，则是地方债理论在国际学界取得的重要进展。尽管地方政府所负担的债务从性质上来说都是"外债"，但是债务负担不一定由当地的后代子孙负担，而是反映到当地的资产价值上来。假如财政幻觉完全不存在，那么一个选择居住地的居民就会考虑到现在的政府债务会构成未来的纳税义务。Akai[①]证明了如果公共债务反映在物业价格中，那么李嘉图等价定理可能成立。Sta-

---

① Akai N., "Ricardian Equivalence for Local Government Bonds: Budget Constraint Approach", *Economics Letters*, Vol. 44, No. 1-2, 1994, pp. 191-195.

delmann 和 Eichenberger 发表了一系列文章来讨论债务资本化和地方层面的李嘉图等价定理，在 2008 年合作发表的论文，强调了债务资本化与李嘉图等价定理之间的联系，在 2014 年发表的论文证实了公共净债务水平倾向于负面和显著的资本化。Mackay[1]使用圣地亚哥的数据验证了隐性债务资本化进入了当地住宅价格中。Banzhaf 和 Oates[2] 的研究不但分析了债务资本化的纯理论，从这个意义上说明了李嘉图等价定理成立的条件，而且还分析了由于债务幻觉、租户幻觉和公私融资成本所可能存在的差异以及李嘉图等价定理所不成立的条件，这与新古典综合派所论证的李嘉图等价定理不成立的条件殊途同归。

二 地方政府行为与居民财产价值

从财政收入对居民财产价值的影响来看，一些学者结合我国土地财政的时代背景，研究了土地财政与房价的关系。一方面，土地财政带来的"财富效应"能够有效弥补分税制改革后地方政府的财力缺口，加深了地方政府对土地财政的依赖度，由此成为房价上涨的重要因素[3][4][5]；另一方面，部分学者认为房价上涨主要受到政府官员政绩驱动的影响，土地财政对房价的影响不显著[6]，甚至对其有抑制效应[7]。

从财政支出对居民财产价值的影响来看，Oates 提出公共产品资本化理论，对公共服务供给资本化到房地产价值进行了开创性研究，认为公共服务供给能够增加房地产价值。随后，国内外学者基于这一理论开展了检验公共产品供给水平与房地产价格关联的研究，实证结果表明，

---

[1] Mackay R., "Implicit Debt Capitalization in Local Housing Prices: An Example of Unfunded Pension Liabilities", *National Tax Journal*, Vol67, Jan. 2014, pp. 77–112.

[2] Banzhaf H., Oates W., "On Fiscal Illusion in Local Public Finance: Re-examining Ricardian Equivalence and the Renter Effect", *National Tax Journal*, Vol. 66, Mar. 2013, pp. 511–540.

[3] 唐云锋、吴琦琦：《土地财政制度对房地产价格的影响因素研究》，《经济理论与经济管理》2018 年第 3 期。

[4] 周彬、杜两省：《"土地财政"与房地产价格上涨：理论分析和实证研究》，《财贸经济》2010 年第 8 期。

[5] 王举等：《土地财政与房地产业发展》，《地方财政研究》2008 年第 10 期。

[6] 张莉等：《财政激励、晋升激励与地方官员的土地出让行为》，《中国工业经济》2011 年第 4 期。

[7] 王斌、高波：《土地财政、晋升激励与房价棘轮效应的实证分析》，《南京社会科学》2011 年第 5 期。

公共产品供给与住房价值之间存在显著的关系[1][2][3][4][5]。除地方政府行为外，还有学者发现人口迁移[6]、人口老龄化[7]、金融资源配置[8]、居民收入差距[9]等因素均会显著影响居民财产价值。

三 地方政府债务与居民财产价值

目前，学界关于地方政府债务与居民财产价值关系的主要观点是：地方政府债务显著提高了房价。宋林清[10]基于2003—2015年全国35个大中城市的面板数据，利用PSM-DID方法实证，发现地方债的发行显著提高了商品房价格与住宅价格。刘金全和艾昕[11]指出地方政府杠杆率对房地产市场整体上产生积极影响，并对房地产市场的贡献度具有小幅度震荡的趋势。赵大利[12]利用2008—2012年34个大中型城市的面板数据，得出了城投债对住房价格具有显著推动作用的结论。

在影响机制方面，肖文和韩沈超[13]引入"土地财政"这一传导机

---

[1] Black S., "Do Better Schools Matter? Parental Valuation of Elementary Education", *Quarterly Journal of Economics*, Vol. 114, Feb. 1999. pp. 577-599.

[2] Figlio D., Lucas M., "What's in a Grade? School Report Cards and the Housing Market", *American Economic Review*, Vol. 94, Mar. 2004. pp. 591-604.

[3] 丛颖等：《公共服务资本化对房价影响的空间计量分析——基于我国269个地级市的经验研究》，《财经问题研究》2020年第7期。

[4] 任强等：《公共服务资本化与房产市值：对中国是否应当开征房地产税的启示》，《财贸经济》2017年第12期。

[5] 郭小东、陆超云：《我国公共产品供给差异与房地产价格的关系》，《中山大学学报》（社会科学版）2009年第6期。

[6] 郎昱等：《城市人口迁移、住房供需均衡与房价——基于限购与限贷政策实施力度的分组实证分析》，《城市问题》2022年第1期。

[7] 李俊峰、高曼丽：《人口老龄化、房价波动与居民部门债务潜在风险》，《宏观经济研究》2019年第5期。

[8] 周建军、龙平：《金融资源错配、房价与经济高质量发展——基于空间计量模型分析》，《财经理论与实践》2022年第2期。

[9] 王拉娣、安勇：《居民收入差距、预期对城市房价的影响》，《经济问题探索》2016年第12期。

[10] 宋林清：《地方债发行与房价上涨——基于中国35个大中城市的实证研究》，《金融论坛》2017年第12期。

[11] 刘金全、艾昕：《地方政府杠杆率、房地产价格与经济增长关联机制的区域异质性检验》，《金融经济学研究》2017年第5期。

[12] 赵大利：《城投债券对商品房价格的影响分析》，《当代经济》2014年第13期。

[13] 肖文、韩沈超：《地方政府性债务规模对消费者福利影响研究——基于商品房价格变动的视角》，《财贸研究》2015年第5期。

制,指出地方政府性债务规模的扩大通过土地财政将导致房价进一步上涨。唐云锋和刘清杰[①]指出土地出让收入作为地方政府债务的主要偿债来源,土地市场价格上涨有利于提高其融资能力,因此会诱发房地产市场的繁荣。另外,债务影响房价的又一传导机制是工业化和城镇化[②]。地方政府债务扩张为城镇化建设和工业化发展提供了充足的资金,城镇化和工业化的加速使人口流入地区的住房需求上升,在住房供给相对有限的情况下,推动了商住用地市场蓬勃发展。

第二节 理论分析与研究假设

从债务资本化理论角度,按照 Banzaf 和 Oates 的推导思路,假设存在独立的两个社区 A 和 B,两个社区有着相同大小的固定房屋,两地的公共服务价格相同,时间以离散年度测量,家庭在每个周期内有外生的收入 y_t 且在社区流动无成本,由于个体在社区之间流动是无关紧要的,因此社区之间的均衡房价相等。假设每个社区的初始房价都是 $P_0=0$,房子的房价是进入这个区域的入场券。

社区 A 使用税收融资,购买某 k 个单位(单价为1)的公共产品,一次性支付税收;社区 B 使用债务融资,购买同个公共产品,分期支付税收 kr。为确保两个社区效用一样,这一公共产品的价格调整如式(6-1)所示:

$$P'_A = P'_B + kr\frac{1}{r} = P'_B + k \tag{6-1}$$

居民对待这一公共产品的方式有两种,永久使用不卖出和下一期之后就搬出去。

首先,讨论永久使用不卖出的情形。

社区 B 居民的效用最大化问题如式(6-2)所示:

$$\max_{\{k, c_t\}} \sum_t u(c_t, k)(1+r)^{-t} \quad s.t. \sum_{tc_t} y_t(1+r)^{-t} = \sum_t c_t(1+r)^{-t} + kr\frac{1}{r}$$

---

① 唐云锋、刘清杰:《地方债与房价风险联动的理论维度、历史逻辑与现实路径》,《现代财经(天津财经大学学报)》2021年第9期。

② 黄映红等:《地方政府债务与房价的相互影响机制》,《经济与管理》2019年第4期。

$$(6-2)$$

意思是在 $\sum_t y_t(1+r)^{-t} = \sum_t c_t(1+r)^{-t} + kr\frac{1}{r}$ 条件下，即额外收入的贴现和与消费的贴现和与税收的贴现相等的情况下，$\sum_t u(c_t, k)(1+t)^{-t}$ 这一效用函数贴现和（自变量为 k，c_t）取到最大值。

税收的贴现：$\sum kr(1+r)^{-t} = kr\frac{1}{r}$，因为 $\sum(1+r)^{-t} = \frac{1}{r}$

社区 A 中居民的效用最大化问题如式（6-3）所示：

$$\max_{\{k, c_t\}} \sum_t u(c_t, k)(1+r) \text{ s.t. } \sum_t y_t(1+r)^{-t} = \sum_t c_t(1+r)^{-t} + k$$
$$(6-3)$$

右边加上 k 是因为：A 比 B 额外支付价格 k，事实上，两者相等，因为 $kr\frac{1}{r} = k$

其次，在第二种情况下，居民下一期之后就搬出去。社区 B 的效用最大化问题如式（6-4）所示：

$$\max_{\{k, c_t\}} \sum_t u(c_t, k)(1+r)^{-t} \text{ s.t. } \sum_{tc_t}(1+r)^{-t} = \sum_{tc_t}(1+r)^{-t} + k\frac{r}{(1+r)} - \frac{P_B}{(1+r)}$$
$$(6-4)$$

式子意义同上，不同的有两项：1. $k\frac{r}{(1+r)}$ 为下一期支付的利息贴现；2. $-\frac{P_B}{(1+r)}$ 为卖出去之后价格的贴现，负号是因为是收入。

社区 A 的效用最大化问题如式（6-5）所示：

$$\max_{\{k, c_t\}} \sum_t u(c_t, k)(1+r)^{-t} \text{ s.t. } \sum_{tc_t}(1+r)^{-t} = \sum_{tc_t}(1+r)^{-t} + k\frac{r}{(1+r)} - \frac{P_A}{(1+r)}$$
$$(6-5)$$

将式（6-1）代入式（6-5）中如式（6-6）所示：

$$\max_{\{k, c_t\}} \sum_t u(c_t, k)(1+r)^{-t} \text{ s.t. } \sum_t y_t(1+r)^{-t} + k - \frac{(P)_B + k}{(1+r)}$$
$$(6-6)$$

其他不变，仅有等式右边最后一个式子变化，因为 $P_A=P_B+K$，或者如式（6-7）所示：

$$\max_{\{k, c_{tt}\}} \sum_t u(c_t, k)(1+r)^{-t} \quad s.t. \quad \sum_t c_t(1+r)^{-t} + k\frac{r}{(1+r)} - \frac{P_B}{(1+r)} ①$$
(6-7)

式（6-7）与式（6-4）一样，也就是说社区 A 与社区 B 居民的效用是一样的，不管是采用债务融资，还是采用税收融资，结果没有差别。从理论的角度对上述推导进行表述就是，公共净债务的资本化直接来自税收和公共服务的资本化。

这可以通过观察个人对财产的需求来理解。为了消费当地公共服务和设施，个人必须决定在哪个社区定居，即在哪里购买或租赁财产。愿意支付取决于预期的相对未来福利（公共服务和设施）和预期未来成本（税）。公共净债务与个人对财产的需求相关，因为它们涉及机会成本。简单来说，公共净债务水平可作为预期未来福利和社区生活费用的直接衡量标准。

正如 Daly 在 1969 年就已经论述过的，公共债务和资产进入房地产价格越充分，代际间的债务负担就会越少。越发充分的资本化，意味着地方公共财政的管理不善会成为当代居民的难题，而不是后代居民的负担。由于公共净债务影响房地产价格，搬迁到负债地区的新居民将通过更低的房价来弥补今后将会承担的更高税收。因此，今天债务的负担仍然是今天的财产所有者，这意味着地方财政层面上的李嘉图等价定理是可能存在的。

巴罗对李嘉图等价的证明主要是针对国家政府财政的设定所提出的税收和债券融资之间的等价效应。巴罗的公式的两个要素值得注意。首先，模型需要代际利他行为：后代的效用直接计入当代的效用函数。其次，当代人必须充分意识到当前公共赤字的严重性及其对后代幸福的影响。这些都是明显的强假设，并且这些假设是其他文献中对于等价定理

---

① 因为 $k - \frac{(P_B+k)}{(1+r)} = k\frac{r}{(1+r)} - \frac{P_B}{(1+r)}$。

质疑的原因。

在地方层面,这种等价性的原理在地方语境下与在国家语境中是完全不同的。在这里,税收和债务融资的等价性源于地方土地市场的作用机制,它们将公债资本化表现为地方财产价值的贬值。正如 Daly 首次提出并由 Akai 证明的那样,由于拟议方案的现有贴现值在任何一种形式的资金下都是相同的,因此产生了等价性。例如,如果一个地区选择债务融资而不是当期增加税收,债务的现有贴现值将被资本化为当前的物业价值减少。当地居民通过当前税收或同等地减少其财产的市场价值为该计划付费。因此,当地居民认为地方政府采用债券融资还是税收融资都无所谓。

进一步,地方政府债务扩张对居民财产价值的影响,可以通过政府供给与居民需求两个方面进行分析。

从政府供给的角度来看如图 6-1 所示,根据 Hamilton 和 Bruce 所提出的:V+T=C(H)+C(LPS),即住宅价值(V)加上税收(T)等于住宅成本[C(H)]加地方公共品成本[C(LPS)]。[①] 通过这一式子,我们可以推出,地方政府债务的发行,带来了公共产品增量,同时也带来了未来税费成本的增加。住宅价值(V)是否上升需要通过比较地方政府债务所带来的收益公共产品增量大,还是所需要在未来付出的税费成本高。如果地方债的借贷成本过高,就会导致收益小于成本,进而会导致当地住宅价值贬值;反之,则会导致当地住宅价值升值。

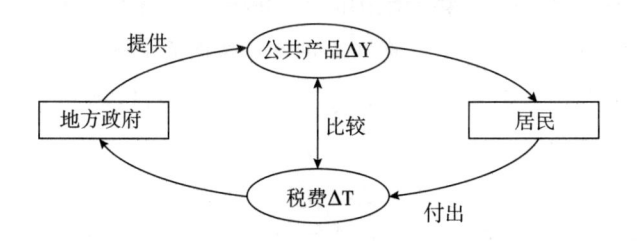

图 6-1 地方债形成公共产品与付出税费成本的比较

[①] Hamilton, Bruce W., "A Review: Is the Property Tax a Benefit Tax?" *in Local Provision of Public Services: The Tiebout Model after Twenty-five Years*, in George R. Zodrow (ed.), New York: Academic Press, June. 1983, pp. 85–107.

从居民需求的角度来看，个人对财产的需求取决于居民的效用，而效用取决于预期未来福利（公共服务和设施）和预期未来成本（税收价格）①。如果公共债务高或资产低，公共资源必须用于支付利息和偿还债务，而不是用来减少税收或改善公共服务的。因此，高水平的净债务将导致未来税收增加或未来服务减少。由于未来较高的税收价格和未来公共服务减少会降低居民的效用，进而减少居民对该地区财产的需求量，因此较高的公共净债务水平会对房地产价格产生负面影响。

债务资本化理论的基础是个人购房和迁徙选择的微观分析。当居民购买某个房产，购买的房产并不仅包含几间卧室、客厅、卫生间的使用权，还包括房产所带来的公共产品价值，包括学区、医院、治安状况、供水供电、交通，等等。一个足够理性的购房者会意识到，如果地方政府能够提供优质的公共产品会增加这个房子的价值，地方政府的债务会形成未来的纳税义务、会降低这个房子的当期价值。对于微观个体来说，进入某个地区工作和生活，需要付出一定的迁徙成本，这个成本包括居住成本（购房或者租房的支出）、找工作投入、亲戚朋友网络、熟悉新环境所需要的精力等。随着我国城市化进程的推进，城镇房价快速攀升，相比其他迁徙成本，居住成本一般占有更多比重，是最大的迁徙开支。可以近似地把迁徙到某地而购房或者租房开支看作进入某地的"门票"。我们可以把购房行为当作居民与当地政府签署的长期合约，租房行为当作居民与当地政府签订的短期契约。一个精心经营打理当地的地方政府会尽可能的在财力范围内，提供优质的公共服务，健全的基础设施，以吸引投资进入该地，从而提升该地就业率，促进经济发展。地方政府也会从经济发展所带来的财政收入中安排适当的比例来改善当地的教育、文化、医疗、卫生和社会治安条件，以吸引人才加入该城市，积累人力资本。一个经济蒸蒸日上、社会安全稳定的区域，房价自然会随着人口流入、供需关系而升值。早期进入当地购房的居民自然能够从这个良性循环中得到个人资产的升值。上述机制如果不成立，可能是由于"债务幻觉"或"租户幻觉"的存在，导致债务规模过大、债

---

① Stadelmann D., et al., "Debt Capitalization: A New Perspective on Ricardian Equivalence", Crema Working Paper, June 2008.

务负担失去控制,在这种情况下居民不再可能以地方政府融资作为获得较低利率的方式。地方政府当前的净债务水平决定了未来的潜在税收负债和服务水平,从而根据资本化理论影响房地产价格。在选择投资不同地区时,个人应该更多地投资于较低的净债务水平的地区,因为他们可以预期未来将会从相对较低的税收和高公共支出盈利。因此,从微观个体的购房和投资选择来看,公共净债务水平对资本化是重要的。

综上所述,地方政府的过度投资对房价的影响不一定是正向的,同地方政府债务与经济增长的倒"U"形关系一样,可能存在一个政府债务扩张和房价之间的倒"U"形关系。随着政府债务规模越来越超过效率点,就会导致公共产品增量所带来的收益小于需要支付的税费成本;此外,当债务水平过高时,居民的预期变化会影响对该地区住宅的需求量,进而导致当地住宅价值贬值,房价的变动趋势会由正转负。

基于上述分析,提出本章的研究假设:地方政府债务扩张与居民财产价值之间呈现倒"U"形关系。

第三节 研究设计与数据来源

一 基准回归模型设定

为检验地方政府债务扩张与居民财产价值之间的关系,并检验两者之间是否存在倒"U"形的关系,设立模型如式(6-8)所示:

$$HP_{it} = \alpha_0 + \beta_1 debt_{it} + \beta_2 debtsq_{it} + \beta Control_{it} + \mu_i + \lambda_t + \varepsilon_{it} \quad (6-8)$$

其中,下标 i 表示省份,t 表示年度,解释变量 $debt_{it}$ 表示第 i 个省份第 t 年的地方政府债务规模,$debtsq_{it}$ 是地方政府债务规模的平方项。β_1 和 β_2 是本章着重关注的系数,如果 β_1 显著大于 0,β_2 显著小于 0,则证明地方政府债务扩张与居民财产价值之间存在倒"U"形关系。$Control_{it}$ 是包含省际层面上的控制变量,μ_i 为地区固定效应,λ_t 为时间固定效应,ε_{it} 为随机扰动误差项。

二 变量定义

(一) 人均居民财产价值(hp_{it})

由于房产价值在我国居民财产构成中所占比重最大,尤其是城镇居民财产价值的最大构成部分。此外,房产价值占居民财产价值的比重不断上升，随着房价的攀升房产价值在居民财产总值中的比重已经超过了一半。因此，本章将房价作为居民财产价值的代表，并使用商品房屋平均销售价格/年末常住人口来衡量。

（二）地方政府新增债务规模（$debt_{it}$）

本章选取了公债市场上发行的平台债和地方政府直接债作为代表地方政府债务规模，根据 Wind 数据库对地方债的口径，得到 8249 条地方债数据，按照所在地进行分类之后得到每年的发债数量，并使用地方债务规模减去去年地方债务规模来衡量地方政府新增债务规模。

（三）控制变量（$Control_{it}$）

参考相关文献，本章选取房屋造价成本（$cost_{it}$）、固定资产投资（inv_{it}）、土地出让（$land_{it}$）、城市化水平（$urban_{it}$）和价格水平（cpi_{it}）作为控制变量，纳入模型中。具体变量定义如表 6-1 所示。

表 6-1　　　　　　　　　　主要变量定义

	变量	符号	测量方法
被解释变量	人均居民财产价值	hp	商品房屋平均销售价格/年末常住人口
		hp1	住宅房屋平均销售价格/年末常住人口
解释变量	地方政府新增债务规模	debt	地方债务规模-去年地方债务规模，并取自然对数
	地方政府新增债务规模平方项	debtsq	地方政府新增债务规模的平方项
控制变量	房屋造价成本	cost	竣工房屋造价并取自然对数
	固定资产投资	invest	房地产开发投资额并取自然对数
	各省出让成交价款	land	各省出让成交价款并取自然对数
	城市化水平	urban	城镇人口占年末常住人口的比重
	价格水平	cpi	CPI 指数

三　数据来源与描述性统计

本章的样本数据跨度为 1998—2020 年。居民财产价值来源于国家统计局，地方政府债务规模来源于 Wind 数据库，我国 31 个省份省际层面的控制变量数据来源于国家统计局、EPS 全球统计数据/分析平台、住房和城乡建设部、《中国国土资源统计年鉴》等，具体描述性统计如

表 6-2 所示。

表 6-2　　　　　　　　　　描述性统计

变量	观测量	均值	标准差	最小值	最大值
debt	420	4.241	2.3	-3.31	8.388
debtsq	420	23.269	17.548	0	70.35
hp	651	2.419	3.477	0.129	24.59
hp1	651	2.329	3.425	0.121	24.109
cost	651	7.491	0.506	6.415	8.835
invest	651	6.252	1.668	-0.03	9.385
land	496	14.575	1.84	6.263	18.105
urban	496	0.542	0.147	0.207	0.896
cpi	651	102.112	2.036	96.7	110.087

第四节　实证结果分析

一　基准回归结果

本章利用模型（1）实证分析地方政府新增债务规模与居民财产价值的影响，回归结果如表 6-3 所示。第（1）列是只包含地方政府新增债务规模及其平方项的回归结果，且并未控制时间效应，第（2）列则在第（1）列的基础上控制了省份固定效应，第（3）列在第（2）列的基础上进一步控制了影响居民财产价值的经济社会变量。通过回归结果可以看出，无论哪种估计方式，地方政府新增债务规模 debt 显著为正，地方政府新增债务规模的平方项 debtsq 显著为负，因此认为地方政府新增债务规模与居民财产价值存在倒"U"形的关系，即随着地方政府新增债务规模的扩大，人均居民财产价值经历了先增后减的过程，该结论验证了本章的研究假设，反映出地方政府的新增债务规模对房价的影响不一定是正向的。当新增债务规模水平过高时，当地住宅价值的变动趋势会由正转负。同时，基于双向固定效应回归结果中，地方政府债务规模 debt 的一次项系数为 0.3318 和平方项系数为-0.0545，可以估算地方政府新增债务规模对居民财产价值产生负面影响的阈值为3.05①。

表6-3　　　　　　　　　　　基准回归结果

	(1) hp	(2) hp	(3) hp
debt	0.6830*** (0.0016)	0.4104* (0.0528)	0.3318*** (0.0054)
debtsq	-0.0427* (0.0705)	-0.1040*** (0.0005)	-0.0545*** (0.0005)
cost			-0.2512 (0.7113)
invest			0.8449** (0.0234)
land			0.0635 (0.6446)
urban			-23.4012*** (0.0019)
cpi			-0.0879 (0.4138)
个体效应	控制	控制	控制
时间效应	未控制	控制	控制
N	390	390	250
adj. R²	0.2153	0.4903	0.6329

注：(1) ***、**和*分别表示1%、5%和10%的显著性水平；(2) 括号内为估计的聚类稳健标准误。下同。

二　稳健性检验

为了检验上述基准回归结果的稳健性，本章着手从更改指标衡量方法、改变样本期、剔除特殊样本等三个方面进行稳健性检验。稳健性检验结果显示地方政府债务扩张与居民财产价值之间的倒"U"形关系依然显著，基准回归结果稳健可靠。

---

① 估算公式为 $=-0.3318/(2 \times -0.0545)$。

(一) 替换被解释变量的衡量方法

使用住宅房屋平均销售价格元平方米/年末常住人口万人来衡量人均居民财产价值。回归结果见表6-4第（3）列。可以看出，替换核心被解释变量后，debt的一次项在1%的水平下显著为正，平方项在1%的水平下显著为负，即地方政府新增债务规模与居民财产价值之间的倒"U"形非线性关系仍然显著。

表6-4　　　　稳健性分析回归结果（替换被解释变量）

	（1）hp1	（2）hp1	（3）hp1
debt	0.6454*** (0.0020)	0.3751* (0.0891)	0.3109*** (0.0096)
debtsq	−0.0375 (0.1063)	−0.1028*** (0.0006)	−0.0531*** (0.0008)
cost			0.0066 (0.9904)
invest			0.7758** (0.0244)
land			0.0670 (0.6241)
urban			−25.7573*** (0.0011)
cpi			−0.0284 (0.7657)
个体效应	控制	控制	控制
时间效应	未控制	控制	控制
N	390	390	250
adj. R^2	0.1902	0.4650	0.6617

(二) 改变样本期

考虑到1998年我国停止福利分房，2003年和2020年有公共卫生事件发生，为了规避特定事件对回归分析的影响，本章剔除了2004年以前以及2020年的观测值进行回归分析，即将样本期调整为2004—2019年。回归结果见表6-5第（2）列和第（4）列。可以看出，在改变样本期后，地方政府新增债务规模与居民财产价值仍显著呈现倒"U"形非线性关系。

表6-5　　　　　　　稳健性分析回归结果（改变样本期）

	（1）hp	（2）hp	（3）hp1	（4）hp1
debt	0.4878** (0.0185)	0.3318*** (0.0054)	0.4729** (0.0264)	0.3109*** (0.0096)
debtsq	-0.0702*** (0.0045)	-0.0545*** (0.0005)	-0.0686*** (0.0052)	-0.0531*** (0.0008)
cost		-0.2512 (0.7113)		0.0066 (0.9904)
invest		0.8449** (0.0234)		0.7758** (0.0244)
land		0.0635 (0.6446)		0.0670 (0.6241)
urban		-23.4012*** (0.0019)		-25.7573*** (0.0011)
cpi		-0.0879 (0.4138)		-0.0284 (0.7657)
个体效应	控制	控制	控制	控制
时间效应	控制	控制	控制	控制
N	318	250	318	250
adj. R^2	0.4268	0.6329	0.4058	0.6617

（三）剔除直辖市和西藏地区的数据

和其他地区相比，直辖市在经济社会和管理体制等方面有所差异，加之西藏自治区的数据缺失比较多，因此本章剔除了北京、上海、天津、重庆和西藏自治区的观测值进行回归分析。回归结果见表6-6第（2）列和第（4）列。结果显示，地方政府新增债务规模与居民财产价值仍显著呈现倒"U"形非线性关系。

表 6-6　　　　　　稳健性分析回归结果（剔除特殊样本）

	（1） hp	（2） hp	（3） hp1	（4） hp1
debt	0.5720** （0.0225）	0.3467*** （0.0080）	0.5567** （0.0320）	0.3353** （0.0135）
debtsq	−0.1023*** （0.0062）	−0.0550*** （0.0005）	−0.0989*** （0.0070）	−0.0510*** （0.0006）
cost		0.6115* （0.0635）		0.5942* （0.0632）
invest		1.0467** （0.0236）		0.9419** （0.0336）
land		−0.2146 （0.1194）		−0.2111 （0.1487）
urban		−10.2219** （0.0423）		−10.1972* （0.0575）
cpi		−0.1353 （0.1224）		−0.0858 （0.2297）
个体效应	控制	控制	控制	控制
时间效应	控制	控制	控制	控制
N	328	214	328	214
adj. R²	0.5602	0.6323	0.5561	0.6533

三　内生性检验

考虑到地方政府新增债务规模与居民财产价值之间可能存在的双向因果关系带来的内生性问题，利用 $debt_{i-1,t}$ 代替 $debt_{it}$ 作为核心解释变量，同时将其余控制变量都进行滞后一期处理，回归结果见表 6-7 第（2）列和第（4）列。根据回归结果，无论是采用商品房屋平均销售价格元还是住宅房屋平均销售价格，L.debt 的一次项系数在 1% 的水平下均显著为正，二次项系数在 1% 的水平下均显著为负，因此基准回归结果稳健可靠。

表 6-7　　　　　　　　　内生性检验结果

	（1）hp	（2）hp	（3）hp1	（4）hp1
L. debt	0.6594*** (0.0064)	0.2952*** (0.0061)	0.6236*** (0.0082)	0.2960*** (0.0091)
L. debtsq	-0.1240*** (0.0006)	-0.0602*** (0.0002)	-0.1149*** (0.0003)	-0.0580*** (0.0009)
L. cost		-0.2935 (0.4411)		-0.5240 (0.2254)
L. invest		0.5641* (0.0817)		0.4040 (0.2226)
L. land		0.3253** (0.0339)		0.3095** (0.0396)
L. urban		-25.1877*** (0.0005)		-27.3090*** (0.0007)
L. cpi		-0.0416 (0.7727)		-0.0062 (0.9626)
个体效应	控制	控制	控制	控制
时间效应	控制	控制	控制	控制
N	390	250	390	250
adj. R^2	0.5265	0.6505	0.5038	0.6423

四　异质性分析

在前面的分析中，我们发现地方政府新增债务规模与居民财产价值之间存在倒"U"形的关系。在本节，我们将按照区域、收入水平、财政独立性高低进行分组，进一步研究地方政府新增债务规模对居民财产价值的异质性影响。

（一）区域分组

由于我国各地区社会经济发展水平存在较大的差异，因此按照国家统计局对我国东中西地区的划分，将样本划分为东部地区和中西部地区两个子样本，进一步研究不同区域地方政府新增债务规模对居民财产价值的影响，回归结果见表 6-8。回归结果显示，无论是东部地区还是中西部地区，地方政府新增债务规模 debt 的一次项系数均显著为正，平方项系数均显著为负，说明地方政府新增债务规模与居民财产价值的倒

"U"形关系的结论在我国不同区域依然成立。进一步,经计算阈值,东部地区为 2.82,小于全样本阈值水平,而中西部地区为 3.56,高于全样本阈值水平,这可以从资本回报率的角度来解释①。就东部地区而言,东部地区的社会经济发展水平较高且已经积累了大量资本,资本回报率必然降低,新增债务规模对居民财产价值的倒"U"形拐点出现在更低的位置;就中西部地区而言,由于中西部地区的基础设施相对匮乏,政府新增债务用于投资的资本回报率会更高,因此产生负面影响的阈值水平更高,倒"U"形拐点出现在更高的位置。综上,在我国不同区域地方政府新增债务规模与居民财产价值之间依然存在倒"U"形的关系,但中西部地区产生负面影响的阈值水平更高。

表 6-8　　异质性分组回归结果

	区域分组		收入水平分组		财政独立性分组	
	东部地区	中西部地区	高收入水平	中低收入水平	财政独立性高	财政独立性低
debt	0.4800*** (0.0088)	0.3064*** (0.0080)	0.2435 (0.4644)	0.3033** (0.0353)	0.1948 (0.4730)	0.4391*** (0.0071)
debtsq	−0.0851*** (0.0014)	−0.0431** (0.0126)	−0.0297 (0.4106)	−0.0682*** (0.0026)	−0.0469 (0.2124)	−0.0570*** (0.0066)
cost	0.9102 (0.2342)	−0.4746 (0.5631)	0.6533 (0.2346)	1.5711*** (0.0017)	0.5887 (0.4168)	−0.6889 (0.4814)
invest	0.3484 (0.4859)	0.6387 (0.2344)	0.4840 (0.2940)	0.8876 (0.1337)	−0.0917 (0.8230)	1.1068* (0.0659)
land	0.0560 (0.7849)	0.0102 (0.9453)	−0.1621 (0.6057)	0.0476 (0.8373)	0.1781 (0.4107)	−0.1825 (0.3423)
urban	−24.5721** (0.0112)	−2.7948 (0.5835)	−41.3359*** (0.0000)	−7.9826 (0.2559)	−25.7744*** (0.0031)	−8.0447 (0.2751)
cpi	0.2533** (0.0281)	−0.2021*** (0.0086)	0.1005 (0.5507)	−0.0422 (0.3704)	0.1135 (0.2999)	−0.2169** (0.0105)
个体效应	控制	控制	控制	控制	控制	控制

---

① 郭步超、王博:《政府债务与经济增长:基于资本回报率的门槛效应分析》,《世界经济》2014 年第 9 期。

续表

	区域分组		收入水平分组		财政独立性分组	
	东部地区	中西部地区	高收入水平	中低收入水平	财政独立性高	财政独立性低
时间效应	控制	控制	控制	控制	控制	控制
N	92	158	120	130	110	140
adj. R²	0.8128	0.5506	0.8608	0.6049	0.7666	0.5803

(二) 收入水平分组

由于前文的分析中针对的是人均居民财产价值，无法区分地方政府新增债务规模对不同收入水平居民财产价值的影响。因此，按照居民可支配收入的均值进行分组，大于均值的归为高收入水平组，反之则归为中低收入水平组。通过对居民收入水平的分组回归，可以发现，地方新增债务规模对居民财产价值的倒"U"形影响只在中低收入水平这个子样本中显著成立，说明中低收入水平人群相对于高收入人群受到的影响会更大。

(三) 财政独立性分组

地方财政独立性影响着地方政府对上级政府的"救助预期"，进而影响地方政府的举债行为及债务风险[1]。参考缪小林和赵一心[2]的地方财政独立性衡量方式，并按财政独立性的均值进行划分，大于均值的归为财政独立性高组，反之则归为财政独立性低组。通过对财政独立性的分组回归，可以看出，在财政独立性低的地区，地方政府新增债务规模debt的一次项系数显著为正，平方项系数显著为负，说明两者之间存在显著的倒"U"形关系；而在财政独立性高的地区，这一关系并不显著。

---

[1] 马亚明、张立乐：《地方政府债务扩张对实体经济资本配置效率的影响——基于房地产价格的中介效应》，《中南财经政法大学学报》2022年第1期。

[2] 缪小林、赵一心：《地方债对地区全要素生产率增长的影响——基于不同财政独立性的分组考察》，《财贸经济》2019年第12期。

第五节 进一步讨论

通过前面的实证检验，发现我国存在着债务资本化，这就需要对地方政府债务资本化存在原因进行分析，本章认为，主要原因可能在于我国地方政府的借贷成本过高。对基层地方政府财政局有关负责人、金融机构从事政府融资项目的工作人员及参与地方融资项目法律工作人员的访谈，发现公开市场发行的平台债券在全部地方债融资成本中属于比较低的部分，基层地方政府通过信托、金融租赁等形式的融资成本往往过高。地方债的高成本很可能是导致我国地方公债资本化效应存在的重要原因。

本章探索性地对我国地方政府债务资本化可能存在机制展开进一步的讨论。公债理论发展经历了几百年的历程，学者对公债的认识从简单的善恶道德判断，到越来越复杂深化。经典公债理论的问题在于，其理论主要依据英、法等欧洲大陆国家的经济问题和财政实践归纳总结出来的。美国兴起之后，美国经济学家和经济问题加入了这一讨论体系。随着时间的推移，美国经济维持了长达一百多年的经济增长，成为世界第一经济强国，经济理论研究的中心逐渐转移到美国。我们今天所讨论的财政问题和使用的语言体系受到美国学界的很大影响。公债理论是基于特定的文化体系和经济实践过程的智慧凝结和经验总结。王传纶先生认为"我们不能把国债对宏观经济的影响局限于西方宏观经济理论模型所示的内容，不能把那些本来就难免简单化的理论框架当作亘古不变的东西。我们也不能醉心于财政理论中微观经济分析在逻辑上的完美，而忽略了这些观点必然导向远远脱离实际"。[①] 公债理论必须根据我国的情况进行分析。

要分析我国的债务资本化问题，不仅需要深入理解该理论的内涵，还需要对我国的个体选择和制度环境具有深刻的体悟。基于这样的考量，一方面，本章通过第二部分文献综述部分，系统地分析了债务资本化理论的理论脉络和机制由来，在本章第一节详细介绍了该理论的一般

[①] 高培勇：《国债运行机制研究》，商务印书馆 1995 年版，第 4 页。

原理和理论机制；另一方面，在第三部分通过翻阅史料和调研访谈，对我国公债制度沿革和微观个体选择有了一定的了解。在这两个方面的基础上，本章抽离了已有的债务资本化理论结论，通过还原理论形成的分析过程和理论机制，从我国微观个体选择、企业厂商的选址纳税行为分析两个方面，来分析我国公债资本化的存在及在未来可能存在而值得引起关注的可能原因。

一 居民角度

（一）居民是地方债务最终负担者

可以从微观机制分析我国是否存在债务资本化现象。尽管我国地方财政主要依靠间接税，如营业税、增值税，而不是直接税，如所得税。但是税收实际上的负担者都是最终使用者——消费者来负担的。不管通过直接税、间接税、还是一次性征收的土地出让金，实际上税负的承担者都是消费者。居民在购买房产的时候尽管没有缴纳房地产税，但是土地出让金实际上是一个一次性总付的地产税金，只是区别于房地产税每年的流量。地方政府并不会因为选择使用债务融资方式而不再征收税金，而是推迟了当地居民纳税的时间。总之，不论居民是否存在债务幻觉、是否清晰认识到地方债会构成当地居民纳税负担，这种债务负担所带来的未来纳税义务都是存在的。

（二）居民一般会慎重做出购房和投资选择

对于我国居民来说，不管是自住购房还是投资购房都是一项家庭重大开支项目，一般家庭都会反复思量。除了考虑房子所在地能提供的教育、医疗、卫生、基础设施等因素，一般也会希望房子能够升值。居民在购房和投资选择时如果意识到当地政府已经负有大量债务，也会意识到政府未来取得的税金无法全部用来提供优质公共产品，影响房子的升值空间，在其他条件相似的情况下在当地购房的意愿就会降低。以往对居民迁徙行为和购房选择的研究，往往更加关注企业厂商的行为动机分析。这些研究往往隐含着一种假设，即居民对住房价格影响机制和居住地财政状况是懵懂、缺乏了解的，所以在做出迁徙选择时是盲目的。但是本章认为这种分析前提忽视了居民对于关系到个人财产和未来发展选择的事项，实际上也有充满智慧而细致的考量。

第六章 地方政府债务对居民财产价值的影响

（三）居民直觉意识到了地方债务负担差异的表现

我国居民在居住地选择和迁徙考虑中有一些直觉的因素，这种直觉判断尽管可能比较简单直接，没有经过特别复杂的考察和思量，但是在这种朴素的直觉判断中存在理性的成分。[①] 比如，在选择领取退休金的归属地时，居民本能地意识到哪些地区可以提供更多的养老金，在作出迁徙选择的时候，在其他条件相差无几的情况下会尽量迁移到退休金待遇高的地区。实际上养老保险金的缺口是地方政府隐性负债的一个主要来源，在债务资本化理论中，最早被关注的领域也是养老金的资本化现象。对包括养老保险在内的社会保障待遇的关注和信息的收集，不管是从亲戚朋友的交流中，还是从媒体网络的新闻报道中，居民对此类关系到切身利益的信息是相当敏感的。

我国的社会保障制度还不够完善，行政等级越高的城市教育、医疗卫生资源越丰富，医疗保险比例越高、覆盖越广，养老金标准越高，消防治安投入越多，总之，财政资金向高行政等级城市倾斜。在考虑公共产品供给下的人口迁徙行为与城市化进程是一致的。不同在于在城市间比较的时候更倾向于涌入大城市。在没有户籍限制的地区，这种涌入很明显，比如向省会城市涌入。而在直辖市层面，就表现为户籍限制，用户口来限制人口流入。

本章认为，我国地方债正式发行时日尚短，公共信用市场发育也并不成熟，我国居民可能还没有充分意识到包括房价在内的当地资产价格会受到未来纳税义务的影响。但是由于对社会保障制度和地区公共产品供给的敏感直觉，再加上购房往往是家庭的重大开支，往往会考虑得比较慎重，导致居民实际上形成了对地方公债资本化形成机制的朴素认识。但这种认识并不是完全清晰的和足够理性的，我国居民对房地产市场和公共信用市场的认识还在探索阶段，导致我国地方公债资本化存在不稳定性和局域性。伴随着我国地方债发行实践的逐步推进，公债市场的发育成熟，户籍管理规范化和体制化，特别是随着房地产税的正式推出，

[①] 直觉可能比复杂思量更加有效，这一观点并不是本章的原创，而是来自对休谟《论公共信用》一文的引申。休谟认为"古人"节俭储蓄以备战争或者荒年的做法，比"今人"大肆公共借贷要好得多。休谟批判了提出内债是左右手借贷和每人出一笔钱来偿还所有公债的做法，批判这是"庸医"的处方。

"用脚投票"机制越来越明显,地方债务资本化效应也会越来越显著。

二 企业角度

对于个人来说迁徙和投资选择已经是一项重要的决策,而对于企业来说,选址和房地产投资则更加谨慎,企业选址不慎所带来的沉没成本和机会成本更大。

(一)企业税负意识强

居民与企业在纳税的感受方面有显著的不同,我国的税收制度导致企业更容易意识到当地政府所负有的债务是需要以当地税收偿还。我国的地方财政收入并不像欧美国家把财产税等直接税作为最主要的收入来源,而是依靠营业税和增值税等间接税。如图6-2所示,2015年在我国的地方政府税收收入中,营业税占比为31%,国内增值税占比为16%。而且地方政府的税收收入主要来自地方企业的缴纳,营业税、国内增值税再加上企业所得税,不计其他占比较小的税种,已经占到地方总税收收入的62%。也就是说地方政府的主要税收来源于企业所缴纳的税收。

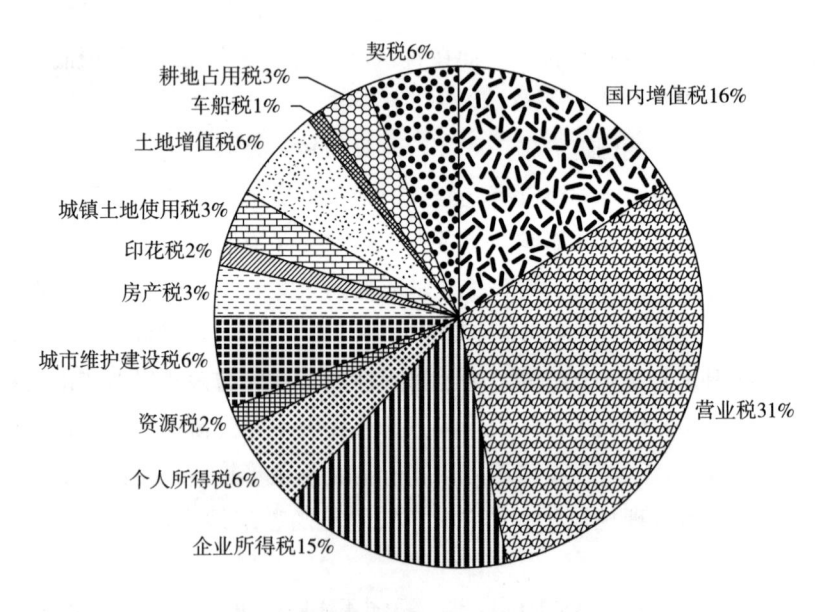

图6-2 2015年各税种占地方财政收入比重

资料来源:笔者根据中经网统计数据绘图。

第六章 | 地方政府债务对居民财产价值的影响

当地方政府面临较大的资金短缺压力时，就可能会采取提高税收监管手段、减免税收优惠等方式来从企业中获得足够的税收收入，从而压低企业的利润空间。地方财政需要主要依靠企业缴纳的税收，尽管企业可以把税收负担转嫁给上下游企业和最终使用者消费者，企业也会对当地的财政情况和债务负担比较敏感，希望选址在财政状况比较健康、债务负担比较合理的地区。

（二）企业投资拉动当地经济增长，企业选址偏好影响居民迁徙方向

地方债的偿还情况和当地房价水平，主要的影响因素是当地经济发展的状况。企业选址不仅会带动当地就业，拉动上下游和相关服务的发展，企业的投资行为还会直接带动当地经济发展。

企业的选址和迁徙影响了个人定居和迁徙的选择。个人迁徙行为主要考虑就业岗位。一个地区的基础设施和公共服务再吸引人，没有工作岗位和持续收入来源，对于大多数居民来说也没有办法久居。企业的选址行为会对个人迁徙选择产生重要的影响。企业倾向于选择地方债负担合理、预期实际税收负担比较小的地区，会带动居民向这些地区迁徙。企业比居民更容易意识到地方债所带来的纳税负担，更倾向于选址或者迁徙到财政状况好的地区，从而带动了居民的就业型迁徙选择，也带动了当地经济发展，构成了我国地方公债资本化作用机制的重要环节。

（三）土地财政现象的存在

地方政府的财政收入主要从当地企业手中获得，如图6-3所示。因此，地方政府更加希望吸引更多的企业到当地建产、经营。因此，地方政府采取了一个策略性的行为：出让给企业的土地出让金标价较低或者可以返还土地出让金，出让给居民居住的商品房出让金价格高昂。地方政府这种看似矛盾的行为，背后实际上有思量，这就涉及我国的土地财政。

土地财政 { 1 狭义：土地出让收入高
2 广义：降低土地出让以谋取产业税收
3 引申：土地"融资" }

图6-3 土地财政的含义

资料来源：笔者根据孙辉《财政分权、政绩考核与地方政府土地出让》（社会科学文献出版社2014年版，第38页）绘制。

考虑影响我国债务资本化效应是否存在的另一个重要因素是土地财政的存在。土地财政指的是地方政府通过获得土地转让收益、土地税收和利用土地融资等方式来获得财政收益。如表6-9所示，我国地方政府可以从房地产业获取大量税收。土地财政的存在意味着，一些地方政府为了获取土地出让的巨额收益，得到土地出让金和房地产价格上涨带来的税收收入，采取多种方式促进房地产业发展，希望维持当地房地产价格的上涨趋势。

表6-9　　　　　　　　　　我国房地产税收体系

征税阶段	税种	计税依据	税率
房地产开发（一级市场）	契税	交易价格	3%—5%
	印花税	合同所载金额	0.03%或0.05%
	耕地占用税	占用耕地面积	1万—10万元/平方米
房地产流转（二级市场）	营业税	销售收入	5%
	城市建设维护税	实际缴纳三税金额	市区7%；县、镇5%；其他1%
	企业所得税	所得额	33%
	个人所得税	转让所得	20%
	土地增值税	转让取得的增值额	30%—60%
房地产保有（三级市场）	房地产税	房产价值	1.20%
	城镇土地使用税	使用的土地面积	0.6—30元/平方米

注：所引用图表与本章研究观察期的房地产税系是一致的，但是近年来，随着增值税"扩围"，图表中的营业税不再适用。

资料来源：吴群等：《财政分权、地方政府偏好与城市土地利用》，科学出版社2015年版，第126页。

土地财政实际上是一个政府主导的定价和资源分配机制，而债务资本化是一个市场化的定价机制。尽管部分地方政府可能想方设法地运用自身优势地位来影响地方房价，但遗憾的是，土地财政的存在很可能会形成地方政府想控制房价，房价不降反升；地方政府想救房市，房价不升反降的情况。这种情况的产生是因为政府无法代替购房者和投资者做主，无法改变市场的预期。而且土地出让收入是一次性取得的，虽然金额相对庞大，却透支了地方财政长期获得收益的可能。从资产负债表来看，地方政府如果过于依赖一次性的土地出让金实际上也失去了一项优质的资产，这更像是一个杀鸡取卵的负向循环。财政资本化理论的存在意味着一个地方政府与私人部门互利共赢的可能，地方政府的优质资产可以让当地居民资产升值，而地方政府的净债务会造成当地居民资产的贬值。如果居民与地方政府都意识到这种机制的作用，就会共同努力达成一个正向的循环机制、形成对当地资产看法的一个良性预期。在这个机制中，就需要房地产税发挥适当的作用，地方政府从当地业主手中不仅要获取相当于房子租金的收益，还要从房产升值中分成。如果形成这样的长效机制，地方政府也没有冲动一次性收取高额的土地出让金，造成"地王"频出。而居民进入某个地方政府的"门票"成本（买房或者租房的支出）也不会太高。两者的关系不是一锤子买卖，而是长期互利共赢的契约。

从债务资本化理论看，地方政府的过度投资对房价的影响应当不一定是正向的，同地方政府债务与经济增长的倒"U"形关系一样，可能存在一个政府投资和房价之间的倒"U"形关系。随着政府投资越来越超过效率点，房价的变动趋势会由正转负。

美国学者研究税收资本化、公共支出资本化和公债资本化问题的文献相当丰富，已经证明了美国的公债资本化效应是比较显著的。同样，有瑞士学者实证了瑞士存在显著的地方政府直接债务资本化效应。可能会有观点认为，我国是单一制国家，地方政府的权利有限，具体到财政权利，地方政府并没有足够的自主权选择发债额度，地方债限额被中央政府所限制。但是，根据本章对基础财政的访谈调研，市政平台债的发行基本上是地方政府可以自主决定的，而且在上海、深圳交易所等市场公开平台的交易，也受到了购买者的市场考验。地方政府在2008年国际金融危机之后，基层政府具有自行决定借贷的相当大的自主权，发债额度基本上不受上级政府限制，形成了一个很巧妙的观察期。

总的来说，在一个居民足够理性、要素定价合理、人口自由流动、市场发育健全的环境中，可能存在地方公共产品合理定价的市场机制，这种市场机制会发挥效应自发地控制地方债规模。即使这些条件不能完全满足，债务资本化效应也可能部分的、不稳定的客观存在和发挥作用。正如蒂布特模型的假设条件难以完全满足，财政联邦制并非举世皆然，"用脚投票"机制与这一机制的推论财政资本化效应已经被丰富实证文献所证明，存在于体制情形千差百态的经济体中[①]。也正如同世界上并不存在一个完全竞争的市场、不存在一个完全封闭的经济体，国家之间的差异并没有想象中的那么巨大，只要有商品交换关系，就存在着一定的市场机制。从纷繁复杂的经济活动中，抽取最为重要的变量关系，达到最大化的解释能力。经济理论的魅力很大程度上在于其使用极致简化的模型可以说明一个复杂的机制效应。

本章的理论机制并不是完全面向历史和现在的，更多的是面向地方债逐渐成熟的未来。尽管本章难以确定，我国的微观个体在购房和投资中是否清晰地意识到了债务资本化的效果。但是，如果说居民对地方政府的负债情况和投融资行为一无所觉也是不恰当的。比如，几乎所有居民都对不同地区享受的养老保险水平和医疗报销比例是很敏感的，都希望能够转移到更高水平的地区。[②] 居民越是能够避免债务幻觉和租户幻觉，越是能认识当地的公债负担。

因此，从这个意义上来说，尽管我国的债务资本化效应可能依然在局部而波动地发挥着作用。影响公共债务与房地产之间的影响除本章所重点揭示的公债资本化效应外，还存在其他影响因素和作用机制。

三 其他因素

债务资本化理论认为，地方债会对当地房价产生抑制作用。但是，地方债对房价的正向影响可能也是存在的。公债货币化的存在可能会导致货币供应量的扩展进而影响房价。公债对货币的影响，主要通过两个途径：一是货币供应量；二是利率。公债既是一种财政政策工具，也是金融产品。在要素价格开放的情况下，房地产与公债在货币市场和资本

[①] 中外文文献中都有大量使用中国案例，实证我国的财政资本化/税收资本化/公共支出资本化效应是否存在，这些文献几乎全部支持我国存在资本化效应，尽管我国并不完全满足蒂布特或者奥茨等对财政资本化理论所设置的假设条件。

[②] 这方面的例子很多，比如一般而言，城镇地区的社会保障体系比较健全、医疗卫生条件比较好，农村居民在没有涉及土地和宅基地权益的情况下，具有很强的转为非农业户的冲动。再如高等级单位退休后享受的医疗报销比较高，养老金拿得比较多，这就造成了在县区工作的居民想要到退休挂靠到市级单位、市级单位想要挂靠在省级单位的现象。在我国迁徙形成了一个特殊的机制，这种迁徙行为是由于不同地区获取财政分配的能力不同而迁徙。

第六章 地方政府债务对居民财产价值的影响

市场上应当具有一定的价格影响,房地产价格与公共债务规模之间的变动有可能呈现出正相关关系,这个机制可以通过四象限模型加以说明。

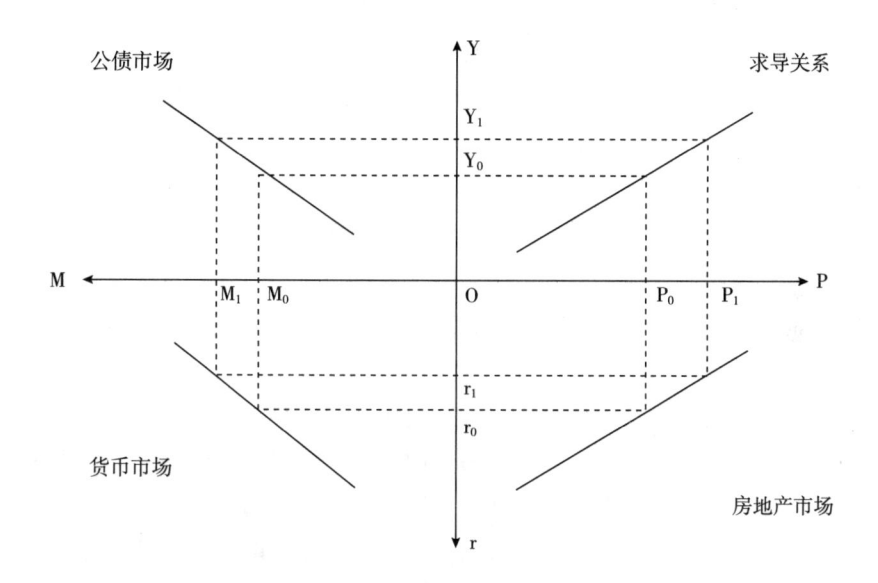

图6-4 公债与房价关系在货币市场的传导机制

注:Y—公债规模;P—房地产价格;r—利率;M—货币供应量。

如图6-4所示,通过货币市场的传导来看,根据货币金融学的基本理论可知,一般认为在房地产市场,利率与房地产价格成反比,在货币市场货币供应量与利率成反比,从公债市场来看,货币供应量与公债规模成正比。如果公债规模从 Y_0 提高到 Y_1 水平,由于在公债市场上,公债规模与货币供应量一般是呈正相关关系,货币供应量将会从 M_0 膨胀至 M_1。在货币市场上,货币供应量和实际利率水平一般呈负相关关系。因此,利率将会从 r_0 下降至 r_1 水平。在房地产市场,房价一般与利率水平呈负相关关系,所以利率的降低,会导致房价从 P_0 上涨到 P_1。这样在第四象限就可以通过 P_0Y_0 和 P_1Y_1 两点,画出关系线,推出想要得到的公债规模对房价的影响,可以看出,两者呈正相关关系,这也就是公共债务货币化的影响机制。不同国家在政府债券市场对宏观经济的传导机制上面是有差异的,中国的债券市场是分裂的,分为银行间债券市场和交易所债券市场,其中银行间债券市场是债务交易的主体

141

市场。债券市场的分裂和利率的非自由浮动，导致我国政府债券传导是不流畅的。所以，四象限示意图所表示的传导机制可能并不一定在我国成立，具体效应如何，需要实证分析加以证明。

公债货币化理论分析很早就在学术界讨论，认为公债作为一种准货币，会通过影响利率或者货币供应量，而导致通货膨胀现象。但是公共债务货币化的实证研究是缺乏的。对于我国公债货币化究竟是何种理论机制的研究并不丰富。邓晓兰系列文章，论证公债货币化问题，使用美国的经验数据来验证公共债务货币化对利率的影响研究[1]，基于财政与货币政策协调配合的视角分析了公共债务货币化与财政可持续性的互动影响关系[2][3]，国际面板数据实证了公债货币化对货币供应量的影响。此外赵志耘讨论了公债货币化对名义利率和实际利率的影响。

在本书对公债发行实践历史回顾提到了我国早在中华人民共和国成立初期就意识到了，政府债券在短期内会起到收紧银根的作用，在人民胜利建设公债的发行中，认为公债可以收紧银根、遏制通货膨胀。在世界基金组织对货币的定义中，M_2 包括银行系统外的货币、银行短期存款，以及政府债券。公债本身就是一种准货币。地方政府债务究竟会导致通货膨胀还是会抑制通货、收缩银根？地方政府债务会对利率产生影响吗？由于篇幅和精力的限制，本章没有展开地方政府债券对货币价值、利率等影响的具体讨论，这些问题不仅在公债理论发展上有过富有启发的讨论，也在实践中可以帮助我们理解财政政策和货币政策之间的货币关系，是未来的研究方向。

第六节　结论与政策建议

本章基于债务资本化理论，分析了地方政府新增债务规模与居民财产价值之间的关系，得到如下主要结论：①地方政府新增债务规模与居

---

[1] 邓晓兰等：《公共债务货币化对利率的影响研究：理论与美国经验》，《经济问题探索》2014年第11期。

[2] 邓晓兰、黄显林：《公共债务货币化与财政可持续性的互动影响关系研究——基于财政与货币政策协调配合的视角》，《经济科学》2014年第2期。

[3] 邓晓兰、李铮：《公债货币化对货币供应量的影响研究？——基于国际面板数据的实证分析》，《经济科学》2015年第4期。

民财产价值之间呈现倒"U"形非线性关系，即地方政府债务对房价的影响不一定是正向的，同地方政府债务与经济增长的倒"U"形关系一样，存在一个政府债务扩张和房价之间的倒"U"形关系，当地方政府新增债务规模超过某一阈值时，就会导致当地住宅价值贬值，房价的变动趋势会由正转负；②地方政府对居民财产价值的倒"U"形关系在我国中西部地区的阈值更高，即新增债务规模对居民财产价值的倒"U"拐点在中西部地区会出现在更高的位置；③地方政府新增债务影响居民财产价值的能力会因居民收入水平不同而存在显著差异，相对于高收入水平群体，中低收入水平人群受到的影响会更大；④财政独立性较低的地区，地方政府对上级的"救助预期"会更大，由此产生更大的举债风险。结合研究结论和现实背景，本章提出以下政策建议。

第一，加强债务监管和债务治理。对地方债务监管和治理的必要性在于，如果债务使用效率过低、债务融资成本过高，就会导致债务融资所形成的公共资产并不物有所值，地方没有形成净资产，而是形成了净债务，资本化进入当地物业价值中，导致当地居民的物业价值贬值。因此，地方政府债务管控的制度化有利于降低地方政府过度举债的冲动，提高债务使用效率。

第二，关注中低收入水平群体的利益。地方债务资本化理论启示需要考虑地方债务对当地居民财产价值的影响，地方政府并不会因为选择使用债务融资方式而不再征收税金，而是推迟了当地居民纳税的时间。不论居民是否存在债务幻觉、是否清晰认识到地方债会构成当地居民的税费负担，这种债务负担所带来的未来纳税义务都是存在的。由于中低收入水平群体受到的影响会更大，因此要更加关注中低收入水平群体的利益，比如完善住房保障体系，加快廉租住房建设等。

第三，健全地方税、直接税体系。在财政分权与政治集权的体制背景下，地方政府具有较强的举债动机。一方面，分税制改革使得支出责任下移，导致地方政府财权小于事权，存在巨大的财政缺口；另一方面，受政治晋升驱动，地方政府官员需要依托债务融资用于投资拉动经济增长来提升晋升概率，因此地方政府纷纷转向举借债务的粗放型发展模式，从而加大举债风险。对此，应健全地方税、直接税体系，缓解地方政府财政压力，并优化财政资源配置，提升财政资金使用效益。

第七节　本章小结

地方政府行为对居民财产价值具有深刻而复杂的影响。基于债务资本化理论，本章利用省级政府债务数据和房产价格数据，分析地方政府新增债务规模对居民财产价值的影响。研究发现，地方政府新增债务规模与居民财产价值存在显著的倒"U"形关系，且在我国中西部地区产生负面影响的阈值水平更高，在中低收入水平和地方政府财政独立性低的样本中更加显著。上述结论表明，地方政府的债务行为对当地居民资产价值具有显著的影响。地方政府过度举债会导致当地房产贬值，加强地方政府债务监管和债务治理有利于提高债务资金使用效率。

第七章

地方债务减贫效应研究

第一节　引言

自改革开放以来，我国让8亿人口摆脱贫困，在减贫事业中取得重大成就。联合国秘书长古特雷斯认为，"中国是为全球减贫做出重大贡献的国家"①。我国之所以能够为人类的减贫事业做出重大贡献，重要原因在于我国创新性地使用了多种减贫政策工具，包括稳定创收增长、教育扶贫、健康扶贫、易地扶贫拆迁等。本章通过文献挖掘和深度访谈发现，我国在减贫事业中对公债工具进行了创新应用。2000年起，我国就创新性地使用国债资金支持贫困地区易地扶贫搬迁。地方融资平台公司则帮助贫困地区提升基础设施建设水平，推动当地产业发展。但在减贫研究中，少有人关注地方政府债务这一政策工具。

在地方政府债务方面，现有研究大多关注公债对经济增长影响及公债的分配效应；现有关于减贫机制的研究也十分丰富，故本章的文献综述部分将从这两个部分展开论述。

当前研究中关于公债对经济增长的影响仍旧存在争议，总的来说可以归纳为三种主要观点：一是公债有害论，二是公债有益论，三是公债影响不确定论。以斯密、李嘉图、萨伊等为代表的古典经济学派学者大多持公债有害论，其主要基于"供给创造需求"的基本论断，认为公

---

① 田晓军等：《多国媒体刊文指出：中国为世界减贫事业作出重大贡献》，http://www.gov.cn/xinwen/2021-02/27/content_5589118.htm？gov.2021.02.07，2023年2月20日。

债等价于延迟税收①，二者在扩大财政收入和影响消费者选择方面的效果相同。巴罗和布坎南在消费者具有理性预期假设和持久收入假设的基础上，进一步提出"巴罗-李嘉图等价定理"，认为由于私人部门已经预料到政府债券所带来的未来税收负担，从而调整当期消费行为，因此政府采取公债融资或者减税政策并不会改变消费者的消费水平，民众会考虑到未来税负支出的增加而将额外的所得储存下来。从居民的预期考虑，总的来看，无论是采取税收融资还是债务融资对消费水平和经济增长都是无效的。公债有益论主要起源于20世纪30年代凯恩斯经济理论革命，凯恩斯及其追随者汉森、勒纳和萨缪尔森等并不赞同古典经济学派"供给创造需求"这一定理，他认为社会存在有效需求不足，基于私人需求不足假设，认为扩大政府消费和投资需求可以有效地扩大总体需求，促进经济增长，创造就业机会。因此，为提高就业率和总产量水平，政府应当采取积极的财政政策，以弥补私人支出的不足，必须放弃平衡预算原则，容忍赤字财政。勒纳更为激进地提出了"功能财政"理论，即政府的财政政策不应以年度财政平衡为目标甚至亦不以某一段时间的财政平衡为目标，在经济危机期间，可扩大社会投资的"汲水泵"非常少，为提高总需求水平、弥补"缺口"，应当允许财政盈余和财政赤字，认为公债只是一个政策工具，与经济总需求水平等指标相比，可以被看作"无关紧要的"②。公债影响不确定论最早由克鲁格曼在1988年提出，他使用实证方法检验得出两者可能存在的非线性关系。目前学界对阈值的数值依然抱有争议，有一些研究认为阈值应当低于90%，或者公债与经济增长之间存在着更加复杂的非线性关系。

正如前文所述，经济学家早早地发现了公债的分配效应具有非对称性。18世纪，重商主义学者的代表梅隆认为"国债不引起国民财富的损失，而只引起国民财富的转移"。休谟是较早关注到公债具有地区分配非对称性的学者，他认为梅伦这种左右手的论调没有考虑到偿还债务需要增加税收以及所带来的经济影响和分配效应，国债的发行和使用更

---

① 文建东、欧阳伟如、罗伯特·巴罗：《对宏观经济学的贡献》，《经济学动态》2017年第4期。

② Lerner, A. P., "The Economic Steering Wheel", *The University Reviews*, June 1941, pp. 2–8.

有利于首都地区的利益，但国债的本息却是由全体国民的税金共同偿还的，因此国债对于首都的人口和财富有着特殊的影响，公债对不同地域效应影响不同。当代学者也普遍认同这种公债会对收入分配产生显著影响的观点。托宾和新剑桥学派的代表琼·罗宾逊和约翰·伊特维尔均认为使用公债发行并减税以保持财政收入平等做法会导致利益从不受减税影响的这部分人手中分配给受减税影响的人群，即对富人更有好处，而对穷人不利。马斯格雷夫则从国债和地方政府债务的差别入手，分析了两者分配效应的差别。他认为国债属于国内私人部门之间的借贷关系，往往保留很好的金融流动性，性质属于全国范围内的内部借款；地方政府债券主要是不仅会由地方内部居民购买，而且会由外部居民购买[1]，因此，地方债务面临比国债更加复杂的负担分配问题，对不同人群的分配效果非对称性更强，对贫困人口更加不利。而我国自古以来就有利用信贷杠杆来激发贫困地区和人口发展内生动力的古典智慧。公元1070年，宋神宗任命王安石为相，推行"青苗法"以理财。近年来，我国学者对于地方债务分配效应的研究也在逐步加深。刘伦武[2]用2000—2015年省级面板数据实证地方债务会导致收入分配的恶化，有利于受教育程度高和经验丰富的人群。李红权和尹盼盼[3]对2005—2017年省级面板数据的实证研究认为地方债务和收入分配存在倒"U"形关系。徐彦坤等[4]基于2009—2014年地市级和微观数据实证发现如果债务规模过高会显著影响收入分配差距，城镇居民从中收益高于农村居民。目前我国学者的实证研究均认同地方债务对收入分配产生影响，但由于技术路线、数据口径和指标选取等存在差异，导致结论存在差异，这也侧面说明了地方债务对收入分配的机制较为复杂。

从地方债务角度出发分析其对减贫的影响研究还相当有限，目前仅

---

[1] Musgrave R. A., "The Voluntary Exchange Theory of Public Economy", *Quarterly Journal of Economics*, Vol. 53, Feb. 1939, pp. 213-237.

[2] 刘伦武：《地方政府债务的收入增长效应与分配效应研究——来自中国的证据》，《当代财经》2018年第6期。

[3] 李红权、尹盼盼：《我国地方政府债务的收入分配效应研究》，《金融评论》2019年第6期。

[4] 徐彦坤等：《地方政府债务对中国居民收入分配的影响——来自地级市和微观个体的证据》，《财经论丛》2021年第7期。

有史英哲等[1]、张萃[2]和刘宇檠[3]等从债券市场视角研究其对于扶贫的影响。何婧等[4]的研究以易地扶贫拆迁项目为例分析了债券市场如何助力扶贫攻坚。目前对于地方债务减贫效应的研究还亟待加深，特别是需要从实际使用情况中，分析地方债务具体在如何使用，提炼出其机制与原理，并使用经济数据加以实证检验。

综上所述，自公债产生以来，经济学者对公债经济效应进行激烈的争论，伴随着公债的诞生、膨胀、收缩和再膨胀，关于公债经济影响的讨论一直在反复，学界对其影响存在鲜明的不同观点。近年来，越来越多的学者选择使用实证路径探索公债对经济增长的影响方向。具体到公债对贫困地区的经济增长影响，经济增长对减贫的影响有直接和间接之分。经济增长的直接减贫效应，主要是通过为贫困人口提供更多就业机会，提升贫困人口的可支配收入。经济增长的间接减贫效应，是通过提高财政收入水平，从而让政府能更好地发挥对贫困人口的分配职能。公债减贫的实际效果也需要结合当地实际情况和经济数据加以分析判断。

2020年年底，我国的脱贫攻坚战取得全面胜利，832个国家级贫困县均实现脱贫摘帽。但2020年12月，国务院扶贫办副主任欧青平在防止返贫监测和帮扶工作情况发布会上明确提出要"切实防范出现系统性、区域性大规模的返贫现象"。因此，从实践意义上来说，深化对减贫工具的研究，不仅是对我国扶贫经验的总结，同样对未来很长一段时间内巩固扶贫成果、防止返贫有启示价值。而从地方政府债务角度进行研究不仅有利于完善公债的分配效应理论，更有利于在未来更好地发挥公债在缩小收入不平等、促进共同富裕方面的作用。

本章的边际贡献主要包括以下三个方面：一是从地方政府债务视角对我国减贫机制进行了深入的研究，丰富了地方政府债务的相关理论，弥补了已有研究关于地方政府债务对贫困发生率影响机制的实证研究空

---

[1] 史英哲等：《中国扶贫债市场现状及展望》，《债券》2020年第7期。
[2] 张萃：《中国经济增长与贫困减少——基于产业构成视角的分析》，《数量经济技术经济研究》2011年第5期。
[3] 刘宇檠：《项目收益债在苍溪县易地扶贫中的应用研究》，硕士学位论文，湖南大学，2016年。
[4] 何婧等：《债券市场助力脱贫攻坚：机制、成效及建议——以泸州市易地扶贫搬迁项目收益债券为例》，《清华金融评论》2020年第8期。

白。而且本章通过分析地方政府债务对贫困发生率的影响的地方异质性和面板门槛效应，探讨了地方政府债务规模在何种条件下可以更好地发挥其减贫作用，研究结论可以为我国防止返贫的政策实践提供理论支持。二是本章使用了地方政府债券、国债转贷与城投债规模之和作为地方政府债务的替代指标，比仅使用地方政府债券口径的已有研究更为深入与全面。地方政府债券的政策全面实行期较短，在省级地方政府具有债券发行权之前，地方政府普遍使用国债转贷与城投债方式，因此本章的样本数据及基于数据的分析结论可能比已有研究更为精确。三是本章使用了面板 Tobit 模型的估计结果避免了已有使用 OLS 回归可能导致的有偏估计。由于贫困发生率属于左栅失数据，因此选择使用 Tobit 模型更为恰当。

本章余下部分安排如下：第二部分分析地方政府债务对贫困发生率影响的理论机制，并提出相应的研究假说；第三部分根据理论机制分析进行模型设定、指标选取与数据描述性统计，为实证分析奠定基础；第四部分为基准回归结果分析与稳健性和内生性检验；第五部分为地方政府债务规模水平的地区异质性分析和面板门槛效应分析；第六部分基于前文的理论机制分析和实证分析结果进行总结并提出相应的政策建议。

第二节　理论机制分析

为厘清地方债务在我国实践中的具体情况，本章开展调研访谈，对象涉及 6 省、9 县，考虑到访谈对象主要为现任或曾任政府官员，为让研究具有多重观察视角，本章写作中还参考 2011 年 7—8 月笔者参加的某东部城市低收入和低保家庭座谈和问卷调查资料，涉及 224 户低保或低收入家庭。本章在充分整理访谈资料，进行文献资料的挖掘和研读后，认为地方债务对减贫的影响通过两个方面的机制实现。

一　经济发展机制

地方政府债务资金通过提高贫困地区的基础设施建设水平和产业结构水平从而降低贫困发生率。区位优势缺乏和道路交通不便是不少贫困地区无法实现长足发展的痛点。贫困地区财政收入规模相当有限，基础建设所需的资金量规模庞大，依靠本地财力和平台融资能力建设基础设施的力量薄弱。只有依靠省级政府和融资平台的支持，才能够大力推进其基础设施建设。在国债方面，根据访谈中得到的线索分析政府年度工作报告，笔者发现，自1998年开始，我国创造性使用长期建设国债资金，对贫困地区的农田水利和生态建设，以及交通设施建设进行投资，改善农业基础设施，改造大型灌区区间配套节水项目，助力修建贫困地区人畜饮水工程、县城与国道连接公路、解决贫困县出口不畅问题。加大对农业发展的倾斜力度，特别是安排以工代赈、易地扶贫搬迁和青海农业开发扶贫项目[①]。2001年在云南等地试点使用国债资金推动贫困地区易地搬迁。在云南2000—2003年的易地扶贫搬迁中，国债资金支持占比约2/3[②]。在地方政府债券方面，2015年11月中共中央、国务院发出《关于打赢脱贫攻坚战的决定》，文件要求"增加安排深度贫困地区一般债券限额"。地方政府还创新性地发行了易地扶贫搬迁专项债券，通过将易地扶贫搬迁专项收益债券与城乡建设用地增减指标挂钩，把贫困地区富裕的建设用地指标转让给发达地区，确保专项债券的收益，解决贫困地区本身经济缺乏内生发展动力，缺乏可持续的偿债资金来源等问题。在城投债方面，地方政府主要通过利用融资平台公司提升地区基础设施建设水平，从而改善当地要素禀赋条件，以发展经济，给贫困人口带来更多的工作机会或收入的提升，进而达到减贫效果。政府债务融资资金也加快了产业脱贫步伐。产业扶贫能够帮助贫困地区从被动接收"输血"到有能力自主"造血"，从而构建起减贫的长效机制。

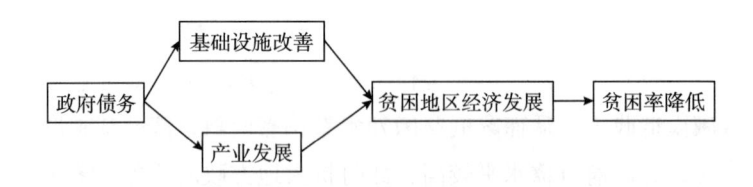

图7-1 地方政府债务影响贫困发生率的经济发展机制

[①] 彭俊：《大量国债投向农业和扶贫领域（国债投资，利国利民）》，《人民日报》2002年2月21日第5版。

[②] 孔垂柱：《加强领导狠抓落实全面完成国债易地扶贫搬迁试点工程任务——在全省国债易地扶贫搬迁工作会上的讲话》，《云南政报》2004年第22期。

二 转移支付机制

地方债务事实上通过扩大省级财政资源，分配给发达地区更多债务额度，能够更大力度转移支付给贫困地区。贫困县普遍存在巨大财政收支缺口，财政运作依靠上级转移支付。部分西部地区贫困县，财政收入占财政支出不足10%，财政资金严重依赖上级政府的转移支付。随着地方政府债券试发和代发，可供省级政府支配的财政资源更加丰富，能够提供的地方公共产品更加充足，提供给贫困县的财政转移支付更加多样。同时，省级政府统筹地方债发行额度，让有偿还能力的地区发行地方债，从而分配给贫困地区更多转移支付资金，间接提升对贫困地区的财政支持力度。从这一事实中可以看出地方债务减贫效应的发挥核心是财政资源分配机制。

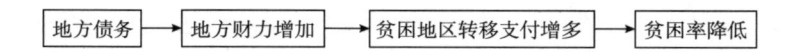

地方债务 → 地方财力增加 → 贫困地区转移支付增多 → 贫困率降低

图 7-2　地方政府债务影响贫困发生率的转移支付机制

根据以上分析，提出本章的研究假设 7-1。

假设 7-1：地方政府债务水平的提高有利于降低贫困发生率。

具体来看，我国幅员辽阔，不同地区的经济发展水平、基础设施完善程度、产业结构、受教育水平、人口密度存在明显差别，因此地方政府债务规模对于贫困发生率的影响可能存在显著差异。例如，东部地区的经济发展水平较高，交通、网络通信等已有基础设施较为完善，地方政府债务融资可以快速通过产业结构升级为当地提供更多的就业岗位，增加贫困人群收入，从而降低贫困发生率；而西部地区的基础设施条件较差，且地方政府负债水平较高，此时扩大地方政府债务大多用于偿还债务利息，不利于经济增长，因此地方政府债务对贫困发生率的抑制效应可能较弱。据此，提出本章的研究假设 7-2。

假设 7-2：地方政府债务对贫困发生率的影响具有地区异质性。

进一步地，地方政府债务水平对贫困发生率的影响可能因当地的经济发展水平和产业结构高级化水平差异而存在差异。经济发展水平较低的地区纵然可以通过发行债务不断改善地方基础设施建设，但当经济发展水平提高到某一程度时，地方政府偿债能力虽然增强，但地方政府债务可能挤占民间投资，此时更多地兴建基础设施的投资乘数下降，地区居民收入反而降低，导致贫困发生率提高。而且地方基础设施建设项目大多是高耗能、高污染项目，可能导致当地生态环境恶化，威胁居民的身体健康，增加居民健康和医疗支出，导致"因病返贫"。当地方经济发展水平进一步提高，地方政府债务可能更多用于城镇建设，而非农村等贫困设施建设，但偿债成本由当地所有居民共同承担，加之大规模的地方政府债务可能导致系统性金融风险。此时，地方政府可能会通过增加远期税费或者经由土地财政推高当地生活成本等方式，从而使得经济增长速度变缓，增加贫困地区居民的收入压力，或挤占扶贫财政支出，从而导致贫困发生率反而随着地方政府债务规模的提高而提高。类似地，产业结构水平可能影响地方政府债务融资的就业带动率。产业结构与其所能吸纳的劳动力总量和结构息息相关，第二产业、第三产业占比吸纳劳动力数量和水平随着产业结构水平而变化，地方政府债务可能通过第二产业、第三产业发挥劳动带动作用，降低贫困发生率。

假设7-3：地方经济发展水平差别使得地方政府债务对贫困发生率的影响发生变化。

假设7-4：地方产业结构水平差别使得地方政府债务对贫困发生率的影响发生变化。

第三节　模型设定、指标选取与数据来源

一　模型设定

由于本章的被解释变量贫困发生率为受限因变量，即仅当研究对象贫困人口数量大于0时，贫困发生率才能被观测到，所以使用普通OLS回归会得到有偏估计，因此本章使用面板Tobit模型进行实证分析。参考祝伟和夏瑜擎[①]，本章设定估计模型方程如式（7-1）、式（7-2）所示：

$$Pov_{it} = \alpha^i I_t + \alpha^t T_i + \beta Debt_{it} + \sum_{k=1}^{k=n} \gamma^k Z_{it}^k + \varepsilon_{it} \qquad (7-1)$$

[①] 祝伟、夏瑜擎：《中国居民家庭消费性负债行为研究》，《财经研究》2018年第10期。

$$\text{Pov}_{it} = \begin{cases} \text{Pov}_{it}^{*}, & \text{Pov}_{it}^{*} > 0 \\ 0, & \text{Pov}_{it}^{*} \leq 0 \end{cases} \quad (7-2)$$

其中，式（7-1）中 Pov_{it} 表示 i 省在第 t 时期的贫困发生率，式（7-2）中 Pov_{it}^{*} 为不可观测的潜变量；Debt_{it} 为解释变量，表示 i 省在第 t 时期的地方债务水平；Z_{it}^{k} 为控制变量集，表示 i 省在第 t 时期的控制变量 k，本章将影响贫困发生率的相关社会经济因素纳入模型中以解决遗漏变量问题；I_t 和 T_i 分别表示省份虚拟变量以及时间虚拟变量，用于控制个体和时间固定效应；α^i、α^t、β 和 γ^k 分别对应自变量对被解释变量的边际效应；ε_{it} 为随机扰动项。若待估计参数 β 在给定的显著性水平拒绝了 $\beta=0$ 的原假设，则可认为地方债务水平对地方贫困发生率具有显著影响。

假设 7-2 可以转换为不同地区的地方政府债务水平对贫困发生率影响的回归系数存在差异，因此本章设定以下估计模型方程，如式（7-3）、式（7-4）所示：

$$\text{Pov}_{it\_re} = \alpha^{i\_re}I_{t\_re} + \alpha^{t\_re}T_{i\_re} + \beta_{\_re}\text{Debt}_{it\_re} + \sum_{k=1}^{k=n}\gamma^{k\_re}Z_{it}^{k} + \varepsilon_{it\_re} \quad (7-3)$$

$$\text{Pov}_{it\_re} = \begin{cases} \text{Pov}_{it\_re}^{*}, & \text{Pov}_{it\_re}^{*} > 0 \\ 0, & \text{Pov}_{it\_re}^{*} \leq 0 \end{cases} \quad (7-4)$$

其中下标"_re"的离散集合 $\_re \in \{1, m\}$ 用以标记东、中、西部不同地区。

假设 7-3 可转换为当经济发展水平或产业结构高级化水平达到特定数值后，不同地方政府债务水平对贫困发生率影响的线性回归系数可能产生突变或跳跃，即存在状态依存性。面板门槛模型通过采用 Marcov 区制转移方法将经济发展水平或产业结构高级化水平等门槛变量划分为不同的区制，并检验地方债务水平在不同区制下对贫困发生率的影响。本章的模型设定如式（7-5）所示：

$$\text{Pov}_{it} = \alpha^i I_t + \alpha^t T_i + \beta\text{Debt}_{it} + \delta\text{Debt}_{it} \times I(S_{it} \leq S_0) + \sum_{k=1}^{k=n}\gamma^k Z_{it}^k + \varepsilon_{it}$$

$$(7-5)$$

其中 $I(\cdot)$ 为示性函数，表示门槛变量。若 $S_{it}=0$，则表示地方政府债务水平对贫困发生率的影响不因经济发展水平和产业结构高级化水平的变化而变化，即不存在门槛效应；若$S_{it}\neq 0$，则说明地方政府债务水平对贫困发生率的影响存在状态依存性，即存在门槛效应，假设7-3和假设7-4成立。本章使用栅格搜索法搜索门限值并使用自助抽样法（Bootstrap）方法进行门槛效应检验以确定经济发展水平和产业结构高级化水平的门限区制划分。

二 指标选取与数据来源

（一）被解释变量贫困发生率

已有关于贫困的相关经济学研究并未就贫困线形成统一标准，不同组织更是从各自角度制定或选择了不同的贫困标准，但贫困标准从方法上而言主要分为绝对贫困、相对贫困和主观贫困的划分方法。参考徐映梅和张提[1]对于不同贫困标准的比较和分析及已有研究经验[2][3]，本章使用国家统计局2011年确定的农村扶贫标准衡量贫困发生率，即按照"2010年价格水平每人每年2300元"统计贫困人口，贫困发生率为贫困人口占地区总人口的比重。贫困发生率数据来自《中国农村贫困监测报告》。

（二）解释变量为地方政府债务

地方政府债务主要包括自1998年以来的国债转贷给地方政府的专项资金、2009年以后的地方政府发行债券融资收入及地方政府融资平台贷款[4]和城投债收入[5][6]。已有相关地方政府债务规模的研究主要包括"小口径"和"大口径"的两种。"小口径"的研究一般使用地方政府

---

[1] 徐映梅、张提：《基于国际比较的中国消费视角贫困标准构建研究》，《中南财经政法大学学报》2016年第1期。

[2] 伍艳：《中国农村金融发展的减贫效应研究——基于全国和分区域的分析》，《西南民族大学学报》（人文社会科学版）2012年第7期。

[3] 王萍萍等：《中国农村贫困标准问题研究》，《调研世界》2015年第8期。

[4] 2012年《关于加强地方融资平台风险监管的指导意见》发布后，地方政府无法通过融资平台获得地方政府贷款，城投债成为为数不多的可行方式，而且城投债在地方融资平台融资中的占比较大，因此本章仅使用城投债数据。

[5] 龚强等：《财政分权视角下的地方政府债务研究：一个综述》，《经济研究》2011年第7期。

[6] 陈菁、李建发：《财政分权、晋升激励与地方政府债务融资行为——基于城投债视角的省级面板经验证据》，《会计研究》2015年第1期。

债券作为地方债务规模的替代指标,但由于地方政府债券融资自2009年开始进行试点且在2014年后才正式具备合法性,因此可能低估地方债务规模;而使用"大口径"的实证研究则并不统一,也成为造成实证研究结果存在差异的重要原因。根据数据的连续性和可得性,本章使用地方政府债券、国债转贷与城投债规模之和占GDP比重作为地方政府债务水平的替代指标。需要特别提出的是,虽然我国包括贫困县在内的县级政府普遍有融资平台公司,这些融资平台推动当地的基础设施建设和项目开发。但是,贫困地区的道路、桥梁等基础设施建设资金一部分靠省级融资平台支持,交通等基础设施改善依靠省级交通投资公司推进,这些省级融资平台资金的使用难以区分具体使用情况,因此本章认为以省级地方债务的口径进行实证分析可以更为恰当地分析当地地方债务对省域范围内减贫的贡献。其中,地方政府债券来自财政部和中债登记网站的手工整理。国债转贷数据来自各省财政统计年鉴。城投债数据来自WIND数据库城投债发行数据的手工整理。

(三)控制变量

参考已有研究,本章选择城镇化率、经济发展水平、财政分权、教育投入、房价和人口规模作为控制变量纳入估计模型。城镇化率的替代指标是城镇常住人口占该省总常住人口的比值的对数,经济发展水平的替代指标是人均GDP的对数,财政分权的替代指标是省级人均财政收入与中央本级财政收入之比,房价的替代指标是商品房屋平均销售价格的对数,公共基础设施投资的替代指标是城市市政公用设施建设中本年新增固定资产值的对数,教育投入的替代指标是该省当年教育完成投资的对数,人口规模的替代变量是常住人口对数,市场化水平的替代指标是市场化指数。

鉴于贫困发生率数据可得性,本章的样本区间为2010—2019年。由于西藏自治区城投债数据过少,本章样本单位为中国内陆地区除西藏自治区及台湾省、香港特别行政区、澳门特别行政区外的30个省份。其他控制变量主要来源于《中国统计年鉴》(2011—2020)以及国家统计局网站。主要变量的描述性统计结果如表7-1所示。

表7-1　　　　　　　　　主要变量描述性分析

变量名称	观测值	均值	标准差	最小值	最大值
贫困发生率	300	7.531	8.437	0.000	45.100
地方政府债务	300	0.066	0.050	0.003	0.334
城镇化率	300	1.747	0.091	1.529	1.952
经济发展水平	300	4.234	0.376	3.130	5.032
财政分权	300	0.609	0.130	0.301	0.917
房价	300	3.803	0.210	3.478	4.555
公用基础设施投资	300	6.390	0.431	5.009	7.273
教育投入	300	5.935	0.317	4.526	6.733
人口规模	300	3.562	0.320	2.751	4.061
市场化水平	300	6.580	1.923	2.372	11.109

第四节　实证分析

一　基准回归

地方政府债务对贫困发生率影响的混合Tobit模型和随机效应面板Tobit模型的回归估计结果，如表7-2所示。结果表明，地方政府债务融资显著降低了省级的贫困发生率，假设1被证实。Panel_1的结果显示，无论是混合Tobit模型还是随机效应面板Tobit模型，在未放入控制变量的情况下，地方政府债务水平对贫困发生率影响的系数估计值至少在1%的显著性水平下拒绝系数为零的原假设且系数为负。Panel_2在将城镇化率、经济发展水平、财政分权、房价、公共基础设施投资、教育投入、人口规模和市场化水平等控制变量纳入回归方程，结果显示地方政府债务水平对贫困发生率影响的系数估计值均在0.1%的显著性水平下拒绝系数为零的原假设。随机效应面板Tobit模型的对数似然值大于混合Tobit模型的，模型拟合度更高；而且随机效应面板Tobit模型的个体误差和随机误差均较小，方差比rho值在0.5以上，强烈拒绝个体效应为0的原假设，贫困发生率的变化主要由个体效应的变化来解释，因此本章选用随机效应面板Tobit回归模型作为后文分析的基准模型。

表 7-2　　地方政府债务对贫困发生率影响的基准回归结果

模型	Panel_1 混合 Tobit	Panel_1 RE	Panel_2 混合 Tobit	Panel_2 RE
地方政府债务	-50.590*** (10.975)	-114.692**** (7.031)	-39.550**** (5.271)	-30.699**** (5.053)
城镇化率	—	—	-30.437**** (9.186)	-30.311** (12.876)
经济发展水平	—	—	-27.305**** (3.794)	-32.172**** (5.056)
财政分权	—	—	8.731**** (1.407)	5.514** (2.495)
房价	—	—	-16.564**** (2.652)	-24.165**** (3.643)
公共基础设施投资	—	—	-0.213 (0.978)	-2.657*** (0.977)
教育投入	—	—	2.633** (1.178)	0.949 (1.031)
人口规模	—	—	21.751**** (4.055)	24.692**** (5.924)
市场化水平			-0.604*** (0.289)	0.998*** (0.367)
个体效应标准差	—	8.943**** (1.251)	—	3.454**** (0.575)
随机效应标准差		4.997**** (0.235)		2.693**** (0.129)
对数似然值	-956.000	-822.154	-694.650	-644.592
χ^2	20.59***	—	543.29****	1403.00
rho	—	0.762	—	0.622

注：(1) Panel_1 中未纳入控制变量，Panel_2 中纳入经逐步回归方法剔除不显著的控制变量后的回归结果；(2) "****""***""**"和"*"分别对应 0.1%、1%、5%和 10%的显著性水平，下同；(3) 括号内为标准误，下同。

二 稳健性检验与内生性检验

为进一步验证基准回归估计结果的可靠性，本章分别针对变量替代指标选取、样本时间范围和估计方法进行了稳健性检验。表 7-3 中

Panel_3 和 Panel_4 分别为更换解释变量和被解释变量替代指标的稳健性检验结果。结果显示，地方政府债务水平对贫困发生率的边际抑制效应不因解释变量和被解释变量的替代指标的改变而改变，地方政府债务水平对贫困发生率影响的系数估计值均至少在10%的显著性水平下拒绝系数为零的原假设。Panel_5 为调整样本时间区间后的稳健性检验结果，本章选取党的十八大以后的样本期进行稳健性检验。以2013—2019年为样本的回归分析结果表明地方政府债务水平对贫困发生率的边际抑制作用不因样本期的改变而改变，其影响的系数估计值仍在至少1%的显著性水平下拒绝系数为零的原假设。因此，地方政府债务对贫困发生率具有边际抑制作用的结果具有较好的稳健性。

表 7-3　　　　　　　　稳健性检验结果（一）

模型	Panel_3 混合 Tobit	Panel_3 RE	Panel_4 混合 Tobit	Panel_4 RE	Panel_5 混合 Tobit	Panel_5 RE
地方政府债务	-5.015**** (0.717)	-3.229**** (0.805)	-7.207**** (1.834)	-3.042* (1.788)	-19.314**** (4.287)	-13.111**** (3.883)
城镇化率	-33.906**** (9.424)	-36.823*** (13.555)	2.330 (2.949)	1.542 (3.766)	-44.787**** (8.835)	-81.931**** (16.382)
经济发展水平	-21.908**** (4.185)	-30.374**** (5.520)	-2.400* (1.247)	-2.049 (1.587)	-14.841**** (3.562)	-11.536** (5.064)
财政分权	8.854**** (1.423)	5.963** (2.446)	-1.884**** (0.361)	-2.011**** (0.479)	6.692**** (1.248)	7.368*** (2.780)
房价	-15.726**** (2.713)	-22.043**** (3.843)	-0.774 (0.883)	-4.074**** (1.257)	-16.019**** (2.241)	-21.788**** (3.042)
公共基础设施投资	0.007 (0.988)	-2.599*** (1.009)	0.309 (0.309)	0.420 (0.321)	0.467 (0.757)	0.728 (0.773)
教育投入	2.202* (1.183)	0.763 (1.066)	-0.054 (0.393)	-1.033*** (0.380)	0.565 (0.940)	0.021 (0.774)
人口规模	21.045**** (4.176)	25.796**** (6.132)	1.851 (1.311)	1.302 (1.823)	10.179*** (3.693)	6.264 (5.747)
Mark	-0.442 (0.291)	1.189*** (0.381)	0.102 (0.098)	0.345*** (0.120)	0.103 (0.229)	0.540** (0.264)

续表

模型	Panel_3 混合Tobit	Panel_3 RE	Panel_4 混合Tobit	Panel_4 RE	Panel_5 混合Tobit	Panel_5 RE
个体效应标准差	—	3.489**** (0.618)	—	1.036**** (0.169)	—	2.998**** (0.628)
随机效应标准差	—	2.803**** (0.136)	—	1.066**** (0.046)	—	1.516**** (0.101)
对数似然值	−697.842	−654.278	−524.126	−480.010	−389.599	−346.165
χ^2	536.91****	1265.14****	176.64****	220.92****	356.77****	838.81****
rho	—	0.608	—	0.486	—	0.796

注：（1）Panel_3 中解释变量地方政府债务的替代指标为地方政府债务规模对数，Panel_4 中的被解释变量贫困度的替代指标为贫困人口对数；（2）Panel_5 的样本区间为 2013—2019 年；（3）混合 Tobit 模型中的 χ^2 值为 LR 检验，随机效应 Tobit 模型中为 Wald 检验。

表 7-4 中的第（1）列、第（2）列的使用面板固定效应模型和面板随机效应模型的不同估计方法检验结果表明，地方政府债务对贫困发生率的边际抑制效应不因模型设置和估计方法的改变而改变。结果显示，地方政府债务对贫困发生率的系数估计值在不同模型设置和估计方法中均至少在 1% 的显著性水平下拒绝了系数为零的原假设。考虑到贫困发生率可能与地方经济水平息息相关，且欠发达地区更可能面临财政困难，因此更倾向于通过债务融资途径解决发展难题，为解决内生性问题，本章将地方政府债务滞后一期纳入基准模型中以解决发现因果关系。表 7-4 第（3）列的结果显示，地方政府债务对贫困发生率的作用方向显著为负，说明基准回归模型结果具有较好的稳健性。

表 7-4　　稳健性检验和内生性检验

模型	（1）固定效应	（2）随机效应	（3）面板 Tobit 模型
地方政府债务	−18.842*** (7.179)	−40.007**** (5.088)	−16.592**** (5.153)
地方政府债务滞后一期	—	—	−18.857**** (5.449)

续表

模型	(1) 固定效应	(2) 随机效应	(3) 面板 Tobit 模型
城镇化率	-65.315**** (7.684)	-45.248**** (8.182)	-51.870**** (12.329)
经济发展水平	-4.745 (3.573)	-20.703**** (3.459)	-19.052 (4.826)
财政分权	8.629**** (0.940)	10.560**** (1.002)	5.701** (2.301)
房价	-6.668*** (2.430)	-13.237**** (2.449)	-21.086**** (3.191)
公共基础设施投资	-1.143 (0.781)	-0.436 (0.860)	-1.005 (0.856)
教育投入	2.640*** (0.996)	3.060*** (1.089)	0.551 (0.869)
人口规模	0.815 (3.593)	14.686**** (3.638)	11.067** (5.612)
市场化水平	-0.687** (0.272)	-0.259 (0.271)	0.793*** (0.305)
F 检验（Wald 检验）	93.44****	1144.14****	1260.99****
R^2	0.750	0.724	—

第五节 进一步讨论

一 地区异质性分析

表7-5为地区异质性回归结果表明地方政府债务对贫困发生率的影响存在地区差异性，东部地区和西部地区的地方政府债务水平显著抑制了贫困发生率，但中部地区的地方政府债务水平对贫困发生率不存在显著影响。表7-5结果显示，东部地区和西部地区的地方政府债务水平对贫困发生率的影响系数估计值在0.1%的显著性水平下拒绝系数为零的原假设，且东部地区的地方政府债务水平对贫困发生率的边际抑制作用强于西部地区；中部地区对贫困发生率虽然亦存在边际抑制作用，但其影响的系数估计值在10%的显著性水平下无法拒绝系数为零的原

假设，且抑制效应弱于东部地区和西部地区。可能的原因是，东部地区的交通等基础设施建设相较中西部地区更为完善，地方政府的债务融资行为更易撬动经济发展，经济发展将带来更多就业岗位和财政收入，未来还本付息的财政收入压力小，地方劳动力可以在经济增长过程中实现收入增长；西部地区的地方政府债务水平对贫困发生率的边际抑制作用强于中部地区的可能原因是，西部地区的贫困发生率高于中部地区，虽然其基础设施建设相较于中部地区并不完善，但由于"刚性兑付"的存在，西部贫困地区的地方政府事实上通过更高层级政府的信用溢出大力增加用于扶贫的财政投入，以实现脱贫目标；而中部地区的债务融资不如东部地区可以更快撬动经济发展，当地政府官员须合理分配扶贫财政投入与其他投入，因此地方政府债务融资对于贫困发生率的边际抑制作用相对较弱。笔者在调研中发现，省级城投公司承担弥补地方基础设施的支出责任，贫困县并不需要担忧修桥建路等大规模支出所带来的财政支出责任。基础设施的搭建，帮助贫困地区要素资源的改善，帮助当地经济发展水平和收入水平的提高，也形成一个特殊现象，省级地方债务支持省域经济发展，用于建设贫困地区基础设施形成债务负担并不由贫困地方负担，而是由全省统筹，因此强化了贫困县将债务融资收入用于直接扶贫的相关补贴。

表 7-5　　　　　　　　　　地区异质性回归结果

地区	东部地区	中部地区	西部地区
地方政府债务	−26.367**** (7.300)	−1.932 (6.727)	−21.649*** (6.974)
城镇化水平	7.016 (7.905)	−55.593**** (14.951)	−74.202*** (27.693)
经济发展水平	−29.504**** (4.622)	2.039 (5.815)	−2.096 (11.038)
财政分权	0.299 (1.702)	−18.045**** (4.992)	−11.637* (6.943)

续表

地区	东部地区	中部地区	西部地区
房价	-13.498**** (2.409)	-16.747**** (3.741)	-45.426**** (6.498)
公共基础设施投资	-0.453 (0.887)	-0.145 (0.919)	0.416 (1.842)
教育投入	3.063** (1.535)	0.580 (0.859)	-2.200 (1.553)
人口规模	21.652**** (4.855)	-14.933 (9.667)	-1.403 (11.901)
市场化水平	0.710** (0.335)	-0.042 (0.346)	0.465 (0.587)
样本数	110	80	110
个体效应标准差	0.000***	2.420****	3.036****
随机效应标准差	1.701****	1.183****	2.780****
对数似然值	-132.837	-137.678	-277.828
χ^2	419.57****	1310.47****	1070.69
rho	0.000	0.807	0.544

二 面板门槛效应分析

表7-6为分别使用经济发展水平和产业结构高级化水平作为门槛变量的门槛效应检验结果。经济发展水平门槛效应的检验结果显示,经济发展水平门槛变量在1%的显著性水平下拒绝了无门槛效应的原假设,在0.1%的显著性水平下拒绝了仅存在1个门槛的原假设,但在10%的显著性水平下无法拒绝存在2个门限的原假设。产业结构水平[①]门槛效应的检验结果显示,产业结构水平门槛变量在1%的显著性水平下拒绝了无门槛效应的原假设,但在10%的显著性水平下无法拒绝存在2个门限的原假设。

---

① 产业结构高级化水平的替代指标为第一产业占比,数据来源于国家统计局。

表 7-6　　　　　　　　　　门槛效应检验

门槛变量	原假设	门槛值	F 值	P 值	10%临界值	5%临界值	1%临界值
经济发展水平	单一门槛检验	4.530	63.76	0.007	30.398	37.264	56.870
	双门槛检验	4.258	36.78	0.007	19.108	24.669	33.286
		4.530	63.76	0.003	25.560	33.353	46.966
	三门槛检验	4.258	36.78	0.027	21.998	27.112	42.313
		4.530	63.76	0.003	27.473	34.655	57.240
		4.674	13.18	0.670	31.802	34.931	47.352
产业结构水平	单一门槛检验	7.246	37.32	0.017	24.361	28.706	39.396
	双门槛检验	7.246	37.32	0.017	24.117	28.498	43.904
		11.377	22.72	0.123	25.342	28.577	36.653

基于上述门槛效应的检验结果，本章对地方政府债务水平对贫困发生率的影响进行了面板门槛模型估计。表 7-7 的面板门槛回归结果表明，地方政府债务水平对贫困发生率的影响因地区经济发展水平和产业结构水平的不同而存在显著差异。地方政府债务水平对贫困发生率影响的系数估计值在以经济发展水平作为门槛变量的模型中，在 0.1% 的显著性下拒绝了系数为零的原假设；在以产业结构水平作为门槛变量的模型中，在 10% 的显著性水平下拒绝了系数为零的原假设。

表 7-7　　地方政府债务对贫困发生率的面板门槛回归结果

| 变量 | 经济发展水平 || 产业结构水平 |
	区制 1	区制 2	区制 1
地方政府债务水平		−19.206**** (5.194)	32.063*** (10.248)
	−12.664** (5.369)	13.302* (6.792)	−22.801**** (5.636)
	52.460**** (10.539)	70.123**** (10.412)	
城镇化水平	−163.594**** (12.450)	−160.494**** (11.764)	−108.824**** (17.432)

续表

变量	经济发展水平		产业结构水平
	区制1	区制2	区制1
财政分权程度	1.381 (1.478)	2.092 (1.401)	4.283** (1.793)
经济发展水平	—	—	-9.823* (5.245)
房价	-11.355*** (3.697)	-14.542**** (3.533)	-12.428**** (3.871)
公共基础设施投资	-2.928**** (0.832)	-2.869**** (0.786)	-2.346*** (0.860)
教育投入	1.199** (0.967)	0.841 (0.915)	1.591 (1.007)
人口规模	-32.140 (25.112)	-35.273 (23.708)	-78.635*** (27.300)
市场化水平	0.527 (0.326)	0.118 (0.316)	0.493 (0.344)
R^2	0.856	0.872	0.847
F检验	172.59****	177.66****	143.75****

具体地，当地方经济发展水平即省级 GDP 对数低于 4.258 时，地方政府债务水平对贫困发生率具有显著的边际抑制作用；而当地方经济发展水平较低时，即省级 GDP 对数处于（4.258，4.530）区间时，地方政府债务水平对贫困发生率具有显著的边际促进作用；当地方经济发展水平较高时，即省级 GDP 对数大于 4.530 时，地方政府债务水平对贫困发生率的边际促进作用进一步增强。这说明，地方政府债务虽然具有减贫效果，但并不意味着贫困地区发债越多，减贫效果越好。可能的原因是，当地方政府经济发展水平在一定水平之下，意味着当地经济发展内生动力薄弱，此时通过发行地方政府债务进行基础设施建设可以有效解决地方经济发展所面临的交通运输、水电供应及网络等基础设施动力，资本要素的边际带动作用较强，地方基础设施建可以为其提供就业岗位，而使当地居民收入水平提高，贫困发生率下降。而当地方经济发展水平跨越一定门槛后，资本要素的边际带动作用减弱，持续扩大地方

政府债务规模则可能透支未来财政收入,地方政府债务融资可能多用于"借新债还旧债",此时扩大地方政府债务规模无异于"拆东墙补西墙",进一步减少地方政府扶贫的财政投入,从而提高贫困发生率。当地方债务水平进一步提高时,则可能挤压地方民间投资①,反而进一步降低地方居民收入水平,加剧贫困发生。本章通过调研发现,一些贫困地区目前已经存在地方债务规模过大,本地财政收入连偿付利息都有一定的困难,有资不抵债的风险。如果盲目让贫困地区发债,反而会导致地方债务风险的无序扩大,可能使得贫困地区进一步陷入扶贫扶出巨债、越扶越贫的怪圈。

当产业结构水平低于 7.246 时,地方政府债务水平对贫困发生率的影响具有显著边际促进作用;当产业结构水平高于 7.246 时,地方政府债务水平显著抑制了贫困发生率。本章的产业结构高级化水平的替代指标为第一产业比重,这意味着当第一产业占比低于门槛值时,地方政府债务水平的扩张反而提高了贫困发生率。这一反直觉的实证结果的可能原因是,当第一产业占比较高时,地方政府债务扩张一般通过基础设施建设等第二产业的发展吸纳第一产业剩余劳动力,此时地方政府债务扩张的投资边际效应较强,可以有效提高农村低收入者收入,从而抑制贫困发生率。但是,当第二产业、第三产业占比非常高、第一产业占比较低时,地方政府债务的基础设施建设减贫机制效果减弱,此时地方政府债务的扩张可能更多地投入城镇建设,第二产业、第三产业发展到一定程度时,技术和资本等要素重要性提高,所需劳动力数量也逐渐减少,所需劳动力素质逐渐提高,农村低收入人群可能很难满足劳动力素质需求,反而可能面临失业问题,而由于第一产业占比较低及农业机械化水平的不断发展,第一产业的就业容纳作用降低,最终导致地方政府债务的扩张提高了贫困发生率。这恰恰与地方经济发展过程中的产业结构变动极为相似,即随着城镇化和工业化的发展,工业、服务业的劳动要素边际收益在跨越某一水平后逐渐降低,而农村发展由于在这一过程中的"人口红利"获利较少,乡村产业链条较短,产品附加值较低,导致城乡

---

① 周程:《地方政府负债与居民福利的倒 U 形关系》,《审计与经济研究》2019 年第 2 期。

收入差距扩大。因此，我国及时实施了"乡村振兴"战略以促进共同富裕。

三　政策建议

理解地方债务的减贫效应是理解中国政府债务经济影响的重要内涵。2021年7月1日，习近平总书记庄严宣告在中华大地上全面建成小康社会，历史性地解决绝对贫困问题，地方政府债务工具在其中发挥了重要作用。本章基于2010—2019年30个省级地方政府的面板数据进行实证分析的结果显示：①地方政府债务水平对贫困发生率具有显著的边际抑制效应；②地方政府债务水平对贫困发生率影响具有地区异质性，东部地区和西部地区的边际抑制作用更强，中部地区最弱；③随着经济发展水平的提高，地方政府债务水平对贫困发生率的影响呈现"U"形变化；④随着产业结构高级化水平的提高，地方政府债务水平对贫困发生率的边际影响由促进作用转变为抑制作用。

本章认为地方债务减贫效应实证的发现可以帮助地方更好地分配债务融资资金，更合理地安排其投向。第一，地方债务减贫效应的发挥重点在于地方债务融资资金和地方财政资金的合理分配，平衡风险与收益。地方债务融资资金如果能够合理使用，可以发挥对经济的积极影响，缩小地区发展差距。反之，如果地方超越自身能力、融资过量，债务融资资金不能够合理分配，可能会阻碍经济发展，加深地区经济发展之间的不均衡状况。决不能让贫困地区以脱贫攻坚名义盲目举债，防范债务风险。第二，地方债务在减贫中有显著正向影响，但公债减贫效应的发挥，关键要看财政资金使用的分配导向是否体现公平导向。萨伊曾提出，"如果公债数额不大，且所收到的债款可以很好地或适当地应用在道路、运河等永久产生利益的事务上，它确实带有好处。"[1] 因此，地方政府债务融资应当更加重视基础设施建设和人力资本投入，通过提高地方经济发展的内生动力实现最终减贫目标。第三，地方债务融资资金需要避免资金使用浪费。刘易斯认为经济增长的条件之一是节约精神，"如果其他条件相同，增长最快的社会就是人民用心通过增加利润

---

[1] [法]萨伊：《政治经济学概论》，商务印书馆1966年版，第537页。

或降低成本捕捉经济增长机会的社会"[①]。当前部分地方在债务融资资金的使用上存在中央"刚性兑付"的侥幸心理，因此造成了债务资金使用上的浪费。这不仅会削弱地方政府债务的经济增长效应和减贫效应，而且可能造成财政资金和国有资本的大量流失。第四，地方债务管理需要根据当地经济发展水平和产业结构制定差异化战略，避免地方政府债务的不当管理导致低收入者返贫。

第六节　本章小结

我国在减贫事业中对公债工具的使用效果，与经济学的公债理论观点有明显的差异。本章基于随机效应面板 Tobit 模型利用 2010—2019 年 30 个省份的面板数据的实证分析结果发现，地方政府债务对贫困发生率具有显著的边际抑制效应，且这种边际抑制效应存在地区异质性，东部地区最强、西部地区次之、中部地区最弱；地方政府债务对贫困发生率的影响还随着地方经济发展水平和产业结构高级化水平的变化而变化。本章在地方债务融资资金和地方财政资金的合理分配与使用、提高债务融资资金应用的公平性以及避免债务融资资金使用浪费等方面提出了相关政策建议。

[①] ［美］阿瑟·刘易斯：《经济增长理论》，周师铭等译，商务印书馆1990年版，第523页。

第八章

地方债风险分配机制研究

地方政府债务并不仅仅是单纯的财政工具或者代表私人财富的债券，地方政府债务带来了债务的负担和风险在不同的地区、代际和阶层之间的分配关系。地方政府债务风险之中包含着深刻的分配结构，非对称性在地域、代际、阶层间的特征明显，如表8-1所示。但是现有的学术研究更多集中于地方债务风险的状况分析，对债务风险影响在地域、代际、阶层之间的非对称影响关注不足。本章主要从地域结构、代际结构和阶层结构三个角度进行分析。这三种结构关系并不是单独存在的，很可能同时发挥着作用。

表 8-1　　　　　　　公债理论争论核心及分配结构

理论阶段	争论核心	结构	分配特征
古典公债理论	内债与外债之争	区域	中心—边缘结构
李嘉图等价定理	代际利他主义之争	代际	代际交叠模型
地方债务资本化	租户与业主的冲突	阶层	泰坦尼克定理

地方债务风险不仅来自经济领域，在当今世界发展形势下，经济风险与政治风险、财政债务风险紧密连接、相互转化。要对地方债务风险有深入认知，必须对当前经济社会风险有整体性认识。随着经济社会的不断发展，社会结构不断演化，新生事物层出不穷，我国社会已逐渐进入风险社会。党的十九大报告指出，"要坚决打好防范化解重大风险攻坚战"。习近平总书记指出，"既要打好防范和抵御风险的有准备之战，也要打好化险为夷、转危为机的战略主动战"。面对不确定性的空前增

强，如何认识风险分配的特征规律以及如何增强抵抗风险的能力，成为一个备受关注的研究议题。要打好这场应对风险的有准备之战，打成战略主动战，就要对风险的性质和规律有更深刻的理解。要理解风险的产生并形成相应的治理策略，就要从根本上理解风险发展演化的一般性规律。基于风险社会理论，在科学理性和社会理性相统一的研究框架下，探究以往风险研究所缺失的因素，并探讨财政债务风险的一般模型及其治理对策。借鉴其他国家国家经济社会发展历程和社会科学对风险的特性研究，既可以帮助我们更好地理解风险的特征，也可以开拓我们对提升地方债务风险治理能力问题的思路。

第一节 当前我国风险总体特征分析

学术界目前已经就我国步入风险社会达成了共识。根据风险社会理论，一个国家或地区从传统工业社会进入风险社会具有鲜明的经济社会特征，如表8-2所示。当前，我国风险社会特征正逐步深化。但是目前研究缺乏从经济特征和社会表现相统一的角度，来分析我国当前风险社会的特征和挑战。本部分将通过经济数据和社会表现观察，说明我国风险社会的三大主要挑战。

表8-2　　　　　　工业社会与后工业社会的特征对比

特征	工业社会	后工业社会
主导产业	工业	服务业
经济增速	较快	减缓
财政收入增速	较快	减缓
财政支出责任	逐步扩大	很大
公共债务规模	逐渐增大	很大
公平的核心议题	好东西的分配（稀缺品）	坏东西的分配（风险）
风险的主要来源	外部风险（自然界）	人造风险（人类社会内部）
风险的传播特点	区域化	全球化

续表

特征	工业社会	后工业社会
社会心理	饥饿	恐惧
价值观念	普适的	原子化的
专业知识	大众与专家相区别	竞争性专家体系知识

资料来源：笔者根据 UlrichBeck（1992）、AlanScott（2000）、胡乃武和田子方（2015）的有关研究整理。

一　经济增速放缓，财政规模受限

传统工业社会以工业作为主导产业，由于劳动生产率相对可以较快提高，经济增长和人均收入一般可以保持较快速度，相应地，财政收入增速也比较快。随着政府汲取收入能力的增强，政府所能够承担的事权责任加大，财政支出数据呈现出逐步增大的特点，公共债务规模也往往呈现出逐步增大的趋势。进入后传统工业社会（风险社会），主导产业从工业变为服务业，从经验数据上看，服务业的劳动生产率增长比较缓慢，经济增速可能放缓，财政收入增长趋势也随之放缓，财政支出却在持续增长。政府普遍承担着大量债务，导致政府应对风险的重要资源——财政资源力量不足。

2012年，我国第三产业附加值首次超过第二产业，成为国民经济的支柱产业，如图8-1所示。与此相伴的是第二产业就业规模连续多年下降。随着第三产业取代第二产业成为主导产业，我国国内生产增长速度在2012年开始逐步放缓，21世纪初GDP超高速发展的势头不复存在，进入经济新常态。

与此同时，财政收入增长速度在2012年开始也在逐步放缓，如图8-2所示，公共债务规模不断增长。根据其他先发国家的经济社会发展特征，当主导产业发生变化，经济增速也会不断下降，社会风险的不确定性却在不断增加，然而应对社会风险的重要资源——财政资金却增长乏力，规模有限。

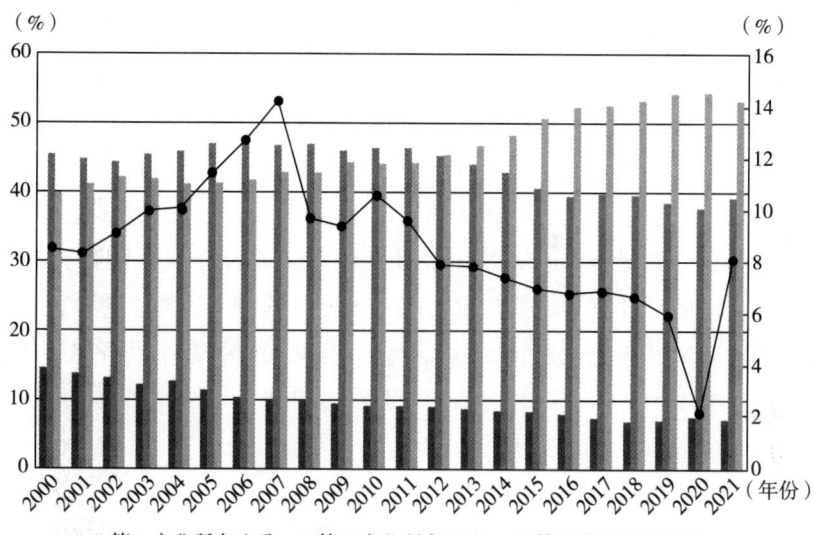

图 8-1　2000—2021 年国内生产总值增速与三个产业所占比重

资料来源：笔者根据中国国家统计局数据绘制。

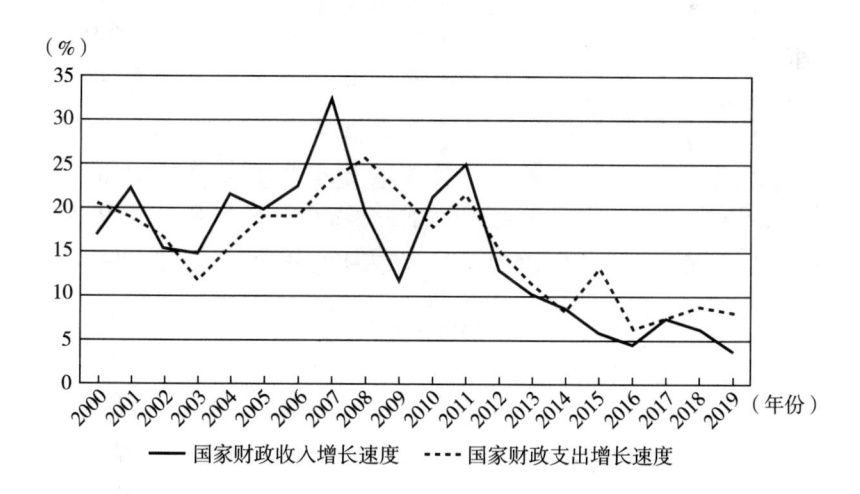

图 8-2　2000—2019 年国家财政收支增速折线

资料来源：笔者根据中国国家统计局数据绘制。

二　工业化和后工业化过程交织

改革开放以后，三大产业就业人数的变化过程如图 8-3 所示，我

171

国工业就业人数直到2014年才第一次超过农业就业人数。1985年，我国的服务业产值首次超过农业，但是到2010年农业依然是我国第一大就业部门。就业在三大部门的变化过程说明我国工业化对农业的技术改造升级还没有彻底完成，后工业化浪潮就席卷而来。美国完成工业化花费了近百年，后工业化也经历了约四十年时间，日本、德国、法国等国家从农业社会到工业社会，从工业社会到后工业社会（风险社会）都进行了缓慢的变迁过程。我国没有那么多充分的时间转型，需要在很短的时间内完成并深化工业化、后工业化。与此同时，数字经济已经开始在我国蓬勃发展，给我国社会治理带来严峻挑战，也给我国经济弯道超车提供了千载难逢的重要机遇。

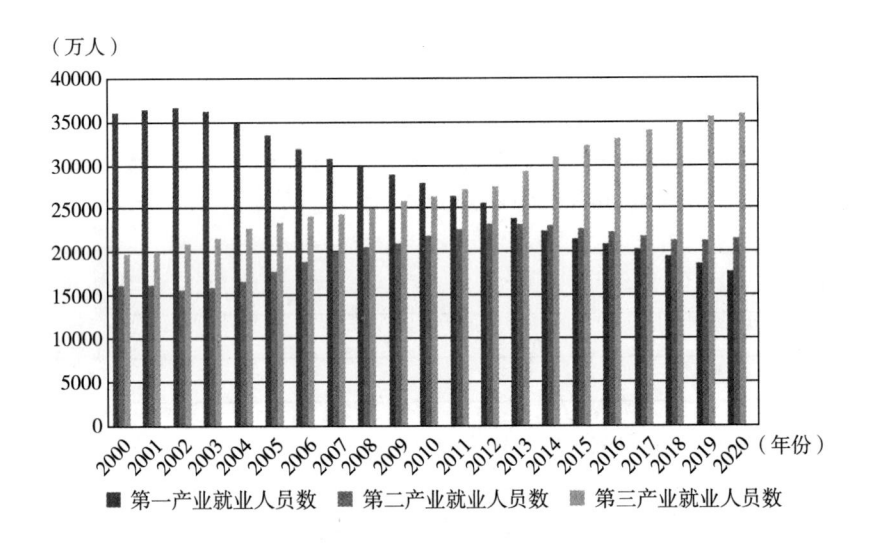

图 8-3　2000—2020 年三大产业就业人数

资料来源：笔者根据中国国家统计局数据绘制。

三　老龄化与少子化叠加

在后工业化时代，随着生产技术提高，自动化和机械化推广，首先表现为需要的产业工人规模减小，社会出现大量的失业工人，此时服务业还没有获得充足发展以吸纳足够就业人口，导致一段时间内失业率激增。失业人口带来了大量社会问题，容易导致社会矛盾激化。相对于农业和工业，女性在服务业就业竞争力提升。农业和传统工业主要是劳动力密集型或资本密集型企业,航空航天、电子计算机等新型制造业主要是技术密集型产业,教育、文化、研发等产业主要是知识密集型产业,在后工业化过程中,对劳动力的知识技能有更高要求,导致受过高等教育的人口比例的提升、受教育年限的增加、育儿成本的增加,这些因素叠加,都导致了社会婚育年龄的推迟和少子化。医疗水平提升和社会福利的改善,带来了人口预期年龄增长,整体人口结构正发生着剧烈的变化。

2021年公布的第七次全国人口普查主要数据显示,我国人口增速明显减缓。国家统计局公布的2021年出生人口为1062万人,出生人口数持续下降引起了社会热议。根据民政部公布的数据,2020年全国结婚登记人数813.1万对,同比下降12.2%。结婚登记人数在2013年到达高峰后,连续第7年下降。如图8-4所示,我国人口自然增长率下降趋势明显,特别是2016年之后加速下滑。2000年,我国65岁以上人口所占比重为7%,标志着我国已进入老龄化社会,随着老龄化与少子化叠加,我国人口结构正发生着剧烈变化,可能在未来面临严峻的结构性劳动力资源不足。

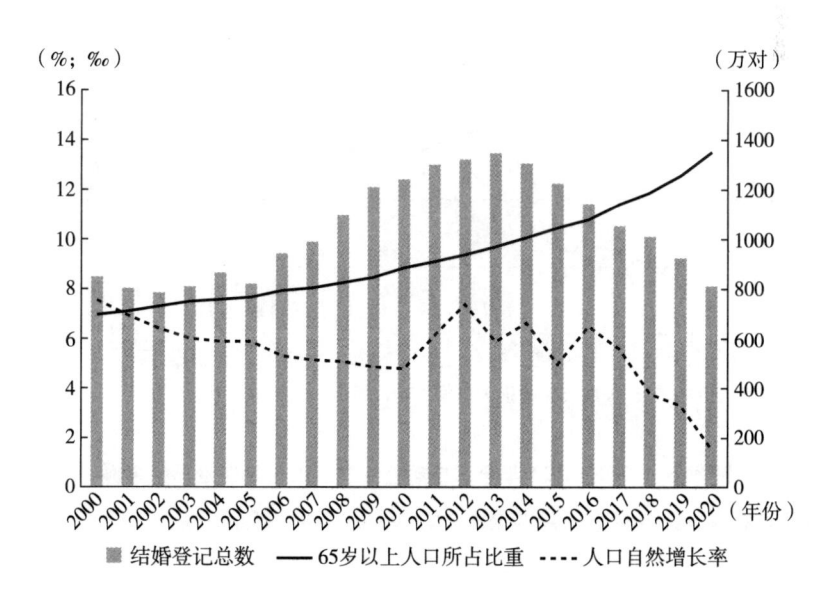

图 8-4　2000—2020 年人口相关指标变化趋势

资料来源:笔者根据中国国家统计局数据绘制。

四 需高度警惕巨灾风险

巨灾风险突发、急迫、不可预期，其发生频率低，损失程度高。"十四五"期间，随着我国经济社会发展，巨灾风险突出呈现以下三个变化趋势，需高度警惕。

（一）不确定性空前增强

巨灾的发生具有随机性和偶在性。在过去的 50 多年间，每年全球自然巨灾发生的数量在震荡中，呈现出显著的上升趋势如图 8-5 所示，自然环境变化莫测，巨灾风险和不确定性空前增强，风险高度累积，潜在损失规模迅速积聚，与天气相关巨灾保险损失金额高涨。我国地处全球两大灾难带，是世界上遭受自然灾害最为严重的国家之一，需要应对大地震、特大暴雨洪水、特大台风风暴潮等自然巨灾风险，以及人为巨灾的考验。当前是多种自然灾害的多发期，21 世纪的前 20 余年，我国就经历了 SARS、汶川地震、新冠疫情等重大灾害事件的冲击。巨灾风险不确定性空前增强，导致巨灾发生的概率在增加。

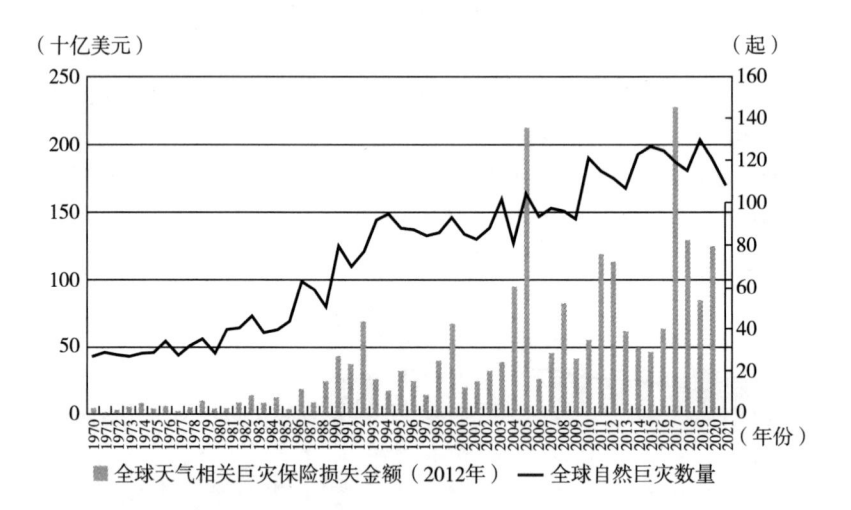

图 8-5 1970—2021 年全球自然巨灾发生数量与保险损失金额

资料来源：笔者根据瑞士再保险公司发布的 2021 年数据绘制。

（二）共生性与伴生性并存

巨灾风险的共生性体现在，对同一区域的人群产生严重损失，其影响范围广阔，损失程度严重。在传统工业社会，人类交往范围和频率有限，风险在一定的地域范围内传播。随着人类社会进入风险社会，全球应急突发事件频发。全球化的加速，让风险传播具有全球同步的特点。跨国公司的壮大和国际交往的密切，一个地区发生的风险和隐患，很快就能传播到其他地区。巨灾风险的伴生性体现为，在经济社会系统中，某一环节发生风险会很快感染关联链条，衍生为横向的累积风险和纵向的系统性风险。一种巨灾，可能会诱发次生巨灾。风险叠加、耦合、演化，巨灾风险伴生性特征愈加突出。

（三）灾害损失几何倍数放大

脆弱性影响着巨灾风险损害程度，两者呈正相关关系。人迹罕至的地区没有脆弱性，巨灾发生不会导致经济损失，或损失相对较小。人口密集的地区，脆弱性更高，一旦发生巨灾，损失更大。科学技术带动的生产力发展，让分工不断深化，社会结构越来越精巧，社会的脆弱性在增强，韧性和适应性在削弱。我国经济发展带来财富扩张和资本积累，持续投入并建设大量基础设施。随着城市化进程加速，沿江、沿海和内地城区人口持续流入。这些因素的叠加，使我国巨灾风险的脆弱性在不断提升，导致在同一灾害强度下，经济社会遭受的灾害损失将呈几何倍数放大。

第二节　风险与风险分配

一　风险与不确定性

风险是不确定性的一种，研究风险要首先认识不确定性。我们对不确定性的认识经历了一个变化过程，从决定论到不确定性，从宿命论到风险，正如图 8-6 所展示的，直至 20 世纪 20 年代，在量子物理学不断发展的基础上，维尔纳·海森堡（Heisenberg W.）提出了不确定性原理（Uncertaintyprinciple），基本含义是"粒子的位置越精确，其动量就越不准确，反之亦然"，意思也就是说不能同时精确地确定一个粒子的位置和动能。[①] 不确定性原理并没有推翻可知性，但是从基本物质构成

[①] 李奇楠等：《量子力学教程》，北京教育科学出版社 2015 年版，第 41—42 页。

的角度揭示了物质运动的波动性，说明在物质世界里确定性是例外，不确定性才是常态。

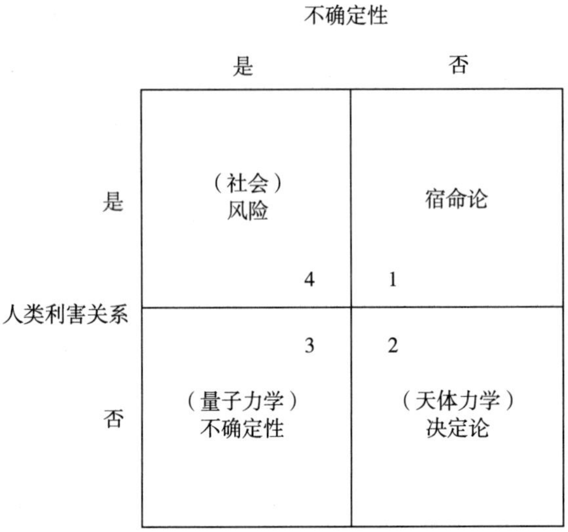

	不确定性	
	是	否
人类利害关系 是	（社会）风险 4	宿命论 1
否	（量子力学）不确定性 3	（天体力学）决定论 2

图 8-6　不确定性研究象限

资料来源：笔者根据尤金·A. 罗莎图表的修改再绘制。

社会学的风险研究试图帮助人们分析和理解风险，研究具有多种视角，可以主要归纳为六大流派：个体主义、文化主义、现象主义、风险社会、后现代主义、规制主义观点。贝克（Beck U.）和吉登斯（Giddens A.）为代表的风险社会理论最具影响力。此外，其他社会学风险研究也颇具启发力，如卢曼（Luhmann N.）[①] 的风险概念区分和双重偶在性，哈贝马斯（Habermas J.）[②] 对社会理性和言谈情景的论述。

风险社会理论认为后工业社会随着物质的极大丰富，分配内容由好东西（财富）的分配向坏东西（风险）的分配转变。风险很难被消灭，而是处于不断地转化和分配之中。社会风险不但不会因为福利国家等社

[①] ［德］尼克拉斯·卢曼：《对现代的观察》，鲁贵显译，左岸文化 2005 年版，第 146—155 页。

[②] ［德］尤尔根·哈贝马斯：《合法化危机》，刘北成、曹卫东译，人民出版社 2009 年版，第 142—155 页。

会保障制度的建立完善而消失，反而可能会导致不确定性的增强。

风险社会理论的重要代表吉登斯（Giddens A.）认为风险可以分为人造风险和外部风险。外部风险主要来自自然界，容易被认识和计算。而人造风险是人类自己创造出来的，来自人类社会自身，因此难以被计量。现代社会中的风险主要来自人造风险。如同保险把投保人的风险转移给了保险公司，福利国家是现代国家应对风险的系统方案。福利国家的社会保障措施并不能真正消除风险，只是在不断地转化风险，现代社会的风险是一种"有组织的不负责任"。风险有消极意义、也有积极意义。企业的生产在计算利润与成本的时候，承担着风险，从而获得收益。吉登斯呼吁使用积极的态度对待风险，认为富有生机和创意的社会应当积极应对风险、承担责任。

二 风险分配

贝克认为从传统工业社会向后传统社会（post-tradition）转变的关键特征在于分配内容的变化，由财富分配转变为风险分配。个人风险的分配和增长之中诞生社会风险。在传统社会，知识具有一定程度的垄断性，而在后传统社会，公众获取知识的途径更加多样，专家系统不再具有足够的权威性，科学不再可能垄断理性。加速的现代化在可量化的风险和不可量化的风险之间造成了难以弥合的裂缝，导致了科学理性和社会理性之间的分裂。贝克呼吁在风险认知上科学理性和社会理性的统一。同时，全球化进一步摧毁了传统工业社会确定性的基础。对于风险社会的到来，需要对现代化的反思（reflexive），即风险社会的自我批评。[1]

与贝克所强调的风险分配的"飞来飞去"、风险的普遍性有所不同，国内学者的研究发现我国的风险分配差异性更加明显。自21世纪以来我国社会开始从财富分配走向了风险分配，尽管风险的分配表现出了一定的超越阶层性，但是财富分配和风险分配的重合、交织、强化和再造，中国社会中不仅多种不平等的机制共同发挥着作用[2]，问卷调查

---

[1] ［德］乌尔里希·贝克等著：《自反省现代化：现代社会秩序中的政治、传统与美学》，赵文书译，商务印书馆2014年版，第1—66页。

[2] 李友梅：《从财富分配到风险分配：中国社会结构重组的一种新路径》，《社会》2008年第6期。

和实证研究还发现我国的公众风险感知在时空结构上具有多重性[①]，风险分配的逻辑正在取代财富分配的逻辑决定着社会的正义[②]，新冠疫情对人类社会的考验也不禁让人反思风险分配的公正性应如何实现[③]。

风险状况常常模糊不清，无法辨明，需要更多探讨真实情况的研究。但是，仅从科学理性角度出发，只会导致问题过度简化和忽视需要关注的问题。实际上，风险表现了技术理性与社会理性相结合的逻辑，如果仅从科学理性出发依靠风险计算来认知财政债务风险，就容易逐渐把可以计算的因素作为财政债务风险的核心因素，逐渐剔除无法计量或者没有数据、难以计量的因素定义为外部因素，从而通过提升了可计算因素的重要性，忽视了大量社会的、政治的、文化的因素，导致财政债务风险认知的过度简化。这种研究思路背后是对科学理性的推崇和对社会理性的忽视。在一个复杂混沌、充满不确定性的社会中，对财政债务风险的认知也需要多种理论和逻辑，科学理性可以帮助我们分析财政债务风险内在逻辑，社会理性可以帮助我们更好地认识真实世界的财政债务风险。社会内部的脆弱性和外部的不确定性都在加强。风险分配与财富分配的最大区别在于，财富分配的是好东西，是收入、财富和稀缺品，风险分配的是坏东西，是不确定性、危害和发生损失的可能性。风险的分配就是指风险所包含的不确定性损失由谁来承担，损失分配给谁。理解了风险分配，就可以有针对性地去设计治理的思路。

三 财政债务风险分配

经济学一直非常关注不确定性和风险。经济学对于风险的经典定义来自弗兰克·奈特1921年在《风险、不确定性和利润》中作出风险与不确定性的区分，他认为风险属于不确定性的一种，属于"可测度的不确定性"。[④] 奈特认为风险概念最早来自14世纪的保险，是一个与时间相联系的概念。随着时代发展，金融套利研究逐渐让风险带有了时间

[①] 刘岩、赵延东：《转型社会下的多重复合性风险三城市公众风险感知状况的调查分析》，《社会》2011年第4期。

[②] 何艳玲：《中国转型秩序及其制度逻辑》，《中国社会科学》2016年第6期。

[③] 张晒：《风险分配何以公正？——基于新冠肺炎疫情的哲学审思》，《北京理工大学学报》（社会科学版）2020年第3期。

[④] [美]富兰克·奈特著：《风险、不确定性和利润》，王宇、王文玉译，中国人民大学出版社2005年版，第147—171页。

的纬度。如上所述，风险在经济学研究中被引申为一种客观存在的、可计算的发生损失的未知性。值得注意的是奈特在著作中已经讨论到了风险的控制和分配，以及风险分配的成本问题，远早于形成于20世纪晚期的风险社会理论对此问题的探讨。只是学术界对奈特理论的关注集中在其对风险可测度性的研究，经济学术界对风险的认识更多遵循科学理性逻辑。

财政债务风险研究主要来自经济学的风险概念，认为是政府财政一种发生损失的可能性。1996年财政风险获得了一个官方定义："在财政发展过程中由于某些经济和社会固有因素影响，给财政运行造成波动和混乱的可能性，集中表现为巨额财政赤字和债务危机。"[1] 尽管，在财政债务风险研究的最初阶段，刘尚希[2]就是从风险社会理论角度出发的，构建公共风险的概念来研究财政债务风险问题，并且明确提到财政债务风险不仅仅是经济学概念，还是一个政治学的概念、社会学的概念、法学的概念、甚至是社会心理学的概念。[3] 张志超把财政债务风险分为内生性财政债务风险和外生性财政债务风险，前者主要是政府不当行为引起的、可以有概率值，后者指外部不确定性导致的，是难以计算的。张志超还关注到财政债务风险所引起的社会福利损失，试图探讨财政债务风险研究的哲学基础。[4] 然而，在之后的研究中，风险社会理论所讨论的风险分配和公正性却较少被提及，研究多集中在财政债务风险具体状态的计量和政府如何减少和避免财政债务风险。

1998年，白汉娜（Hana Polackova Brixi）[5]和马骏提出了财政债务风险矩阵，把政府债务分为显性债务（法律或合同规定的）和隐性债务（政府负有道义上的偿债义务），直接债务（肯定会有的）和或有债务（可能会有的）。白汉娜简单而明晰的债务风险矩阵拓展了财政债

---

[1] 财政部：《国家财政困难与风险问题及振兴财政的对策研究》，1996年。转引自刘尚希《财政风险及其防范问题研究》，经济科学出版社2004年版，第10页。
[2] 刘尚希：《论公共风险》，《财政研究》1999年第9期。
[3] 刘尚希：《财政风险及其防范问题研究》，经济科学出版社2004年版，第11页。
[4] 张志超：《财政风险——成因、估测与防范》，中国财政经济出版社2004年版，第1—25页。
[5] Hana Polackova Brixi、马骏：《财政风险管理：新理念与国际经验》，中国财政经济出版社2003年版，第1—17、43—81页。

风险的认识框架，把对政府账目上的分析引入了账目背后和没有被预算表完全包括在内的内容。以她为代表的世界银行经济学家发表了一系列关于财政债务风险的研究论文，这些研究主要是对财政实践（特别是发展中国家）的观察、总结，并被理论化的。对于相关问题的研究多是在宏观经济学的框架内探讨财政可持续性（fiscal sustainability）、债务清偿能力（debt solvency）和财政危机（fiscal crisis）。与国际上的研究状况不同，由于深受财政债务风险矩阵的影响，中国的财政债务风险文献丰富，几乎都是在财政债务风险矩阵框架下展开讨论的，并且沿着债务和政府会计研究视角深入的，比如从记账方式与财政透明度角度探讨其与财政债务风险关系[①]。到2010年左右，以政府资产负债表为基础的财政债务风险研究也基本上沿此思路进行更加深入全面的研究。

当然，本书并不认为财政债务风险的计算和政府会计角度研究是没有价值的。恰恰相反，本书认为财政债务风险状况至今仍模糊不清，无法辨明，需要更多关于真实财政状况的研究。但是，如前文所提仅从科学理性的角度出发，只会导致问题过度简化和忽视需要关注的问题。实际上，财政债务风险表现了技术理性与社会理性相结合的逻辑，如果仅从科学理性出发依靠风险计算来认识财政债务风险，就容易逐渐把可以计算的因素作为财政债务风险的核心因素，逐渐剔除无法计量或者没有数据、难以计量的因素定义为外部因素，从而通过提升了可计算因素的重要性，忽视了大量社会的、政治的、文化的因素，导致财政债务风险认知的过度简化。在这种研究思路背后是对科学理性的推崇和对社会理性的忽视。在一个复杂混沌、充满不确定性的社会中，对财政债务风险的认知也需要多种理论和逻辑，数字和公式可以帮助我们分析财政债务风险，社会中的信任、责任等社会因素分析，可以帮助我们更好地认识真实世界的财政债务风险。如图8-7所示，R代表财政债务风险，如果只有财政债务风险公示被定义为R=PM，只考虑风险发生概率（P）和财政损失（M），就忽略了影响财政债务风险的其他重要变量，比如财政管理制度（S）、财政认同度（C）、财政分配（D），还有分配公平等

---

① 孙琳、陈淑敏：《债务风险、财政透明度和记账基础选择——基于国际经验的数据分析》，《管理世界》2015年第10期。

难以量化的社会因素，尤其是缺乏对财政债务风险分配机制的研究。

R = PM+SCD

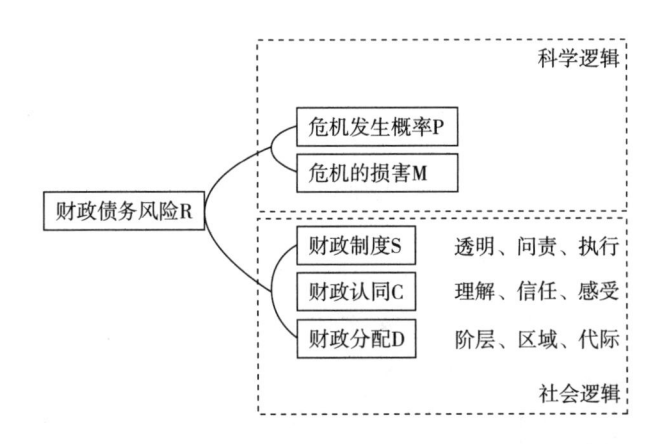

图 8-7　财政债务风险识别的路径：科学逻辑与社会逻辑的统一

注：R—财政债务风险；P—财政危机发生概率；M—财政危机的损害；S—财政制度；C—财政认同；D—财政分配。

具体来说，传统的财政债务风险研究，研究的风险是对政府、对财政体制的不确定性，及其可能产生的风险和危害。本章在科学理性和社会理性相统一的视角下，研究焦点发生了变化，认为财政债务风险不仅仅事关政府治理，也与社会生活息息相关，更关键的是财政债务风险关系到社会成员的切身福利。本书关注的财政债务风险指的是财政制度和这个制度所包含的分配制度对不同的社会阶层之间、地域之间和代际之间的分配影响，财政制度和财政政策对社会整体所造成的福利损失，分析不同群体之间所承担的财政债务风险差异，以及财政债务风险一旦爆发，损失由谁承担。

风险社会中的财政债务风险，财政内部的脆弱性和外部的不确定性都在加强。养老保险的存在把风险从享有养老保险的人群转移到没有养老保险的人群。税收制度是针对不同人群适用不同税率，再把资金消费到政府认为合适的领域。财政债务风险的分配是指财政债务风险所包含的不确定性损失由谁来承担，损失分配给谁。财政理论一般认为财政制度应当成为平衡市场分配盲目性、调节资源配置的合理性、达到再分配公平的重要制度安排。在风险社会的背景下，财政债务风险究竟是体现了公平性还是进一步导致了风险分配的差异性。本章将进一步研究财政债务风险的分配机制和分配效果。

第三节 财政债务风险分配的三重纬度

一 地域结构：中心边缘定理

劳尔·普雷维什（Raúl Prebisch，1950）用"中心—边缘"概念来分析国家间发展的差异，他认为"发达—发展中"国家的区分掩盖了国际体系的不平等和后发国家落后的真正原因，发达国家利用在国际贸易和货币体系之中的优势地位取得收益。由于中心地点的人掌握着制定规则的能力，尽量让自己处于有利的位置，远离发生风险和隐患的可能。而处于边缘地带的人们，不但在财富分配的逻辑中处于弱势地位，财富在从边缘地区向中心地区分配，而且在风险分配的逻辑中也同样处于弱势的地位，不得不承担中心地区分配而带来的风险。风险在从中心地区的人们向边缘地区的人们分配。

普雷维什的"中心—边缘"结构有三个基本特征，即整体性、差异性和不平等性[①]。"中心—边缘"结构在社会科学产生广泛而深刻的影响。中心—边缘结构可以解释肇始自美国的金融危机的风险和危害是如何从美国向全世界转移和扩散的。[②] 地方债所体现的分配关系同样存在着中心—边缘的结构体系，表现为由于中心地区更容易享受政府借贷低利率所带来的更好的基础设施和公共服务好处，偿债成本较低；而边缘地区的信用等级低、借贷成本高，难以享受当地政府债务所带来的好处，而且一旦借贷成本相对更高，发达国家依靠规则制定能力和全球经济地位，把遭受风险的可能向欠发达地区分配，深刻体现出财政债务风险在经济地理中的中心地区和边缘地区的差异性和不平等性。但由于全球交往越发密切，整体性不断加强，一个地区的风险和隐患，都有可能构成了对人类社会的隐患，一旦存在可以被攻破的薄弱环节，全人类都

[①] 董国辉：《劳尔·普雷维什经济思想研究》，南开大学出版社 2003 年版。
[②] 张康之、熊炎：《风险社会中的风险治理原理》，《南京工业大学学报》（社会科学版）2009 年第 2 期。

可能会陷入危机。

从古典经济学时期,在公债有益论和公债有害论的讨论中,就提出了公债的第一个结构:地域结构。古典经济学时期流传下来了一个经典的公债认识论,即内债是左手欠右手的债务,总体来说对本地区的经济没有害处;外债是本地区居民欠外部地区人民的债务,会损害本地区的经济利益。国债主要是国内居民购买的,外债所占比例很低。拓展到地方层面,地方债券主要是由本地区外部的居民和机构购买的,本地区购买的比例一般不会太高,从这个意义上来说,地方债属于"外债"。

除了上述内部债务和外部债务结构,可能还存在一个政府债务的地域间分配结构。休谟早在1777年就提出了国债的首都效应。[①] 由于国债的本息是由全体国民的税金共同偿还的,而国债使用有可能更多地运用在首都地区,相对于其他地区,国债的发行更加有利于首都地区的利益,因此国债对于首都的人口和财富有着特殊的影响。公债的效应在不同地区效应有所区别,不同地域的公债效应可能会有所不同。

不仅国债存在着中心—边缘结构,地方债在不同层级和区域之间同样存在着这种结构。2013年审计署公布的公告显示,我国的地方债规模已经超过了20万亿元。在《中华人民共和国预算法》允许地方债正式发行之前,规模庞大的地方债是由地方政府以银行贷款、平台债务、金融租赁、BT模式等多种手段筹集的,银行等金融机构敢于借贷给地方政府,就是看准了中央政府对地方债的隐性担保、认为一旦地方政府无法偿债,中央政府会救助地方政府。直到2016年11月颁布的《地方政府性债务风险应急处置预案》之后,中央对地方债的隐性担保才明确了规章制度上的约束。在此之前,哪个地方政府敢于多借债,就会拥有更多的可支配资金,可以提供更多的公共基础设施和公共服务。除了地方债的债务限额,医疗保险和养老保险在不同区域居民之间的福利分配也存在差异。养老保险和医疗保险所可能带来的或有债务由全体居民承担,所享受到的福利不一样。省级医疗保险报销比例高,市级次之;城市的医保体系更完善、报销比重更高,而乡村较低;东部地区和省会

---

① [英]休谟著:《论政治与经济》,张正萍译,浙江大学出版社2011年版,第224—241页。

城市的医疗卫生、教育投入和社会保障更加完善，西部地区和非中心城市则有待提高。

二　代际结构：世代交叠模型

萨缪尔森分析养老保险提出了世代交叠模型，世代交叠模型的创新之处在于考虑了青年人和老年人处于不同生命周期，行为具有显著差异。世代交叠模型启发我们不同代际的人们共同生活在一个社会之中，不同年龄人群的行为和选择互相影响。风险分配在时间结构上也需要加入对生命周期不同行为的考量，思考在世代交叠中风险的分配结构。世代交叠模型所考虑的代际问题和跨期分析启发了巴罗和布坎南等关于公债效应的讨论。世代交叠模型讨论了公债负担在代际之间的负担和转移。

地方债分配在时间结构上也需要加入对生命周期不同行为的考量，思考在世代交叠中地方债负担的分配结构。地方债在从现在向未来、从当代向后代分配，转移着债务负担。在时间维度上，当代人掌握着话语权，而后代人没有话语权，可以通过对自身权益主张、制定更符合自身权益的债务限额、养老金制度和社会福利政策，让后代人在未来支付这笔开支、向后代人转移着风险。然而随着时间的推移，当后代人成长为"当代人"，会不会为今日的当代人为自己争取高水平的公共服务、丰厚的养老保险和其他社会福利而反对当代人，产生代际冲突与对立呢？当后代人成为"当代人"、拥有了社会决策权，会不会为当代人今日之决策埋单呢？

韩国正在经历的代际冲突就可以说明这个问题。由于上升渠道受阻、被剥夺感，韩国青年一代普遍有不公平感，反对上代人所占有的资源优势，社会的代际冲突与对立情绪普遍存在且日益严重。韩国的青年一代呼吁为了代际公平和可持续发展，要求在政策制定中掌握更多的话语权。[①] 社会弱势群体的社会保障利益确实值得维护，但是未来供养老人的人的权益又有谁来保障呢？福利国家和高福利政策，并不能真正消除风险，很可能导致风险从当代人向后代人分配、转移着债务负担，而且可能导致经济效率的降低，代际的冲突对立。

[①] 王晓真编译：《韩国代际冲突日趋加重、学者提议建立参与式政策管理体系》，《中国社会科学报》2016年8月24日。

为了代际的和谐，削减财政赤字、控制财政债务、推迟退休年龄、提高社保缴费，可能是当代人不得不做出的痛苦选择。在这个问题上，德国的"债务刹车"法案就是个好的示范。德国公共债务管理采取了审慎态度，2001年起实施"债务刹车"计划消减债务，争取在2020年达到零公债的状态，从而减少财政内部的脆弱性、留有余力来应对老龄社会和人口结构危机的到来。"债务刹车"计划让德国从容地应对了欧洲主权债务危机的冲击，不仅对德国本国的财政状况影响有限，德国良好的财政状况还使德国有余力帮助其他欧盟国家渡过难关。

三 阶层结构：泰坦尼克定律

有学者分析我国艾滋病风险在不同阶层之间分布的特点，发现社会阶层等级影响着风险的损害差异。此现象与泰坦尼克号沉船后不同阶层之间死亡比例悬殊的现象相一致，高收入阶层承担的风险损失小，低收入阶层承担的风险损失大，把风险在不同社会阶层分布的差异化规律总结为泰坦尼克定理。[①]

在我们生活中看到新建成的立交桥、新通车的道路，感到一种这些设施可以改善交通、方便生活的喜悦感、甚至一种自豪感。在新基础设施使用中的喜悦可能让我们忽略了建设这些基础设施和提供公共服务并非没有成本的问题，基础设施和公共服务的提供都需要财政资金作为保障，不是依靠税金就是依靠发行政府债券来获得资金，债券长期来看也需要付出相应的税金作为保障。因此，这种忽略公债偿付成本的现象，可以称之为债务幻觉。与债务幻觉相似的，存在租户幻觉。相对来说，业主更希望政府采取税收的方式融资，因为如果地方政府债务违约，当地房价很可能会引发剧烈的波动，导致业主的房子贬值。[②] 业主比租户

[①] 景军：《泰坦尼克定律：中国艾滋病风险分析》，《社会学研究》2006年第5期。

[②] 地方政府债务违约，意味着地方政府收支不抵，难以维持对地方公共产品的正常供给。这方面的典型例子是2013年美国底特律市破产。底特律破产案是美国最大的城市破产案，财政的拮据导致底特律难以提供正常的公共服务，比如路灯缩短打开时间，以节约资金，导致治安状况更加恶化，城市供水、供电系统大量老化。种种原因综合导致了底特律的房价持续下跌，出现了一元房，买靴子的价格就能买两套房的现象。这些房子虽然购买起来很便宜，依然需要缴纳不菲的物业税。通过租房在底特律工作生活的人群随着底特律环境的恶化可以低成本地迁徙到其他城市，而业主的房屋价值却很可能因为地方财政的恶化而贬值，迁徙到其他地区的成本比租房者要多。

更希望地方政府采用税收的方式融资，可以成为地方债的"业主效应"。债务资本化中可能存在的"租户幻觉"意味着，我们不再仅从代际交叠模型探讨代际公债负担，而是考虑当代人未来税收负担对当代人资产价值的折现，这个折现可能会资本化了房价。公共债务进入了资本的价格中，债务资本化的后果意味着当代人所拥有的房产被公债所贬值，租户更希望政府使用债务融资、而业主更倾向于使用税收融资。传统上所探讨的公共债务是当代人和后代人之间的债务负担关系和冲突，变成了当代人的事情。财政联邦制通过地方债务资本化机制保护后代的利益，当代的债务资本化进入了当代居民所持有的资产中，导致资产贬值，从这个角度上承担了公债带来的部分负担，从而减轻了子孙后代的债务偿还压力。财政幻觉存在的原因是可能存在租户效应与业主效应，实质上分析了无房产者与有房产者对地方政府债务负担的不同看法和效应。

收入分配对债务负担的影响主要是通过降低财政债务风险抵御能力和削弱财政可持续性来实现的。一是收入分配的不合理容易导致低收入群体所占比例过高，而低收入群体应对外部不确定性的能力确实较弱，一旦家庭中有人患重病或者有人失业，整个家庭的生活在短期内就会陷入困境，很难有足够的储蓄和能力来应对不确定性。部分低收入家庭需要依靠财政补贴和优惠待遇来维持日常生活的正常运行。一旦财政面临债务限额危机、收入来源不足或者突发事件引发的紧急支出，无法保障针对低保和低收入群体的转移支付和财政优惠，降低财政补贴力度或者取消某些优惠待遇会对这部分群体生活产生较大影响，低收入群体就可能成为抵御财政债务风险所带来损失的薄弱环节，如果低收入群体所占比例过大会导致社会整体的财政债务风险应对能力较差。二是收入分配不合理，容易导致财政收入过度依赖高收入阶层，财源单一且不稳定，难以实现可持续发展，抵御外部风险和财政内部波动的能力较弱。收入分配与财政债务风险是密切相关的。

地方债务负担分配表现出了一定的从资源占有优势的社会阶层向劣势社会阶层转移。观察债务负担的阶层分配发现其分布规律也符合泰坦尼克定律，风险也是从优势阶层向弱势阶层转移，债务负担的危害同样由弱势阶层承担更多。无法掌握足够的信息，但又必须做出决定，并承担该决定带来的风险和后果,就是当代社会中的吊诡逻辑。由于掌握信息的能力不同、不同群体拥有的话语权也有差异,规避风险、避免损失的能力也产生了巨大的差异。这种掌握信息的差异,导致了风险分配的差异,风险的制度化变为制度化的风险。债务负担通过财政压力体制,层层向更弱势的群体分配,由这些群体最终承担债务负担所带来的福利损失。而财政的核心要义包含着改善社会分配状况,提升整体社会福利水平,那么地方债务所蕴含的债务负担,就不应当以牺牲弱势群体的利益为代价。

一个收入分配相对公平、财富分配相对合理的社会,会形成一个橄榄形的社会结构,存在庞大的中产阶层,高收入阶层和低收入阶层所占比重一般都不高,不存在两级分化的状态。在收入分配较为合理的社会中,财政收入的来源主要来自中高收入阶层,收入的来源广泛稳定且可持续,也获得了提高优质公共服务的资金保障,财政赤字的规模可以得到有效控制。即使因为自然灾难或者外部经济波动,造成财政突发大规模支出,财政也有承担这笔债务的能力和弹性,爆发巨额赤字风险和债务危机的可能性较小。一旦财政债务风险恶化,中间收入群体和高收入者可以通过个人能力和家庭储蓄渡过难关。

反之,一个收入分配结构很不合理的社会,贫富差距悬殊,财富分配在高中低三个群体间呈现出两头大中间少的格局,贫困人口比例高、规模大。在此收入格局的社会中,财政收入无法依靠足够规模的中等收入阶层,只能对高收入阶层课以重税来弥补财政收支差距。然而,随着全球化的加速,极富裕的阶层可以从全球取得收入,就有了在税收洼地避税的能力,资本向避税天堂流动。资本外移使得某些国家无法取得足够的税收,只能积累越来越多的债务。随着时间的推移、债务的累计,为了偿还债务而提高总体税率,会进一步削减本来就比例不高的中等收入阶层和中等偏下阶层的购买能力,在更深层级上打击了经济,陷入了恶性循环。一旦财政危机爆发,已经存在的巨额债务和缺乏弹性的财政状况会进一步加深危机的层次和规模。低收入和弱势群体抵抗风险应对不确定性的能力相对较弱,如若财政债务风险爆发,所受影响最大的是此类人群,最终只能由他们背负债务危机爆发的最严重的后果,可能成为社会不稳定的因素和力量,导致从财政危机向社会危机转化。

从不同的指标来看，我国的收入分配已经出现了贫富差距过大的趋势，如从基尼系数来看，我国的收入分配状况从改革开放初的0.28,[①]上升到2013年的0.47，收入分配状况有待改善[②]。一般来说，收入分配差距过大，会加剧财政债务风险。笔者在2011年参与了某市对低保和低收入群体受物价波动影响的社会调查，发现由于低收入群体收入微薄、储蓄有限或者无储蓄，农副食品上涨后他们就会选择少买贵菜和肉，物价上涨对他们的影响确实大于其他群体。然而，财政的补贴制度导致了在低收入群体之中依然存在着承担风险的差异，享受低保和低收入群体等最低社会保障福利的资格需要由户籍所在地社区和居委会审核资格。拥有该市户口、属于该市社会保障体制内的人群可以享受到物价上涨补贴，非户籍人口无法享受到补贴。低收入者本来抵御不确定的能力就相对较弱，在这样的财政补贴制度下，真正受到物价上涨影响最大的并不是拥有该市户籍的低收入者，而是生活在该市低收入者中没有被纳入当地社会保障体系、无法享受低收入保障的群体。难以想象这部分低收入群体会有时间和精力去享受由地方政府融资的形式兴建的体育场馆、文化设施。但是他们依然需要承担商品中包含的销售税收和可能的个人所得税[③]。这个事例中，不同社会群体之间所承担物价上涨风险明显不同，掌握话语权的人们利用财政制度，把风险向更加弱势的群体转移。尽管针对物价上涨的财政补贴可以降低享受低保的人群与其他人群之间的收入分配差距，但是这个制度设计隐含了财政机制在不同阶层成员之间的风险分配差异，体现了财政分配的复杂性。

希腊主权债务危机的爆发就与财富长期在不同社会阶层分布不均有关系，老年贫困率在2002年为25%，比欧洲15国的平均水平高了16个百分点，一般人群贫困率也高于欧洲15国的平均水平。公务员和律师等群体75%的养老金来自政府财政，然而私人部门员工的养老金来

---

① 丛亚平、李长久：《收入分配四大失衡带来经济社会风险》，《经济参考报》2010年5月21日。

② 杨耀武、杨澄宇：《中国基尼系数是否真的下降了？——基于微观数据的基尼系数区间估计》，《经济研究》2015年第3期。

③ 有些低收入或者低保家庭中有"高"收入者，但是由于其他家庭成员的失业、残疾、疾病、债务等情况，全家的人均收入微薄、收支不抵。而供养人口、家庭成员情况等因素并不影响个人所得税，因此也有低收入家庭需要缴纳个人所得税。

自政府的部分只有 20%左右①。不公平的分配机制导致了社会内部脆弱性加强，2008 年国际金融危机之后外部的不确定性引起了希腊在政府债务状况持续恶化，到 2015 年 7 月由于无法偿还国际货币基金组织的债务，主权债务违约。希腊随之出现了银行挤兑和取款限制。受到债务风险爆发影响最大的群体是依靠固定收入工作的群体和没有收入来源的群体，尤其是依靠养老金生活和没有工作的人群。有些希腊老人没有银行卡，无法从自动取款机取出每日 60 欧元的取款额度，基本生活得不到保障而哭倒在银行门口。部分希腊青年毕业生受经济衰退的影响，无法找到工作，不得不背井离乡，出国找工作。希腊政府迫于压力，被迫接受严苛的财政紧缩方案，缩减退休金、降低医疗保险报销比例、消减最低工资标准。可以预见，深陷债务危机的希腊经济将处于长期的衰退之中，财政政策将进一步失去弹性。全球化背景下的希腊船业巨头可以从全世界范围取得收入，而希腊低收入者的生活如何得到保障？债务负担在日常状态下对弱势群体的转移和分配是隐形的，具有不可知性，而在风险爆发的时刻，危害在不同社会阶层人群之间的程度差异一览无余。

最贫困家庭由于缺乏储蓄和应对危机的必要保障，首当其冲地在风险中暴露，最容易遭受毁灭性打击。风险是否会转化为危机，也与风险长期在不同社会阶层分布不均有关系。同样地，风险在日常状态下对弱势群体的转移和分配也是隐形的，具有不可知性，而在风险爆发的时刻，风险在不同社会阶层人群之间的损害程度差异一览无余。当公共卫生安全爆发，承担财政债务风险的更多是处于弱势阶层的人群。世界银行的测算表明，2020 年新冠疫情在全球范围内导致大约 8000 万人口陷入极端贫困，再加上大约 3100 万本应在当年度脱贫的人口，疫情导致了 1.19 亿—1.24 亿人口陷入贫困。

四　总体规律：飞来飞去，模糊不清

风险分配的逻辑与财富分配逻辑的共同点在于，从优势阶层向劣势阶层分配，从中心地区向边缘地区分配，从现在向未来分配，都是由社会中的占优方分配给社会中的弱势方。风险分配的逻辑与财富分配逻辑

---

① 孙守纪：《社保全覆盖与有效控制支出》，《人民日报》2016 年 4 月 8 日。

的不同点在于，风险分配除在阶层、区域和时间上表现出非对称性外，也表现出了一定的均衡性。贝克把风险的分配形象地比喻为"回旋镖"，生产风险、企图把风险转移给他人的群体，迟早与风险狭路相逢，风险的制造者和受益者最终难以逃脱风险的惩罚。风险的存在、转移和分配具有不可知性、随机性和偶在性，模模糊糊，难以清晰的识别。风险的广泛存在和风险的累计，最终导致生活在这个社会中的人们都无法逃脱风险的损失。风险分配不仅仅超越了人群、地域和代际的限制，甚至影响了地球之外的宇宙空间，呈现出高度复杂性和脆弱性。风险分配的总特征表现为"飞来飞去"、模糊不清。

进入新常态后，我国所面对的不确定性在加强。全球化的加速，让我国更容易受到外部风险的影响。经济发展下行形势下，财政债务风险有进一步增加的风险。原有的应对方案可能正在失效，一些传统的做法无法真正降低不确定性，反而有可能使财政债务风险状况进一步恶化。在风险与收益关系中，尽可能降低风险危害、取得风险收益。正如同社会学家吉登斯所强调的，风险（risk）的词根在古葡萄牙语里是"敢于"的意思。风险并不一定是贬义词，尽量避免风险可能产生的分配不公、弥补由此带来的损失，提升债务风险治理能力，在复杂变化中抓住发展机遇，才可能从风险中赢取收益。

第四节　对策建议

一　以多元治理思路应对地方政府债务的挑战

（一）地方债务多元治理的框架

尽管政府债务一度被视为洪水猛兽、被称为终将灭亡政府的元凶，但是政府的普遍负债、债务规模的日益庞大却成为现代社会的常态。政府债务并没有灭亡国家，但削弱了国家，债务所带来的风险并没有被消除，债务负担不仅在当代居民之间承担，还可能带来代际的冲突。

治理理论中合作的理念启示研究者，地方公债负担是与每个居民的利益密切相关的，包括当代居民和后代居民、业主与租房者。因此更加需要利益相关者共同治理。地方政府债务的管理实践已经证明，离开其他的利益相关者而单纯依靠政府管理地方债既缺乏效率又难以真正确保债务风险可控。地方债的治理需要多元主体的共同参与。平衡阶层与代际之间的公平性、打破风险分配在时空之中的中心—边缘结构，需要去中心、去结构，实现多元治理，建设合作型社会。

地方债的规模是否得到控制、债务负担是否合理、债务能够对经济产生积极的影响，关键在于地方居民对于政府债务的认识。债务资本化效应的存在根本在于债务幻觉和租户幻觉是否存在。居民如果能够意识到债务负担不仅是区域和代际之间的关系，也会影响个人财产价值，就会以理性的态度对待地方债。正如图 8-8 所示，政府可能失灵、市场可能失灵、志愿服务也可能失灵，过于依靠某个力量可能会使治理偏离原本的目标。为了提升居民福利，在治理的框架关系中，在政府中工作的是公民、在企业中工作的是公民、在社会组织中工作的还是公民，公民的认知水平和理性程度是治理是否有效的最重要因素。

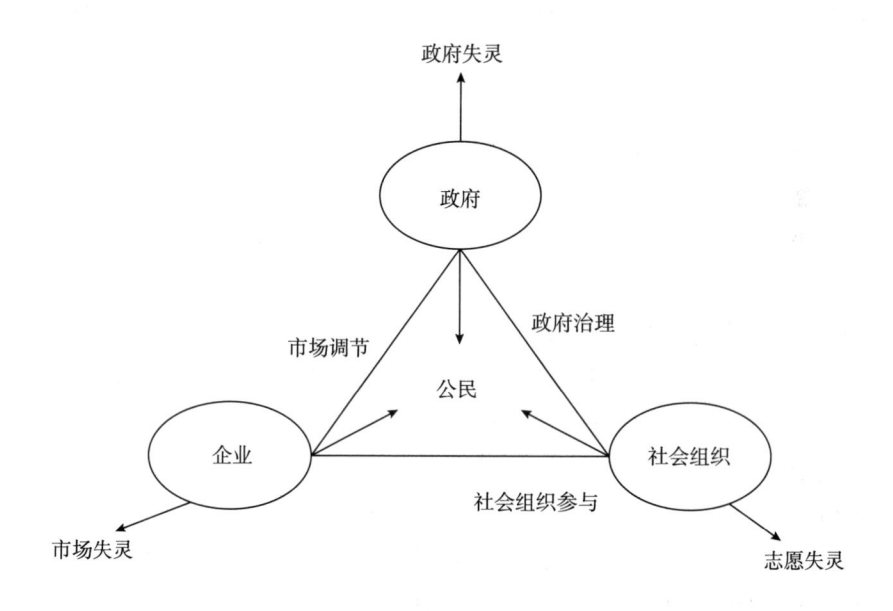

图 8-8 治理的核心与三个失灵

治理理论中合作的理念则启示研究者，财政债务风险也需要利益相关者共同治理。风险的治理需要多元主体的共同参与。财政债务风险治理的多元共治，意味着政府之外的利益相关者也应当提升风险感知意识，维护自身的权益，克制风险创造，积极参与风险防范。公民需要充分意识到当今社会是个高度依存、相互依赖的社会。为了化解个人风险而向其他个体或人群转化风险，个人创造出来的风险可能会通过"蝴蝶效应"扩大，导致风险的累积，从而爆发系统性风险，最终导致风险创造者自食恶果。公民的风险感知能力和社会对财政债务风险的言谈语境，也离不开专家系统。专家在财政债务风险的治理中不仅可以进行学术探讨、提出政策建议，还可以帮助建立理想的社会对话。语境和社会的风险感知基础，以达成风险认知的社会共识。

（二）多元治理可操作化的具体步骤

地方政府债务既有利用得好以带来当地福利提升，也可能因利用不当使当地负担过重，负担过大带来风险和隐患。地方债利用得好，可以为社会提供优质公共产品、提升基础设施建设水平，给社会成员都带来福利。地方债一旦不注意负面效应，带来的危害不仅是给政府带来破产危机、导致财政政策失去弹性，更多地会导致社会整体福利损失。地方债治理的核心主体是政府本身。政治学家戴慕珍提出了政府法团主义，认为地方政府官员也在追求私利，地方政府之间也存在层级，在省、市、县、乡的四级地方财政体系中，似乎每级的关注重点并不完全相同。周黎安把官员的行为描述为了为了升迁而赛跑的机制，这一理论尽管很有解释力，但也引起一些争议。乡亲县民并不是政府指挥棒之下的机器人，而是有自我认知能力和行动能力的人，他们会对政府的行政行为做出自己的反应。当一地主官为了个人升迁而盲目追求 GDP 数据的时候，这些乡民会在他的指挥棒下推高 GDP 吗？乡民难道不关心个人生活境遇的改善与家庭财产的增值吗？中央政府、上级政府制定规则，地方政府、下级政府不断找寻这个制度和规则中的漏洞，通过找漏洞不断打破旧的制度安排。中央政府、上级政府作为监管者，很难实时掌握情况，进行监督。要想改进这种做法，就要让其他层级的政府、居民、金融机构、和其他私人部门共同监督政府。发行地方政府债券，就是监督地方政府行为的一种手段。

政策的制定和执行存在一个互动关系，并不是中央政府定政策、上级政府定规章，下级政府和民众就对这些政策规则没有反应。恰恰相反，现有的财政制度是多方互动产生的结果。政府债务的核心是公共信

第八章 地方债风险分配机制研究

用。地方债的发行情况和当地房价也是民众通过经济行为和迁徙选择来给地方政府打分的。政府是有能够真正取信于民。公债问题是整个社会所共同面对的议题。传统的公债管理属于政府，仅围绕政府来削减公债的努力，难以完全实现。发达国家的公债削减行动中有一个明显趋势就是争取公众对这一问题的关注，比如，美国、德国等国在城市显著位置放置的公债钟，并研发相应的手机应用，来引起公众对这一问题的重视和讨论，引入公众参与、实行合作治理来共同应对公债削减问题。在公债的合作治理中，最为关键的是保障公债削减计划既不会对纳税者造成过大负担，也不过对公共基础设施和公共服务的提供造成太大影响。

地方债治理的多元共治，意味着政府之外的利益相关者也应当意识到自身的权益，积极参与。我国纳税人对财政的关注可能仅从对个人所缴纳税款是否合理使用。纳税人一旦意识到，今天的税金使用、财政分配制度是与他们个人承担不确定性损失相联系的，甚至是后代的个人生活不确定性具有重要影响，那么纳税人应当会更加关注财政议题、参与积极性高涨。

具体来说，地方政府债务的治理问题可以转化为具体的财政决策，多利益相关者参与某个具体财政风险问题可以通过图 8-9 所展示的步骤参与决策。财政债务风险的治理问题可以转化为公共决策问题，通过一定的议程让相关方充分表达利益和诉求。在处理具体的财政债务风险问题的准备阶段，需要确认利益相关方，尽可能让各方充分表达利益诉求并输入其变量与目标。在目标设定阶段，要让相关方一起设定公共议程的目标，并将之细化。为了解决众声喧哗，可以向专家寻求一定的解决方案，通过专家进行数据建模，衡量成本与风险、风险与收益之间的关系，进行打分判断。在达成方案阶段，不仅要考虑专家选择的方案，更重要的是与利益相关方进行充分的讨论和沟通，来促进方案的达成。而在方案实施后，需要对方案的效果进行敏感度分析，让参与者和影响者打分，从而为以后的公共决策达成、财政债务风险化解积累有益经验。当然，具体的步骤和实施细节需要依据具体情况进行调整。重要的是，在科学理性和社会理性的共同指引下，财政债务风险的分配公正需要纳入决策的版图。

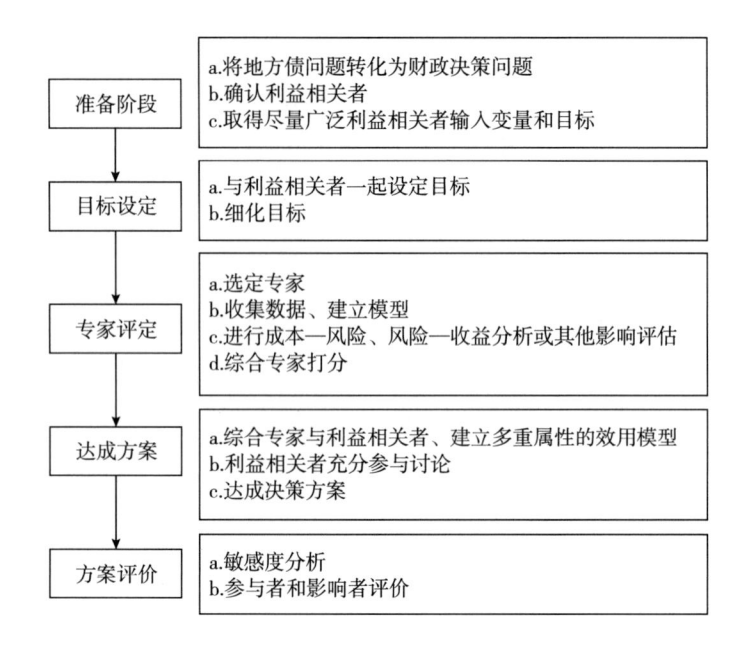

```
准备阶段  → a.将地方债问题转化为财政决策问题
            b.确认利益相关者
            c.取得尽量广泛利益相关者输入变量和目标

目标设定  → a.与利益相关者一起设定目标
            b.细化目标

专家评定  → a.选定专家
            b.收集数据、建立模型
            c.进行成本—风险、风险—收益分析或其他影响评估
            d.综合专家打分

达成方案  → a.综合专家与利益相关者、建立多重属性的效用模型
            b.利益相关者充分参与讨论
            c.达成决策方案

方案评价  → a.敏感度分析
            b.参与者和影响者评价
```

图 8-9　多利益相关者参与某一议题治理的具体步骤

资料来源：笔者根据戴特罗夫·冯·温特菲尔特的步骤图绘制。

二　改善收入分配状况以提升抵抗债务风险能力

改善收入分配就需要从财政补贴的公平性上着手，尽量做到注重社会保障机制的公平性，理直气壮地要求要素收入分配的合理化。在养老保险、医疗保险方面覆盖尽可能广泛的人群，做到不因身份和职业的差异而享受差异化水平的基本生活保障和社会保险。在基本教育方面，缩小教育投入的城乡差异，让生活在不同区域、不同家庭的未成年人有个相对公平参与竞争的起点和能力，有参与竞争的机会，避免寒门难出贵子的局面。抵御财政风险能力最差的是低收入人群和弱势群体，要关注重点人群的财政风险抵御能力。注重收入分配的公平有助于减轻财政风险的危害程度，避免财政内部的不确定性，以应对高度复杂化的外部风险。

认识风险分配规律的意义在于防范风险分配的不公。在制定规则、选择规则的时候应防止风险在跨人群、跨地域、跨代际的差异化分配，平衡阶层与代际之间的公平性、打破风险分配在时空之中的中心—边缘结构，需要去中心、去结构，建立面向未来的合作型社会。建立面向未来的合作型社会，可以降低社会冲突，从根本上上化解矛盾。首先，要重视提升公正性，在制定政策时要充分考虑到不同群体的利益，特别是要避免弱势群众利益受损。注意到不同群体掌握的社会话语权的不同，获取信息的能力不一样，在政策制定和实施政策时要对弱势群体有所保障。如果确实无法避免对部分群体的损失，弥补利益受损的群体，实现分配正义，让所有人都能共享发展成果。其次，要注重区域平衡，推进基础设施建设布局和教育卫生资源分配合理化，到达区域均衡发展的目标。缩小城乡差距，重视"三农"事业，推进基本公共服务均等化。最后，要考虑到代际公平，在制定社会政策时要考虑提升社会信任，避免出现代际不公，激发代际矛盾。在安排财政赤字，发行债务时，要尽量节约财政资金，优化债务结构。在资源分配和使用中，以可持续发展的理念，造福子孙后代。

收入分配格局的改善需要逐步改进、并非一日之功，而预算透明度的提升相对易于执行，管理制度的调整、财务报表的改进都能有效改善财政风险状况。针对我国预算透明度和政府财政信息的现状，可以采取以下措施。

第一，提高财政预算公开的范围，细化财政收支的条目，让公众可以真正了解财政收入和支出的具体类别和条目。对于政府保密的内容，除《中华人民共和国保密法》所规定的内容之外，是否其余内容财政都有公开的义务？此外，把政府预算透明度作为考察官员晋升的重要指标，如果政府工作人员没有真正做到按时、逐项公开，是否应当问责负责人和有关工作人员？

第二，推动地方政府债务数据的可视化。我国地方政府长期通过多种手段借贷了大量隐性债务和或有债务，这部分债务问题是导致我国财政风险状况恶化的重要原因。我国已经进行了多轮审计来摸清状况，也已经允许地方政府发债来置换旧有债务、降低融资成本。地方政府债务的存量状况、还本付息压力仍是财政风险研究的核心议题，需要进一步提升地方政府债务数据的可得性。

第三，财政政策法规和重要改革举措的"全文上网"。预算收支是流量数据，财政法规和政策措施是决定预算的规则，是避免财政风险恶化的关键。比公开预算更加重要的是财政法规政策的全文可见，以稳定公众预期、体现财政制度的公平性。

第四，建立统一的财政信息发布平台，使财政信息更加清晰易得。财政信息的分散化和碎片化既是一种数据浪费又不利于财政监督，建立统一的财政信息发布平台，可以综合中央和地方各级政府的财政信息，规范化财政统计方式，确保科学真实。以"金财""金税"为代表的我国电子政务发展越来越完善，所采集的数据除运用在内部管理外，也应在合理范围内向社会公众公开。

第五，PPP项目招投标透明化，PPP项目不仅要做到招投标过程公正透明，在PPP项目建设、运营和移交的过程也要做到可视化，减少项目的合同管理成本，避免企业追求盈利性所导致的道德风险，在公私合营项目的公益性和私人部门的逐利性之间找到合理的平衡点，从而减轻PPP项目所带来的未来财政不确定性。

总之，要充分发挥财政再分配的功能，改善收入分配状况、缩小社会贫富差距，提升预算的透明度、打破债务幻觉、加强财政监督，这些举措可以帮助改善财政风险状况，利于加强社会稳定性，减少财政脆弱性，从而提高财政风险的应对能力。

三 建立巨灾保险制度防范系统性风险

在防范系统性风险的情况下，政府特别债券可以起到一定的作用，但以此带来的债务风险高涨和债券偿还问题难以解决，更可行的思路是建立巨灾保险制度，进行风险预防。2021年12月，《国务院关于印发"十四五"国家应急体系规划的通知》中明确指出要"强化保险等市场机制在风险防范、损失补偿、恢复重建等方面的积极作用，探索建立多渠道多层次的风险分担机制，大力发展巨灾保险"。习近平总书记高度重视重大风险的应对问题，在多次讲话中强调"要正确认识和把握防范化解重大风险""抓好风险处置工作"。

按照《国务院关于加快发展现代保险服务业的若干意见》，损失包含五个分层如图8-10所示，涉及公共部门、保险机构、投保人等分担主体。其中，公共部门层面承担财政支持和地震巨灾保险专项准备金。保险机构层面包含保险公司和再保险公司。巨灾保险的投保人包括私人、组织和政府，本章侧重于讨论个人层面的优化策略。本章对策建议将从公共部门、保险机构和个人三个层面展开讨论。

第八章 | 地方债风险分配机制研究

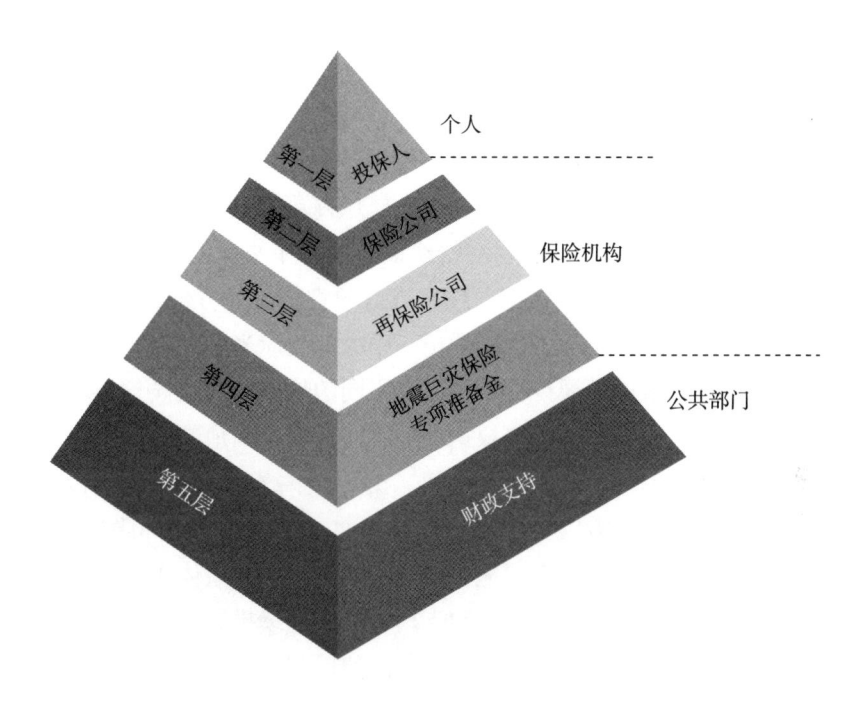

图 8-10 巨灾保险的损失分层及其主体

（一）公共部门

第一，实现巨灾保险与财政预算有效协同。巨灾保险体制建设应当在现有财税体制内做嵌入式设计，纳入科学化制度化的应急应灾资金保障体系。把巨灾保险作为一种灾前应对巨灾风险的财政政策工具，作为杠杆以放大财政应急资金规模。保险机构具备更专业的风险建模和精算能力，地方财政参考其对本地灾害风险的评估和可能致损规模的测算，来确定本地应急应灾需储备的财政资金规模。将应急保险赔付与财政应急应灾资金进行制度化协同，形成合力，保障灾难发生时具备充足的救灾资金，并能及时拨付到位。在破坏性巨灾发生时，让财政资金用于灾后救助救援、公共基础设施修复重建等事项，保险资金用于人身伤害、财产损失等事项，实现公众利益最大化。尽可能地控制破坏性巨灾造成的财政风险和追加经费规模，提升财政资金使用绩效。在其他实行地震巨灾保险的国家和地区中，大多数不是强制购买的，而是通过税收优惠、保费补贴、加强保险减灾宣传等方式提升巨灾保险参与率的。我国可以在借鉴的基础上，结合财政体制政策进行制度设计和优化。政府以

197

税收优惠，引导金融机构参与巨灾保险体系建设，鼓励居民通过购买巨灾保险以降低巨灾损失。

第二，理顺政府间巨灾保险责任关系。根据2020年国务院办公厅印发的《应急救援领域中央和地方在应急财政事权和支出责任划分改革方案》的精神，在巨灾保险制度建设方面，中央部门应当承担起制定巨灾保险制度的政策、标准、技术规范的责任。地方性政策、标准、技术规范编制的责任由地方政府承担。中央部门应当发挥专业性，做好巨灾风险防范化解的顶层设计。各地有不同的地质水文气候条件，面临的具体巨灾风险不一样，可以根据各地不同情况，因地制宜，制定地方细则，探索适合本地的巨灾保险制度。在灾害事故风险隐患调查和监测预警方面，中央和地方需要共同加强对巨灾风险调查评估和隐患排查。在巨灾应急处置和救援方面，地方政府要切实承担起主体作用。各级政府切实承担起对巨灾保险的事权和支出责任，继续推进省以下应急救援领域责任划分改革进程，向经济困难地区的巨灾保险建设进行更大力度的财政补贴。政府部门之间加强协同，打破部门分割，提升巨灾风险治理效能。

第三，科技赋能增强巨灾保险的风险评估与精算能力。在全国统一应急管理信息系统建设中，加大对灾害风险事故隐患基础数据库建设力度，特别是巨灾损失相关数据采集，重视数据标准化。地方各级信息系统软件中提高数据采集频次和精细度。集合现有学术界科研力量，根据我国自然人文条件，研发适合国情的巨灾模型。鼓励保险公司、高校、研究机构等多方参与，从多学科角度对巨灾风险展开深入研究，运用巨灾数据库，多技术路径并行研发巨灾模型，分散研发风险，验证技术路径科学性，为巨灾风险评估模型和巨灾保险精算提供科学依据。提升巨灾数据和科研成果的共享机制，科技赋能巨灾风险治理。

（二）保险机构

第一，提升承保能力以有效分散风险。巨灾保险共同体能否有效分散巨灾风险，与保险承保能力有关系，应当调整结构以提升承保能力。巨灾风险定价需要确定预期损失水平，有赖于高质量的巨灾数据库。随着巨灾风险数据库的建立和完善，巨灾风险评估建模会更加具有指导意义，巨灾保险定价会更加合理。保险公司应加深对风险的认知理念，风险识别模型及时迭代升级。在对各地经济社会发展新动向和气候水文条件等因素有深入研究的基础上，开发符合当地特点的风险评估模型，制定合理的巨灾保险价格。加速利率市场化改革，推动我国金融市场向纵深发展，增加资本市场体量。支持财产保险创新，优化保险产品结构，整合保险行业资源。

第二，完善承保模式以缓解灾害损失。巨灾保险制度的建立初衷，是为切实缓解灾害损失，减轻财政负担，不能偏离初衷，甚至出现系统性风险。处理好政策性与商业性业务之间的关系，更好地实现市场化的风险分散机制。完善保险资产管理模式，切实提高资金安全性。规范信息披露，增加保险运行透明度。稳妥推进再保险运用比例，在合理分保以提升保险公司承保能力的同时，加强自律管理，防范系统性金融风险，重视提升金融系统稳定性。针对巨灾保险购买困难的问题，巨灾保险共同体公司应提供便利条件，拓宽销售渠道，发挥其风险应对专业能力，在事先灾害防范和宣传教育上发挥更大作用。

（三）个人

巨灾的发生不可预见，其损失难以估量，个人和家庭应提高风险意识，了解保险知识，减轻可能的损失。目前，我国各地居民都可以在保险公司购买城乡居民住宅地震巨灾保险，平均费率约为万分之四，根据不同地区房屋结构和地震风险情况费率有所差别。城乡居民住宅台风洪水巨灾保险除四川地区不支持投保外，其他地区都可投保。居民可以根据现实情况进行合理的避险安排，也可以选择购买家庭财产和人身意外保险，提高保障范围和额度。但在购买财产险时，需要仔细阅读免责条款，看是否包括自然灾害和人为灾害。

针对巨灾风险的特征和变化趋势，应当以整体性思维，提升政府、金融机构和居民各方协同治理效能，提高整个社会应对巨灾风险的韧性和适应性，减少脆弱性，降低损失。实现从被动型的巨灾风险管理，到多方共治的主动型巨灾风险治理思路的转变。只有对巨灾风险进行风险预防，才能防止地方债务在系统性风险爆发时无法应对，反而导致风险集聚、转化为危机。

第五节 本章小结

随着经济社会的不断发展,社会结构不断演化,新生事物层出不穷,我国社会已经进入风险社会。尽管地方政府债务可以促进经济增长,但地方政府债务的存在意味着地方政府债务所带来的公共品享受能力的不同,债务偿债负担和债务风险在不同人群之间的分配不同,而导致的地方政府债务分配问题。本章从地域结构、代际关系和阶层分布三个视角讨论了地方政府债务风险的分配关系:从社会阶层上符合泰坦尼克定律,风险从优势阶层向弱势阶层分配;从地域结构上存在中心—边缘结构,风险从中心地区向边缘地区分配;从代际结构上存在世代交叠,风险从当前向未来分配。但是这种差异化的分配结构与财政再分配的公平目标是相违背的。风险治理的关键在于风险分配的公平性,需要多利益相关者共同治理。同时需要改善收入分配状况以提升应对债务风险能力,建立巨灾保险制度以防范系统性风险的爆发。

第九章

数智化时代的地方债务管理

随着数字化、智能化技术飞速发展,政府管理也进入数智化时代。而新的技术基础和治理范式下,地方债管理将会走向何方,本章试图探讨这一问题,并使用财政资金直达机制在地方创新实践案例,说明地方债管理实现数智化精准施策所可能的道路。

第一节 问题的提出

长期以来,稀缺的地方债政策资源如何合理分配困扰着公共部门。特别在外部环境 VUCA 特征越发明显的当下[①],我国经济下行压力增大,税收收入增长受限,支出增多,地方财政压力越发增大,传统基础设施建设资金缺口加大,地方债政策资源更加"捉襟见肘"。面对激烈的国际竞争,需以科技创新为刃破局,这就需要有效分配公债政策资源,布局新型基础设施建设以支持新型制造业,扶助专精特新小巨人企业发展。与此同时,在地方债发行过程中,存在信息不对称,制度性交易成本有待降低,债券使用过程存在低效无序的现象。如何优化地方债政策资源,降低制度性交易成本,成为地方债研究亟待解决的问题。

数字化、智能化赋能政府治理并取得积极成效,为地方债政策资源分配问题带来新思路。基于数智化的数智政府,是晚于信息化的电子政务和数字化的数字政府的新阶段,在政务效率提升方面显示出更加陡峭的指数级增长潜力如图 9-1 所示。前期数字政府建设卓有成效的地区,

---

① 李平、竺家哲:《组织韧性:最新文献评述》,《外国经济与管理》2021 年第 3 期。

正在纷纷启动数智化跃迁。一些市县级政府开始利用数智技术，探索直达财政资金如何实现政策快享的实践路径，比如 Z 省 X 市财政资金直达快享案例就是一个典型代表。X 市从企业居民的政策诉求着手，利用数字技术和人工智能手段，降低政策供给侧和需求侧信息不对称，实现政策资源动态优化配置，逐步形成了一条数智化地方债精准施策的实现路径。

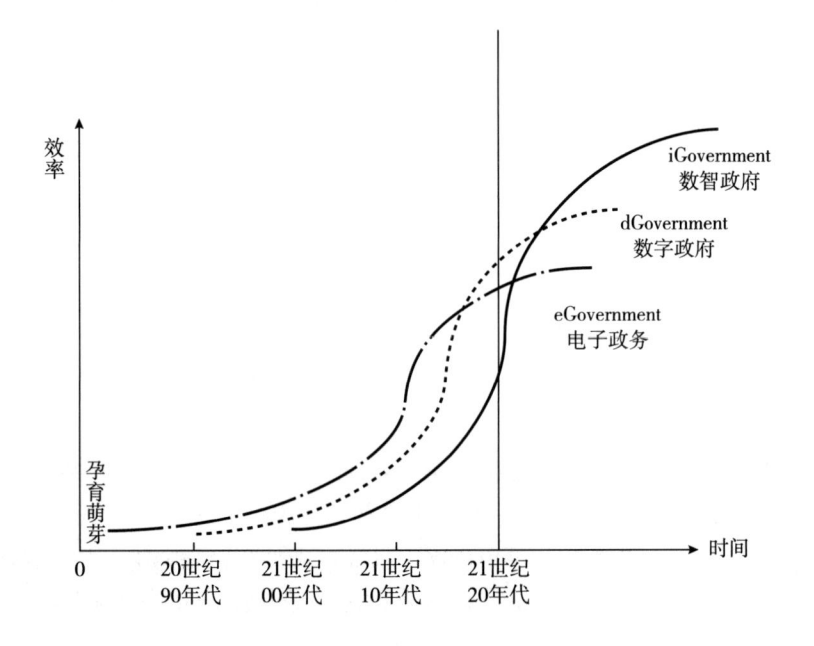

图 9-1　电子政务、数字政府与数智政府的发展浪潮
资料来源：笔者根据江文路和张小劲、张建锋等资料绘制。

数智化地方债精准施策，就是各级政府综合运用数字化和智能化技术，通过降低地方债政策制定和资金使用过程中的不确定性，进而更加精准有效地实现地方债资源的动态优化配置的过程。在优化地方债政策实施的同时，整合数据资源，再造政务流程，重塑政府架构，从而加快政府由数字化向智能化转型。目前来看，关于数智治理对地方债政策制定和实施影响的学术研究相对比较欠缺。为此，本章将基于数智化理论和政策过程理论，以 X 市财政资金直达快享为例，尝试建立数智化地方债精准施策的分析框架，探讨其生成机制与实现路径。

第二节　文献回顾

　　学术研究已经充分关注到新一代信息技术在政府治理中发挥着越来越重要的作用，公共治理相关议题正从强调分散、竞争和激励的新公共管理（New Public Management，NPM），向更整合、更灵活和更全面的"数字时代治理"（Digital-Era Governance，DEG）过渡，其中政府需提升风险反应和供给服务的敏捷性和响应性[①]。第一波数字时代治理研究浪潮注重数据整合，关注宏观主题；第二波研究的特征是重返社会、以需求为基础的整体主义和数字化[②]。随着数字技术不断进阶，出现连续性转型的现象[③]。目前的主流观点认为，数智化是数字化的高级阶段。[④] 数智技术即数字技术和人工智能等新一代技术的深度融合，正在推动治理实现跃迁。国内外关于数智治理的研究和实践正在兴起，欧美国家公共部门已经把"数智治理"的重要性提升至战略高地[⑤]。继第一波电子政务、第二波数字政府浪潮后，数智政府将有可能引发第三波数字时代治理研究浪潮，引领数字时代新技术如何影响政府组织、架构、政策制定等核心议题的讨论。数据赋能政府治理得到更多的关注。

　　综合而言，学术界已经关注到信息化、数字化正在深刻影响公共政策全过程，数智治理相关理论研究方兴未艾，但数智化对地方债政策影响的讨论还相对缺乏。首先，现有地方债政策研究主要从政府单方主体出发，缺乏对债券使用中供需双向关系的讨论。实证导向色彩较强，具有鲜明的科学理性指导取向，人文关怀和对公共价值的重视不够，社会理性关切不足。其次，数智赋能在初期进展较为缓慢，一旦进入指数级增长区域，进展就会相当迅速。由于实践中正处于探索阶段，不同国家

[①] 郁建兴等：《数字时代的公共管理研究范式革命》，《管理世界》2023 年第 1 期。
[②] 翁士洪：《数字时代治理理论——西方政府治理的新回应及其启示》，《经济社会体制比较》2019 年第 4 期。
[③] 苏敬勤等：《连续数字化转型背景下的数字化能力演化机理——基于资源编排视角》，《科学学研究》2022 年第 10 期。
[④] 杨明川等：《企业数智化转型之路》，机械工业出版社 2022 年版，第 5 页。
[⑤] 黄建伟、刘军：《欧美数字治理的发展及其对中国的启示》，《中国行政管理》2019 年第 6 期。

和地区情况差别较大，学术界难以及时掌握公共部门数智化改革最新应用进展，因此研究成果略显滞后。脱离实践、仅靠学术推演难以说明数智化如何赋能地方债施策，实现地方债资源配置优化。最后，现有研究分析智能技术对政策周期某阶段的静态关切居多，把数智政策周期作为一个动态闭环的整体性研究不足，系统性研究缺失。基于此，本章将从以上三个重要且有待进一步研究的问题出发，以公共价值、数智赋能、闭环迭代作为解析数智化地方债精准施策的三个支点，建立分析框架展开讨论。

第三节 分析框架

数智化地方债精准施策，集中体现在"数""智""精""准""策"五个关键字上。数字化是其基本手段，智能化将是发展趋势，精细化是地方债政策实施的主要途径，准确度是它的目标要求，地方债数据成为作用对象。在数字化和智能化技术的综合作用下，地方债政策制定与实施过程，将从以往以政府为主导自上而下单向传导模式，向未来以数据为驱动全方位全时空传输模式转变。在地方债数据驱动下，公共价值成为共同追求，数智赋能得以全面推行，政策闭环提升地方债政策效能。

一 数智化地方债精准施策的三个要素

为了解决地方债政策资源优化配置问题，公共部门制定和执行地方债政策，可以采用数智技术工具，本着以人为本的理念，在地方债政策全周期循环中动态迭代，从而形成数智化地方债精准施策。其中包含三个核心要素，即公共价值、数智赋能和闭环迭代。

（一）公共价值：以人为本理念下的供需匹配

传统地方债政策供给困境在于缺乏对地方债需求侧真实情况进行识别，[1] 供需两侧之间信息不对称导致地方债资金使用低效和无序等问题。地方债政策供给侧的上级部门对地方债政策底数摸不清，据此制定

---

[1] 王玉龙、王佃利：《需求识别、数据治理与精准供给——基本公共服务供给侧改革之道》，《学术论坛》2018年第2期。

政策容易靶向不够精准而"谬以千里"。地方债政策申报时，无法及时把地方债分配给真正具有偿债能力、又切实需要债券资金的地方，存在分配不合理风险。地方债在政策的制定和使用过程中各级政府被占用了大量人力、物力，进行计划推送、政策制定、投资项目申报等。地方债使用效果有时差强人意，资金使用效率低下。政策需求侧的地方政府对地方债政策的情况不了解。比如申请地方债政策时项目准备不足，需要提交诸多材料，程序烦琐、申请不便。值得地方债政策资金投资的好项目没有获批，而一些过度建设、容易导致入不敷出、社会效益有限的项目通过文书"包装"，取得了债券资金。

理论上讲，现代政府存在的根本价值就在于满足公共需求。[1] 政府制定地方债政策的出发点是以人为本、满足公众需要的。在数字技术被越发广泛应用的情况下，公共价值依然是政府工作的中心。为此，地方债政策的制定和执行，始终要以公共价值为中心，通过精准识别需求侧情况找准穴位，提高地方债政策绩效，实现精准滴灌。公共价值在层出不穷的科技浪潮推动下，让政策周期保持旋转重心。数字化和智能化时代，实现公共价值仍然是供需双方的共同追求。公众既是服务对象、也是治理主体和制定实施地方债政策的亲密伙伴。只有拥有强有力的治理伙伴、建立亲密合作关系，政府才能应对具有高度风险的环境，在日益激烈的内外部竞争中取得优势。公众在治理中的地位，由被服务对象转变为共同治理主体。公众有参与公共政策过程的意愿，但会受到能力、制度等限制，[2] 随着技术发展，公众政策参与能力得以增强。[3] 地方债政策创新是由供需双向驱动的，而不是单项动力。需求侧作为治理共同体，有意愿和能力及时了解地方债政策动态，打开政策"黑箱"，监督地方债政策资源分配。

（二）数智赋能："数据+算法+算力"支撑下的地方债精准施策

数智赋能，主要依靠数据、算法、算力三个方面支撑地方债政策供

---

[1] 宋世明：《从公共行政迈向公共管理——当代西方行政改革的基本发展趋势》，《国家行政学院学报》2018年第1期。

[2] 叶大凤：《论公共政策执行过程中的公民参与》，《北京大学学报》（哲学社会科学版）2006年第S1期。

[3] 王法硕：《公民网络参与公共政策过程研究》，博士学位论文，复旦大学，2012年。

需两侧，通过地方债政策周期迭代更新，让精准施策成为可能。数智化大大增强了公共部门制定和执行地方债政策的能力，让公共部门有能力精准识别各地差异化的地方债政策诉求。数智技术同时赋能生产供应链的供给侧和需求侧，供给侧通过集成式、一站式、开放式生产，更好地满足用户个性化需要。[①] 由于数字能力的增强，地方债政策的供需两侧都对对方情况更加了解，且能够动态捕捉对方情况，实现精准识别、供需匹配。供需双向驱动的地方债政策过程，比单一主体驱动动力更足、方向更准，信息动态匹配使得地方债政策的实施更加集约高效。

数智赋能地方债精准施策的核心在于地方债政策大脑的形成。地方债政策大脑主要解决三个问题：数据、组件和个性化施策方案。首先，解决数据问题。地方债数据归集和采集能力强，数据质量好，就会集结成大量的地方债数据库。比如，地方债政策信息可以形成政策库。各类业务的推演规则、标签定义规则、风控规则、政策评价规则等，形成业务规则库。对公共投资项目的特征打标签，形成项目库。通过仿真分析、传播指数、自然语言处理、攻坚聚类等算法，形成算法库。在算法基础上，智能审批、政策解构、精准画像等集成，形成组件库。其次，解决组件问题。地方债政策大脑的核心是算法，能够把地方债政策转化为数学模型和计算机算法。组件（模块）是由模型和算法组成的，即"组件=模型+算法"。实践证明，地方债政策大脑中如果包含更多模型和算法可供选择，政策大脑就更聪明，其敏捷度会大幅提升。最后，解决地方债个性化施策方案问题。地方债政策大脑的突出优势在于可灵活提供解决方案，脱离某个应用案例，可以移植到其他地区推行数智化地方债智能施策。总而言之，数智赋能精准施策是个跃迁过程，政策大脑目前还处于探索阶段。随着数智技术逐步成熟，并试验出如何更好应用于政策过程的途径，基于云计算、量子计算、边缘计算、数字孪生等数智技术，地方债政策大脑提供的个性化解决方案的价值将会更高，在公共决策中其作用也会越发显著。人工智能和量子计算等技术进步速度呈指数级，随着数据质量提升、算法算力增强，数智化地方债精准施策应

---

① 陈剑、刘运辉：《数智化使能运营管理变革：从供应链到供应链生态系统》，《管理世界》2021年第11期。

用前景值得期待。

（三）闭环迭代：动态循环状态下的政策周期

公共政策被理解为一个循环周期。公共政策理论中，以政策过程的阶段进行划分的理论，也称政策生命周期模型。数智化地方债精准施策强调公共价值视角解析政策过程，地方债政策阶段应由地方债的需求侧真实诉求生发。地方债投资的公共项目，须是当地群众真正需要的项目、真正能够支持当地经济发展、优化公共服务的项目，而不是当地官员处于追求政绩的目的，导致项目质量低，形成债务超过资产的问题。尽管中外学者对于公共政策究竟应当被划分为5个、6个、7个还是8个阶段存在争议。但综合理论模型和我国实际情况，应以地方债政策需求侧问题为导向，将地方债政策过程划分为议程设置、政策制定、政策兑付、政策风控、政策评估5个阶段。

经典管理理论认为，动态循环中组织如果能够形成自我强化的闭环，形成良性动态反馈循环，就能提升运作效率。从数据运行的角度看，一项公共政策在周期内动态循环，政策数据在闭环内迭代过程中，会产生一些新的过程数据。政策循环把算法执行结果反馈至系统中，也会产生一些其他类型的新数据，并通过不同来源的数据不断交叉验证来训练算法。算法在不停闭环迭代中得到系统反馈和训练优化。政策过程不断修正，政策模型也会同步不断优化。为此，搭建高质量算法和模型，提升组件性能，就会让地方债政策大脑更加智能。地方债政策大脑在动态迭代中不断优化，地方债决策也将更加精准、更加敏捷。实践证明，在动态闭环中实现地方债全链条监控，不仅便于有效监督、避免资金浪费，还能让阳光照进政策周期，提升地方债政策制定的透明度。比如，广州通过政策兑现等举措，打破政策"黑箱"、实现阳光兑付就是个比较好的案例。实际上，政策过程理论较早地就关注到了非理性因素对政策决策的介入。智能动态监管闭环可以标本兼治，实现监管的秩序规范。政务流程在政策周期的动态循环中将被不断再造，政府的组织架构也会相应做出适应性调整。

二　分析框架

数智化地方债精准施策，就是围绕公共价值，地方债政策供需双方精准匹配、高效协同，在政策周期迭代循环中提升政策精准度，持续不断地优化资源配置。数智技术让数据在地方债政策全生命周期内动态循环，算法、组件和政策大脑在迭代中不断升级如图9-2所示。

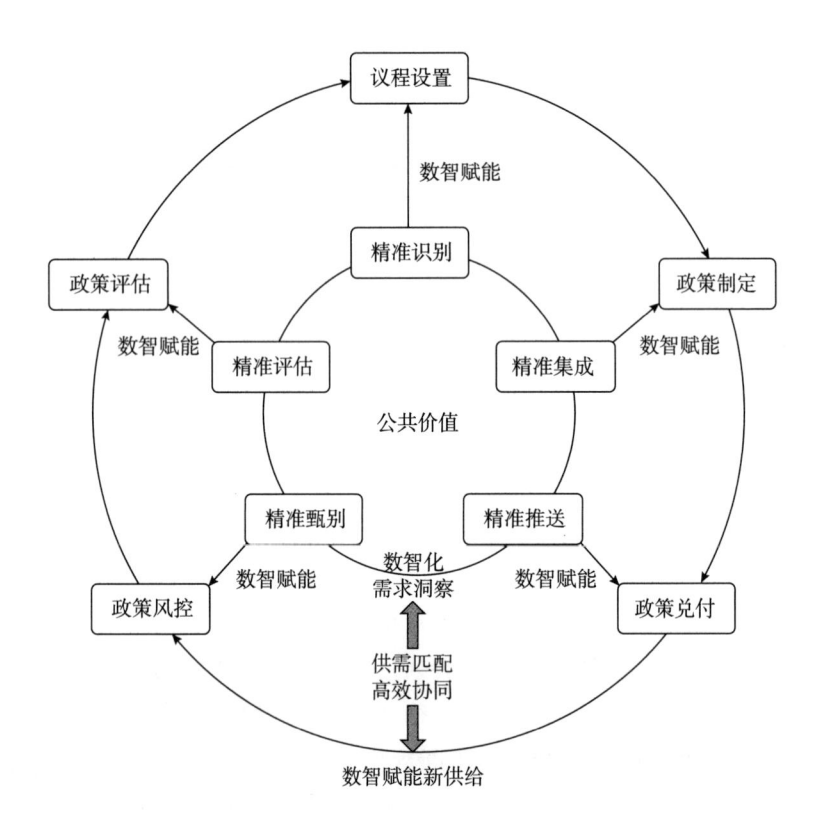

图 9-2 数智化地方债精准施策的分析框架

具体而言，在议程设置阶段，根据地方债需求侧对政策精准定制的诉求，通过政策公告、意见征集等传统方式与数智推广手段相结合，实现信息的供需匹配。在政策制定阶段，为满足地方债需求侧政策精准集成推送需求，通过智能解析、规则验算、沙箱模拟等数智技术，依靠地方债政策大脑实现政策制定靶向精准。在政策兑付阶段，针对需求侧希望政策能够直达快享的诉求，通过算法接口、匡算工具、申报功能、一键兑付等方式，申报兑付便利化，实现精准推送。在政策风控阶段，出于需求侧对打开政策"黑箱"、让政策资源分配公平的需求，使用额度校验、风险模块等技术手段，动态闭环监管，实现精准甄别。在政策评估阶段,针对需求侧期望提升政策绩效的需求,进行政策事后评估、调查统计等方式,力求实现政策精准评估。在公共价值指引下,数智赋能政策供给侧洞察需求侧诉求,供需双向驱动政策过程,从而实现供需匹配、高效协同。政策周期贯通以公共价值为重心循环,根据需求侧诉求生发出政策的各个阶段,并在不停迭代中优化升级。

第四节 案例分析

本章的研究目的在于分析数智化地方债精准施策如何解决动态政策资源优化配置问题。考虑到研究对象复杂,情境动态、议题前沿,故采用单案例研究法,选取对象需具有典型性、前沿性和启发性特征。我国多地都在推进新技术应用于政策过程的尝试,实践各有特点。X 市所在的 Z 省,在全国数字政府建设中走在前列,建设路径在审批改革、政务流程优化和组织再造方面的路径特点突出,整体性、智能性、敏捷性表现卓越,在全国名列前茅。财政资金直达快享应用是依托整体数字政府中的一个具体应用。前期建设进展不如同省的 H 市、W 市顺利,但在数智化精准施策方面后发先至、实现赶超,获得省级和全国奖项。对比其他省份建设情况及对比 Z 省 6 市实地调研数智化施策进展情况后,本章发现 X 市是我国政府在数字化转型中利用新技术提升政策制定实施精准治理的一个典型案例,具有较强的前沿性和启发性。选取 X 市财政资金直达快享作为研究案例,所使用的案例材料来自 2020 年 8 月、2020 年 11 月、2022 年 7 月、2022 年 8 月的多次跟踪式实地调查,以及政府网站信息和公开新闻报道。研究采取半结构化访谈,对象超过百位,包括省、市、县、乡、街道相关工作负责人员。访谈时长约 140 小时,整理调研记录逾 20 万字。虽然 X 市的财政资金直达快享机制改革不是地方债的具体应用案例,但是在财政资金使用过程中,对如何推进数智化改革进程、提升资金使用绩效具有较强启示意义,可以说明数智化地方债精准施策的实践进路。

一 案例简介

2020 年年初,为了稳定经济,中央政府从人民群众切身利益出发,要求各地加快惠企利民政策落实进度,推进财政资金直达机制,督促地方政府加快政策便利化改革建设步伐。市县级政府拥有前所未有的政策资金分配权限，欣喜之余，对如何实现政策快享也倍感压力。财政资金直达快享应用是X市选择在政务服务跑道上，推进政策直达改革，目的是切实帮扶企业群众纾困，推进经济稳步发展，出发点是人民本位和问题导向。在财政资金直达快享项目应用建设启动当年实地调研时，听到当地干部坦言推进起来"非常难"。

该应用项目于2020年5月1日正式启动建设，6月16日应用平台上线，当时功能比较简单。2021年，X市在财政资金直达机制改革基础上，创新采用财政国库"支付"模式，便利兑付；融合整合原平台、企业码、省政务服务网；实现市、县两级平台分级管理；实践大数据政策匡算，系统不断升级优化。2022年系统在"平台+大脑"的建设模式下，建设政策大脑、应用政策沙箱，研究政策结构和匡算规律，应用不断迭代升级。财政资金直达快享的技术路径是从加强信息系统建设、数据贯通、数字技术应用，到逐步引入智能技术。在政策周期动态迭代中，应用从低阶智能向高阶智能施策跃迁，明显体现出电子政务到数字政府，再到数智政府的升级路线。

二 政策周期分析

当地负责干部认为财政资金直达快享就是希望解决惠企政策一天到晚放到抽屉里的问题，企业不知道、也得不到实惠，没有起到实质性作用。让企业与群众到政府办事就要像网购一样，让百姓爱不释手。

（一）议程设置

在公共政策第一步议程设置阶段，财政资金直达快享体现了问题导向和以人为本，就是要以人民群众的问题为施政导向，解决企业群众困难。收集企业群众诉求的方式除包括政策公告、政策座谈会等传统方式外，X市也探索新的政策宣传和诉求收集渠道，包括网站、微博、微信、短视频、微视频、手机二维码等，实现了传统手段与数智手段相结合。线上通过民生e点通、企业码、"帮企一把"平台、"12345"平台、线上问卷调查、"81890"平台，线下通过政务服务线下网点，以及"8718"热线、"12345"市长热线、"81890"热线等渠道，多方收集企业群众诉求。把企业群众提出的意见建议和政策需求采集到诉求库，进行诉求汇总，作为政策制定部门的决策支撑。政策供给侧与需求侧信息精准识别和匹配，实现政策需求侧精准供给，政策制定部门及时响应，以此降低信息不对称，减少制度性交易成本。

（二）政策定制

传统的政策制定过程，需要经历多个政府层级，层层申请，再层层审批的决策链条，决策周期过长，存在政策时滞。财政资金直达快享应用智能解析、规则算法、沙箱模拟、政策大脑等数智技术，赋能政策制定，让政策定制更加精准，政策定制流程如图9-3所示。根据政策纲要文件，制定实施细则，进行政策拆分成为具体条目，并根据政策规则验算，确定具体的政策业务规则。采用政策沙箱模拟的方式，把在数据化阶段已经通过数据训练出来的算法逻辑，进行政策匡算，结果汇总为政策上线前推演评估报告。政策正式上线后，对政策数据解构，对政策打标签，并进入政策库。政策推演评估结果涉及企业个人的，进入企业库和个人库，为后续政策兑付便利化提供可能。

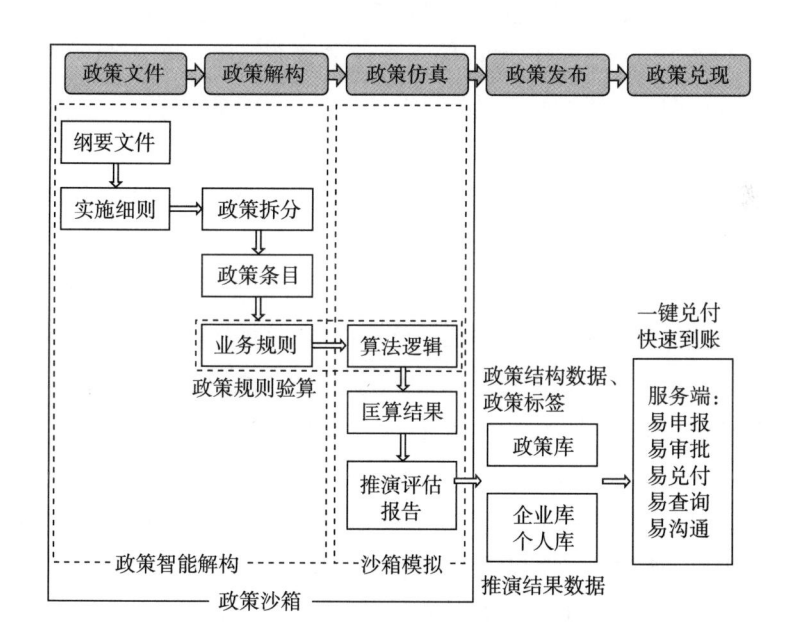

图 9-3 数智赋能政策定制

（三）政策兑付

政策兑付不便是传统政策难题。由当地干部反映，"X市惠企利民政策文件有700多件，A4纸打印出来大大一本、比辞典还厚，这么多政策企业与群众都不知道，怎么兑付呢?"① 财政资金直达快享把审批转为服务，变革政务流程。以前资金到账需要经历材料准备、政策申请、资料审核、材料补充、二次核验、财政拨付6个环节。X市通过审批制度改革，实现了"无感审批""零申报审批"。惠企利民政策上线是常态，不上线是例外。以往的补贴一般通过商业银行账户兑付，这种兑付方式存在一定漏洞。财政资金直达快享应用打造直付模式，通过打通国库，根据政策匡算出的兑付名单，直接推送给用户，用户兑付请示通过国库额度校验即可直接完成兑付。实现资金安全管控和资金直达。根据财政国库数字化建设的成果，已经掌握企业名单，了解企业数量、规模、银行账号等信息，从而实现直接兑付，资金信息简单清晰。符合政策条件的直接把补助打到账户，有效避免了寻租。企业群众收到短信通知后，登录财政资金直达快享应用系统点击相关事项确认，即可领取政策补助资金到账。有群众一开始收到提醒短信还以为是诈骗信息，收到补助金后很高兴，获得感倍增。实现了企业群众申报方便，审批快捷，一站查询，一键兑付，功能不断拓展，政策不断出新。

（四）政策监督

财政资金直达快享的政策监督，主要依靠政策大脑风险管控模块和政策预警模型，黑名单用户使用系统会自动预警，并且被拒绝访问。被识别为异常客户的，虽然允许访问，但会被政策大脑提出预警。异常客户请求的兑付额度正常，可以成功兑付；超额的将兑付失败。只有白名单客户可以正常通过国库支付体系的额度校验功能模块。所有用户申请信息都被记录并反馈给财政、审计、政策制定等部门，以及平台管理端。在实现政策执行应享尽享的同时，政策申请和兑付信息全流程在线可追溯。强化事中与事后监督是当代监管倾向，而数智赋能则让事中与事后监管更加精细。财政资金直达快享应用从"看、兑、问、督、评"五个维度进行统计分析。"看"是指统计上线各主体政策发布量占比。"兑"是指兑付金额统计。"问"是指统计咨询需求分析。"督"是指督查各区县市落实情况，以及分析行业细分情况。通过统计分析，及时

---

① 来自对当地干部访谈的调研记录。

调整政策对不同行业和地区的供给权重。"评"是指政策满意度测评。数智技术助力打开政策"黑箱",提升政策监督能力,以监管手段避免碎片化,统筹全流程有效监管。从实际效果看,数智赋能较好地解决了公平性、监管、服务等问题。

(五)政策评估

财政资金直达快享在政策评估指标体系设置上,以打造服务型政府、为人民办事为出发点。具体做法是通过对企业和个人用户的信息和行为,自动为用户画像。企业主要通过企业性质、所在地区、登记状态、行业类别、税务等级、失信情况、五险一金缴纳情况等角度对企业用户综合画像。个人用户画像,主要从个人籍贯、所在单位类型、所在行业类别、所在地区、婚姻、子女、学历、资产、不动产、失信情况、五险一金缴纳情况等角度进行。不过,由于数据获取困难,评估指标构建是个不断升级的过程,目前国内整体上对政策评估还没有较为成熟的办法,理论与实践双方面的探索仍然在路上。期待在新一代信息技术的助力和各界共同的努力下,可以为政策评估难题提出更加可靠、可信的解决方案。

三 应用效果

公开媒体报道,截至2023年1月5日,财政资金直达快享应用平台已上线各类型政策3284项,成功兑付金额273.5亿元,资金兑付率超过97%。覆盖面方面,惠及企业55.8万家,个人85.8万人。通过在X市政务办事大厅的市民随机调研发现,有当地市民表示了解这个应用,用起来比较方便。也有市民表示不知道这个应用,没有使用过。访谈在当地扎根调研的研究者,认为该应用在数据打通、条块关系协调方面还存在堵点,应用所花费的资金成本较高,区域间创新合作还需要加强。总体而言,财政资金直达快享应用运行时间尚短,抽取样本量较小,政策效果还有待进一步观察。

第五节 生成机制

数智化地方债精准施策,就是让数智技术赋能地方债政策过程,实现地方债政策资源动态优化配置。与地方债政策有关的各类数据正在不断从横向部门间和纵向层级间汇聚,让智能治理加速跨越数字鸿沟,打通数据烟筒,使数据以公共价值为重心,不断在地方债政策周期中循环并创造新的数据,锻造新的智能治理技术,实现融通效能。

一 目标定位:对流程和组织重构

分析财政资金直达快享案例可以发现,数智技术工具和治理范式,受到传统流程和架构束缚,必然会驱动流程再造、组织重塑。传统政务流程,市级各部门和区县(市)各部门政出多门,数据库和平台重复建设、缺乏协调。在政策制定中业务条线不联动问题比较突出。政策制定实施流程需要经过多层级、多条线,碎片化问题明显。在数智技术助力下,公共部门有能力以公共价值为中心,在地方债政策全周期循环迭代,实现地方债政策资源动态优化配置。数智化地方债精准施策要求公共组织推进全流程闭环联动优化。财政资金直达快享对流程优化体现在市级各部门和区县(市)各部门根据政策需求,上报给市、县(市)工作专班,由发改部门条线审核业务规范性,财政部门条线把关政策资金来源。市下辖的区县(市)开发区,在市专班的领导下,也设有相应专班工作组,市县协同机制高度扁平化。通过建立常态化专班工作机制,市级专班协调协同机制,让来自财政条线的创新,被快速应用拓展到其他政府条线,成为推进政府整体数智化转型的重要突破口。数智化地方债精准施策正在推进数据贯通,搭建治理平台,倒逼组织架构调整,以重塑政务流程。

数智化地方债精准施策对政府治理现代化的启示意义在于,随着高阶智能技术逐步应用于公共部门,原有政府组织架构和政务流程受到冲击,需要推进其敏捷转型。"敏捷"的核心价值观包括:人高于流程、可使用软件高于文件、客户合作高于合同谈判、应对变化高于遵循计划。[①] 敏捷治理是在从模糊治理向精确治理进步的基础上,具备应对不确定性的适应力,又能保持鲜活的创新力。敏捷治理让公共部门发现并应对变化,从追求精确到适应模糊,后退一步从宏观视野欣赏更广阔图景。公共部门是个开放复杂巨系统,需要进行敏捷组织升级,具备灵活

---

① [美]杰夫·萨瑟兰著:《敏捷革命》,蒋宗强译,中信出版社2017年版,第15页。

第九章 数智化时代的地方债务管理

性和稳定性，以应对高度不确定性的环境，让大象也能起舞。① 根据 Barabási-Albert 模型，网络中节点连接性越强，在网络中作用就越重要，就越能吸引新的节点连接。康威定律认为系统架构会受到其组织自身交流组织的制约。② 据此定理做出推论，政府数智化应用研发，最佳组织方式将是敏捷团队，而非职能团队。财政预算等专业技术人员，也应当划分到执行相关应用开发的部门中去。未来应当提升组织之间的关联性，加强研发团队之间沟通连接。专班制、例会制是适应数智化时代的一种过渡性组织形式。专班制有利于提升研发效率，例会制加强了团队间沟通。尽管目前由于架构惯性的存在，政府组织架构调整进展相对缓慢。但未来随着数智化转型深入，政府架构创新模式将会超越基于现有科层制组织的想象，毫无疑问政府组织会更加灵活敏捷。

二 生成机制：数智赋能"三流合一"

数智化地方债精准施策不是打通一个部门，而是多个部门、多层级的数智化高效协同，达成的科学决策效果。数智化打破了数字孤岛，改变了技术之间孤立封闭的状况。数智技术让信息在交流过程中走向开放融合，从而带来更多交叉创新的可能，即出现美第奇效应（the Medici Effect）。在政务信息交流中，某个部门条线创新，很容易扩散到其他条线，甚至传染整个系统，碰撞中产生新的创新机制。由于协同创新，来自财税系统的财政直达机制改革，其创新快速扩散到其他政务流程。数智赋能让地方债政策快速得以落实并优化，"直达"+"快享"。财政资金直达快享应用就是在财政直达机制基础上，数智赋能做加法，真正让管理发挥效力，让地方债政策尽快变为实实在在的经济社会发展助力。当前的理论研究已经意识到了应当进行范式革命，摆脱微观层面桎梏，将财务嵌入实体经济③，实现业务流、数字流和财政流的三流合一。数智赋能可以弥合业务流和财政流之间缺乏沟通衔接的问题，通过数据流的沟通连接，精、算、智、数、测，让政策全流程闭环中的组件迭代更

---

① 于文轩：《奔跑的大象：超特大城市的敏捷治理》，《学海》2022年第1期。
② ［美］马尔科·扬西蒂、卡里姆·拉哈尼著：《数智公司：AI 重新定义"企业"》，罗赞译，机械工业出版社 2022 年版，第 82—83 页。
③ 杨雄胜等：《会计理论范式革命：黎明前的彷徨与思考》，《会计研究》2013 年第 3 期。

新，政策大脑升级，从而使政策资源配置处于不断动态优化中如图9-4所示。

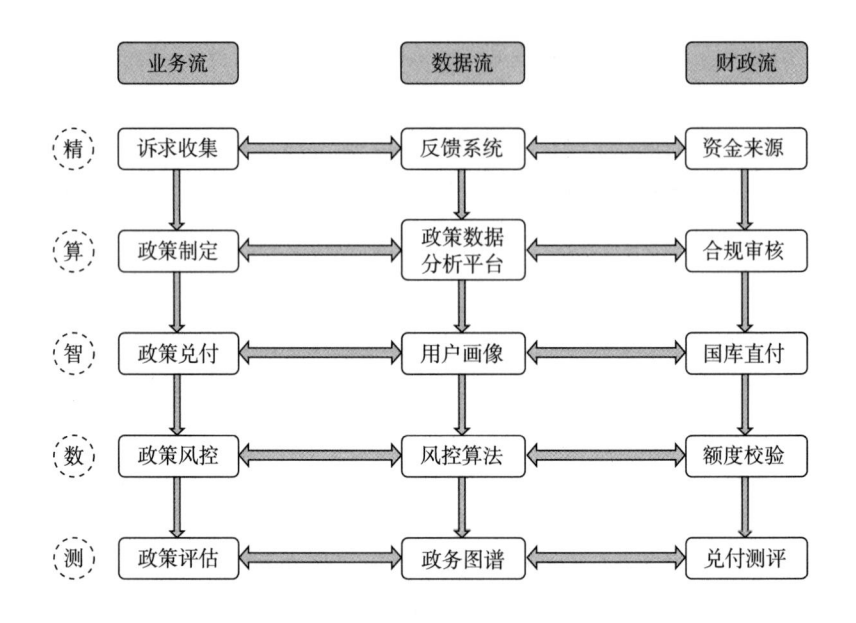

```
        业务流         数据流         财政流

 精  ┌诉求收集┐◄───►┌反馈系统┐◄───►┌资金来源┐
        │                │                │
 算  ┌政策制定┐◄───►┌政策数据┐◄───►┌合规审核┐
                        分析平台
        │                │                │
 智  ┌政策兑付┐◄───►┌用户画像┐◄───►┌国库直付┐
        │                │                │
 数  ┌政策风控┐◄───►┌风控算法┐◄───►┌额度校验┐
        │                │                │
 测  ┌政策评估┐◄───►┌政务图谱┐◄───►┌兑付测评┐
```

图9-4 数智赋能"三流合一"

三　主要特征：精准敏捷

与传统的政策制定实施过程相比，数智化地方债精准施策的主要特征，包括在需求不确定的情景下，通过建立以人民群众的切实需求为中心的价值理念，以政务创新为应用核心，充分激发创新活力，对政务流程进行柔性化改造，让组织架构更加扁平、敏捷，利用开放技术体系，从而提升政策绩效，以实现资源配置优化如表9-1所示。

表9-1　　　　数智化地方债精准施策的主要特征

对比维度	传统政策实施导向	数智化精准施策
需求情景	处理相对确定的需求	处理不确定的需求
价值理念	以业务为中心	以需求为中心
应用核心	支撑行政效率	支撑政务创新
人力资源	提高工作效率	激发创新活力

续表

对比维度	传统政策实施导向	数智化精准施策
政务流程	流程固化	流程柔性化
组织架构	科层、刚性	扁平、敏捷
技术体系	封闭技术体系	开放技术体系

相对于传统地方债政策实施，面对相对确定的政策诉求。数智政府时代，外部环境 VUCA 特征明显，地方债政策诉求愈加充满不确定性。面对不确定性的政策诉求，需要以地方债政策周期动态迭代、不停优化为应对策略。数智化地方债精准施策，强调以公众政策需求为中心，而非以业务完成为价值取向。应用政策的核心目标是支撑政务创新，更好满足公众诉求。相应的人力资源配置以激发创新活力作为激励导向，人和组织共同成长。政务流程不再固化，而是随着政策过程的迭代升级，进行适应性调整，以人为本，走向柔性化。组织架构从科层、刚性，变为更加扁平、敏捷。数智化地方债精准施策要求技术体系由封闭变为开放，促进技术创新融合。

四　风险防范

数智化不仅是一种技术手段，其正在影响着人们的思维方式、行为模式，日益深刻地重塑政务流程，重组政府组织。在这场浪潮中，高风险与高收益并存。数智化地方债精准施策在破解地方债政策资源动态优化配置问题的同时，也面临一些可能的隐患，需要加以防范。如果施策时能够有针对性地规避风险，数智化地方债精准施策就能够极大提升治理效能，推进政府治理现代化。

（一）避免数智偏误，提升算法算力

数智化的网络规模、影响范围和学习效应，会让偏误被数字放大。数智化基础是数字化，当数据不够精确、不能够反映实际情况时，就会出现选择偏差。数据打标记时存在偏差失误问题，即产生标记偏差。选择偏差和标记偏差会带来算法偏差。没有扎实的基础数据作为决策依据，依据人工智能技术开发算法，进行精准施策就无从谈起。若数据失真，以存在较大偏差的数据底数作为决策依据，政策效果只会南辕北辙、毫厘千里。公共部门数智化转型依托于高超的计算力，目前算力资源缺乏规划、算力使用效率不佳、算力与算效不平衡、算力不足等问题仍未得到有效解决,可能会对数智化进程带来影响。如果把数智治理比作烹饪菜肴,那么数据是食材,算法是菜谱,算力就是厨具。数据质量越高,算法越科学,算力越强大,地方债施策效果就越精准、越敏捷。数智化地方债精准施策,需要高质量数据、强大的算法算力作基础。数智施策的基础是数字化,数据已基本实现互联互通。部分数字化发展中地区在推进数字化进程上,可能需要首先做好摸清数据底数的基本功,否则将欲速则不达。要进一步打破数据孤岛,让数据之间不再物理隔离。还要统一数据标准,统合烟筒式的各业务条线,提高数据质量。为避免出现算法偏差,模型选择要尽可能准确,训练算法数据尽可能精确。重视算力网络建设,增强数据时效,提升算法算力,统筹信息系统建设,避免重复投入。此外,还要试验云计算、边缘计算、泛在计算等"新计算",与无处不在的网络相联结,以高算力赋能施策力。

(二)弥合数智鸿沟,加速技术融合

数智化技术融合的特征,必然要求技术开放。我国不同地区数字化进展不一,部分数智先发地区有能力探索地方债精准施策的实现路径,以其数字化阶段基本完成作为前提条件。但让人担忧的是,疫情防控加速了数智化转型影响的深度和广度,也加深了地区间已存在的数字鸿沟。在面对数智化转型时各地所具备的数据、算法和算力基础差异显著,出现了新的数智鸿沟。同时,地方政府之间存在激烈的创新竞争。地方政府探索数智化创新高风险高收益,数智技术对其他地区的外溢,对本地区成本高于收益,存在负外部性。因而地方政府对于本地数智化创新成果往往只做不说、闷头赶路,不利于数智技术开放融合的需求。数智化精准施策的网络效应,意味着使用者越多、包含地方越广,效用就越高。当下唯一不变的是变化本身,为了应对变化和不确定性,要求政府高效协同,政策供需双向驱动,精诚合作推动创新。以往政府创新往往是部分部门、几类业务、个别人员参与,而数智化则要求所有部门、全业务链条、全体人员都要协同创新。地区间、部门间、人员间关系变为正向竞合关系,共助技术融合,才能实现政策资源配置优化。为此,上级协调部门应使用恰当的地方政府创新激励机制,以弥补先发地区的创新外部性,进行地方政府数智化创新经验推广,以此加速整体数智化进程。

（三）警惕数智懒政，加强公众监督

正如钱学森等所提到的，定量和定性是一个不可分割的整体，当定量认识累积到一定量级，回到定性认识，就会对人类认识产生飞跃。定性和定量是一个整体，自然科学和社会科学是一体的。① 数智技术无法取代人的主观能动性。数字是冰冷的，人是鲜活的。数智能力可能会带来傲慢，从而忽视了对社会公众的关切和实地调查研究，但数智化不能成为新的懒政。数智化带来对需求侧更加精确的定量认识，应当与对群众企业的处境和诉求的定性认识结合起来，如此才能制定出真正具有公共价值的地方债政策，实现地方债政策效能提升。传统地方债政策制定是以均值为参考的，小众群体的需求往往因为群体过小、缺乏足够人力物力支持而被忽视。数智化地方债政策制定，是以人民为中心的，数智赋能让政府有可能洞察到更广泛人群的诉求，进行个性化政策定制，调动全链条政务资源实现地方债精准施策，地方债政策资源配置动态优化。要真正实现地方债精准施策，不仅需要基于数字技术和人工智能技术进行数智化跃迁，更要倾听企业群众的心声，接受群众的监督。只有汇聚千千万万群众意见、代表提案和专家意见，才能集腋成裘，把散金碎玉化为治国重器。

（四）把握精准限度，彰显公共精神

不确定性原理揭示，人类无法同时认知粒子位置和动能；越了解粒子位置，对动能的了解就越不准确，反之亦然。不确定性定理从微观物质层面，根本性说明人类对物质世界的认知不可能真正从模糊到精确，启示人们要把握准确的限度。数智化地方债精准施策追求问题识别、政策靶向和执行效果精准，而非精准控制，即在对需求侧情况认知的准确与混沌间探寻平衡。数智化精准施策，在采集信息时要真正以公共价值为导向，避免对政策需求侧情景的过度采集，警惕数据泄露风险，加强用户隐私保护，提高信息安全保护。在提升监管效能的同时，数智化精准施策也存在新的寻租风险。困难群体补助，数智化地方债精准施策效

---

① 钱学森等：《一个科学新领域——开放的复杂巨系统及其方法论》，《自然杂志》1990年第1期。

果显著；特定补助，可通过设置条件等方式实现意图，但依然有寻租空间。甚至会因地方债政策制定前了解供给侧情况，专项补贴便因地、因企设置。为此，要用数智技术把阳光照进政策过程，让地方债政策资源分配更加透明，更好地杜绝政策"黑箱"和权力寻租。实现稀缺地方债政策资源配置的帕累托改进，就要依靠公共价值的彰显，需要公共部门践行公共性，公务人员彰显公共精神。

浪潮不止息，变化无常时。事物发展持续的变动，短暂瞬间有均衡状态。如何应对变化和不确定性是人类社会亘古不变的议题。当今时代，新技术发展日新月异，国际间、地区间竞争日益激烈。在百年未有之大变局的当下，政府的应对策略究竟是以变应变，还是以不变应万变？不确定性带来风险隐患的同时，其实也带来了破解思路。在一个充满想象力和可能性的数智时代，身处信息化、数字化、数智化浪潮之中，诸如数智化地方债精准施策这样的政府主动作为，将是把握动与不动、变与不变的有效尝试。以公共价值为重心是恒久不变的。技术工具应时而变，迭代升级；地方债政策周期周而复始，循环往复、动态更新，两者在动态变化中融会贯通。这就为我们以不变的公共价值保持重心，以万变的数智化工具提升施策能力提供了机会。在数智化转型过程中，政府利用数字技术和智能技术，在公共价值的指引下，在动态循环的政策周期中，迭代升级地方债政策的制定和执行，使实现地方债政策资源动态优化配置成为可能。在政策周期闭环迭代中，整合数据，变革组织，重塑流程，提高施策精准性、组织适应性、治理敏捷性，这样的政策实施也得到更多实践应用。展望未来，政府这只巨象将在数智浪潮中加速技术融合，放大网络效应，不断与自身的懒政作斗争。在把握精准的限度中，欣赏模糊、化解混沌，与"复杂性"翩翩起舞。

第六节 本章小结

数字化、网络化和智能化时代，政府施策水平体现国家治理能力。数智化赋能精准施策实现动态优化资源配置，则是政府治理现代化的重要命题。数智化地方债精准施策是政府运用数字化和智能化手段，在公共价值指引下对地方债政策周期的迭代升级与数字化改造，通过数据驱动业务，变革体制机制，重塑政务流程，从而催生地方债政策资源的最佳组合与最大效能。以公共价值、数智赋能、闭环迭代为三要素建立理论框架，以 Z 省 X 市财政资金直达快享案例为样本，探讨数智化地方债精准施策的生成机制与实现路径。未来在数智化地方债精准施策的实施过程中，要避免数智偏误，弥合数字鸿沟；推进创新扩散，加速技术融合；杜绝数智懒政，加强公众监督；把握精准限度，彰显公共精神，以此显示技术与治理的合力优势。

参考文献

E. S. 萨瓦斯：《民营化与公私部门的伙伴关系》，中国人民大学出版社 2002 年版。

安国俊：《国债管理研究》，博士学位论文，中国人民大学，2006 年。

安国俊：《地方政府融资平台风险与政府债务》，《中国金融》2010 年第 7 期。

巴曙松：《地方政府投融资平台的发展及其风险评估》，《西南金融》2009 年第 9 期。

白景明：《存量债务置换的宏观效应》，《中国金融》2015 年第 12 期。

保罗·萨缪尔森、威廉·诺德豪斯：《经济学》（第十七版），人民邮电出版社 2004 年版。

鲍宗豪：《"土地财政"驱动城市化的四大悖论》，《理论导报》2011 年第 2 期。

财政部财政科学研究所：《我国地方政府债务风险和对策》，《经济研究参考》2010 年第 14 期。

蔡根：《地方债风险预警与防范研究》，硕士学位论文，南京大学，2017 年。

曹静娜等：《地方债研究现状与展望：一个文献综述》，《财会研究》2022 年第 11 期。

陈宝东等：《中国地方债务扩张对地方财政可持续性的影响分析》，《经济学家》2018 年第 10 期。

陈碧琴：《基于 Tiebout 模型的地方公共产品和服务供给问题的理论

模型与实证研究》，博士学位论文，重庆大学，2009年。

陈昌盛：《财政分权理论与中国实践》，硕士学位论文，中国社会科学院研究生院，2002年。

陈共：《积极财政政策及其财政风险》，中国人民大学出版社2003年版。

陈涵：《新常态下地方政府债务协同治理审计研究》，硕士学位论文，南京审计大学，2018年。

陈纪瑜、陈静：《地方政府发债中防范地方财政风险的管理机制研究》，《求索》2010年第3期。

陈杰：《经济新常态下的中国城镇化发展模式转型》，《城市规划学刊》2016年第3期。

陈菁：《我国地方政府性债务对经济增长的门槛效应分析》，《当代财经》2018年第10期。

陈均平：《中国地方政府债务的确认、计量和报告》，中国财政经济出版社2010年版。

陈林等：《地方政府专项债券的收益与风险——来自学术文献与中国实践的启示》，《经济体制改革》2021年第5期。

陈念东等：《分税制改革之后政府间财政体制与我国地方债务研究》，《福建论坛》（人文社会科学版）2021年第6期。

陈叔红：《经济全球化趋势下的国家经济安全研究》，湖南人民出版社2005年版。

陈素云：《政府会计对地方政府债务绩效评价影响研究》，《会计之友》2022年第7期。

陈姓洪：《公共产品资本化对商品住宅价格的影响分析》，《中国经贸导刊》2016年第2期。

陈志勇、李祥云：《公债学》，中国财政经济出版社2012年版。

陈卓：《地方融资平台债务风险防控研究》，硕士学位论文，安徽大学，2017年。

丛树海、李生祥：《我国财政风险指数预警方法的研究》，《财贸经济》2004年第6期。

崔光庆：《我国隐性财政赤字与金融风险的对策研究》，《宏观经济研究》2007年第6期。

崔国清、南云僧：《关于公共物品性质城市基础设施融资模式创新的探讨》，《经济学动态》2009年第3期。

崔红霞：《地方政府债务成因、效应及未来发展》，《西部财会》2015年第2期。

崔金平等：《基于增长效应和风险效应下地方债务适度规模研究》，《金融发展研究》2020年第4期。

崔婧华：《山东省地方政府债券信用风险研究》，硕士学位论文，青岛大学，2017年。

戴双兴、朱新现：《土地财政与地方融资平台债务的相互作用分析——传统城镇化融资模式的理论与实证》，《福建师范大学学报》（哲学社会科学版）2016年第3期。

邓凯：《地方政府债务对经济增长的影响》，硕士学位论文，浙江大学，2017年。

邓子基、唐文倩：《"土地财政"与我国地方财政收入的平稳转型》，《福建论坛》（人文社会科学版）2012年第4期。

刁伟涛等：《地方政府债务信息公开全面评估——基于2015—2017年县级跟踪调查》，《地方财政研究》2019年第2期。

刁伟涛等：《顶层设计、公众参与和地方政府债务信息公开》，《上海财经大学学报》2020年第2期。

刁伟涛等：《我国各省地方政府偿债能力的空间格局和动态演进———般债务和专项债务的分类评估》，《财经论丛》2017年第4期。

刁伟涛：《空间关联下中国地方政府债务的经济增长效应研究》，《云南财经大学学报》2016年第4期。

刁伟涛：《债务率、偿债压力与地方债务的经济增长效应》，《数量经济技术经济研究》2017年第3期。

董少广：《对债务置换提速宏观效应深层次分析》，《银行家》2016年第9期。

董再平：《蒂布特模型及其相关理论的文献述评》，《云南财经大学学报》2006年第4期。

杜琼：《日本政府债务现状及中长期风险分析》，《宏观经济管理》

2011年第9期。

杜雪君：《房地产税对房价的影响机理与实证分析》，博士学位论文，浙江大学，2009年。

杜永潇：《中国地方政府债务的效应分析》，《企业文化旬刊》2013年第10期。

樊丽明：《中国地方政府债务管理研究》，经济科学出版社2006年版。

樊轶侠：《运用PPP治理地方政府债务需注意的问题》，《中国发展观察》2016年第5期。

范允奇、武戈：《房价、地价与公共支出资本化——基于我国省际动态面板数据的分析》，《当代财经》2013年第8期。

封北麟：《地方政府投融资平台的财政风险研究》，《金融与经济》2010年第2期。

傅强、陈碧琴：《税收资本化、地方公共服务对房地产价值的影响——基于Tiebout-Oates模型的多组团式中心城市的实证检验》，《华东经济管理》2009年第10期。

傅志华、陈少强：《美国防治地方财政危机的实践与启示——以宾夕法尼亚州为例》，《国际经济评论》2004年第4期。

盖地、崔志娟：《显性税收、隐性税收与税收资本化》，《经济与管理研究》2008年第3期。

甘泉等：《新城镇化背景下地方政府债务风险预警研究》，《统计与决策》2020年第3期。

高菲：《PPP模式在解决政府债务治理中的相关探究》，《中国商论》2016年第28期。

高鸿业、刘文忻：《西方经济学：宏观部分》（第四版），中国人民大学出版社2007年版。

高鸿业、刘文忻：《西方经济学：微观部分》（第四版），中国人民大学出版社2007年版。

高玲珍、王露露：《地方政府债务治理PPP模式研究》，《经贸实践》2015年第8期。

高培勇、宋永明：《公共债务管理》，经济科学出版社2004年版。

耿立娟：《房价背后的政府因素研究》，硕士学位论文，浙江财经学院，2013年。

巩腾：《地方政府土地财政的成因、经济效应及转型研究》，硕士学位论文，华东师范大学，2015年。

关建中：《国家信用评级新论》，中国金融出版社2011年版。

管红：《财政收入稳定性与地方债违约风险》，硕士学位论文，上海社会科学院，2017年。

郭靖等：《城市收缩与地方政府债务风险》，《中国行政管理》2022年第1期。

郭坤锟：《房地产税对房价影响的研究》，硕士学位论文，云南财经大学，2014年。

郭琳：《中国地方政府债务风险问题探索》，博士学位论文，厦门大学，2001年。

郭玲等：《财政分权对经济增长的影响及其路径分析——基于结构方程的多重中介效应》，《郑州大学学报》（哲学社会科学版）2021年第1期。

郭平、李恒：《当前金融风险与财政赤字货币化的共生性分析》，《当代财经》2005年第9期。

郭省钰等：《地方债务发展的经济效应及其风险管理研究》，《商情》2014年第32期。

郭仕福：《货币政策与财政政策对房地产价格泡沫的影响》，《东北财经大学学报》2016年第6期。

郭霞、刘玉明：《城市基础设施建设投融资体制改革对策研究》，《技术经济》2002年第12期。

郭小东、陆超云：《我国公共物品供给差异与房地产价格的关系》，《中山大学学报》（社会科学版）2009年第6期。

郭玉清：《逾期债务、风险状况与中国财政安全——兼论中国财政风险预警与控制理论框架的构建》，《经济研究》2011年第8期。

哈巍等：《学区房溢价新探——基于北京市城六区重复截面数据的实证分析》，《教育与经济》2015年第5期。

韩军等：《政府和社会资本合作模式研究》，《上海经济研究》2017

年第 2 期。

韩正龙等：《财政支出偏向背景下公共服务供给与住房价值关系研究——基于优化公共物品供给结构视角》，《财经论丛》2015 年第 3 期。

郝其荣：《土地财政、地方政府债务与房价波动》，《青海金融》2018 年第 2 期。

何国学、易伯明：《防范基层财政风险迫在眉睫——湖南汨罗市财政状况的调查》，《财政研究》2001 年第 1 期。

贺邦靖：《中国财政监督》，经济科学出版社 2008 年版。

洪昊：《地方政府债务置换的国际经验、方案述评和推进建议》，《浙江金融》2016 年第 4 期。

洪源：《中国财政风险非参数预警系统构建与实证分析——基于风险因子和 AHP 法的研究》，《河北经贸大学学报》2011 年第 5 期。

侯伟凤等：《地方债务支出、投资性房产需求与宏观经济波动》，《统计与决策》2021 年第 1 期。

胡大玮：《关于地方政府债务置换的情况及对银行的影响分析》，《经济师》2016 年第 11 期。

胡定核、朱沙：《房地产税负对房价变动的影响研究——基于动态面板模型的实证分析》，《价格理论与实践》2014 年第 7 期。

胡洪曙：《财产税、地方公共支出与房产价值的关联分析》，《当代财经》2007 年第 6 期。

胡玉敏、踪家锋：《用脚投票带来了什么？——Tiebout 模型的文献评述》，《石家庄经济学院学报》2014 年第 2 期。

胡玥等：《地方政府债务治理改革与企业人力资本升级》，《经济管理》2022 年第 8 期。

华飞：《我国物业税税制设计探讨》，硕士学位论文，中央财经大学，2008 年。

华伟、巩腾：《发展视角下我国房地产税改革思路与政策建议》，《经济体制改革》2015 年第 2 期。

黄春元等：《地方政府债务、区域差异与空间溢出效应——基于空间计量模型的研究》，《中央财经大学学报》2020 年第 4 期。

黄芳娜：《中国地方政府债务管理研究》，博士学位论文，财政部财政科学研究所，2011年。

黄健等：《地方债务、政府投资与经济增长动态分析》，《经济学家》2018年第1期。

黄静、石薇：《城市公共品在住房价格中的资本化效应测度——以上海市为例》，《城市问题》2015年第11期。

黄书猛：《购房入户制度和住房限购政策的有效性分析》，《重庆大学学报》（社会科学版）2013年第2期。

黄田：《地方债务影响经济增长的传递渠道及其支撑基础研究》，硕士学位论文，浙江财经大学，2016年版。

黄秀女、韩正龙：《公共物品的住房价值资本化效应研究综述》，《科学、经济、社会》2015年第2期。

贾素伟：《土地财政及地方公共支出与房价关系实证研究》，硕士学位论文，燕山大学，2014年。

江涤：《基于PPP模式下的地方性政府债务研究》，《经济》2016年第8期。

姜文彬、尚长风：《委托代理视角下的地方政府债务分析》，《经济体制改革》2006第6期。

蒋学洪、刘西友：《地方政府诚信在地方政府债务管理中的作用研究》，《当代会计》2016年第9期。

金荣学等：《地方政府债务预算模式选择和实现路径探讨——基于公共产品理论的视角》，《财政监督》2019年第19期。

敬志红：《地方政府性债务管理研究》，中国农业出版社2011年版。

柯淑强等：《官员行为、地方债务与经济增长：一个综述》，《经济体制改革》2017年第4期。

孔雯：《地方政府专项债券融资分析》，硕士学位论文，江西财经大学，2017年。

寇楠、徐海波：《地方政府土地依赖：现状、成因及化解路径——基于大连市数据》，《武汉金融》2014年第4期。

雷家骕：《国家经济安全导论》，陕西人民出版社2000年版。

雷应轩：《完善我国增值锐的研究》，硕士学位论文，西南财经大学,2000年。

李才:《地方政府性债务与区域经济发展关系研究》,《商业经济研究》2009年第24期。

李冬梅:《中国地方政府债务问题研究:兼论中国地方公债的发行》,中国财政经济出版社2006年版。

李红权等:《我国地方政府债务的收入分配效应研究》,《金融评论》2019年第6期。

李京城、孙文基:《试论化解和防范地方政府债务的对策》,《财政研究》2007年第7期。

李开秀:《新型城镇化市场化投资模式的最新研究动态》,《经济师》2016年第7期。

李梦:《从"学区房"现象看教育资源的资本化》,《知识经济》2013年第19期。

李梦:《基础教育资源质量在住宅市场中的资本化研究》,硕士学位论文,西南交通大学,2014年。

李伟:《警惕因控制不良贷款不当而导致金融风险财政化》,《现代财经(天津财经大学学报)》2009年第6期。

李祥等:《房地产税收、公共服务供给与房价——基于省际面板数据的实证分析》,《财贸研究》2012年第3期。

李祥等:《公共服务资本化与房价租金背离——基于南京市微观数据的实证研究》,《经济评论》2012年第5期。

李祥、王维娜:《城市公共服务水平、土地供给弹性与住宅价格——来自南京市的经验证据》,《经济与管理研究》2012年第9期。

李心源:《中国实施积极财政政策的财政风险分析》,《财政研究》2010年第5期。

李砚忠:《"原因"背后的原因——地方政府债务形成的"根源"探寻》,《地方财政研究》2007年第5期。

李彦虎:《马克思主义视野下的空间生产理论和城市空间资本化研究》,硕士学位论文,云南大学,2013年。

李燕:《地方政府性债务期待规范化、透明化管理》,《中央财经大学学报》2009年第12期。

李燕等：《地方债务视角下西南地区四省市财政可持续性研究——基于面板数据的协整检验》，《南京审计大学学报》2017年第6期。

李燕凌、刘远风：《城乡差距的内生机制：基于公共服务资本化的一个分析框架》，《农业经济问题》2013年第4期。

李一花等：《地区财政能力、引资竞争与地方债规模研究》，《当代财经》2017年第1期。

李志青：《环保公共开支、资本化程度与经济增长》，《复旦学报》（社会科学版）2014年第2期。

梁虎等：《地方债务治理对银行信贷资金"脱虚向实"的影响——基于国务院"43号文"准自然实验的经验考察》，《当代财经》2021年第2期。

梁若冰、汤韵：《地方公共品供给中的Tiebout模型：基于中国城市房价的经验研究》，《世界经济》2008年第10期。

廖新晨、赵钊：《PPP视角下地方政府债务风险治理研究》，《现代经济信息》2014年第17期。

刘灿：《基于KMV模型的地方政府债券信用风险测度》，硕士学位论文，中国财政科学研究院，2019年。

刘畅：《益贫式增长视角下公共财政支出对房地产市场影响》，《财经问题研究》2012年第5期。

刘大平、叶遇春：《财产税是如何影响住宅价格的?》，《税务与经济》2006年第3期。

刘飞扬等：《中国地方政府债务发展的历史变迁与现实启示》，《江苏科技大学学报》（社会科学版）2019年第2期。

刘高等：《我国地方政府债务对经济增长的影响研究》，《经济研究导刊》2020年第1期。

刘国艳：《加强地方政府债务管理积极防范财政风险》，《中国投资》2010年第7期。

刘翰、颜燕：《地方财政支出水平及结构对住宅价格影响实证研究》，《商业经济研究》2014年第1期。

刘金林等：《我国地方政府隐性债务内涵、成因及特征分析》，《会计之友》2022年第4期。

刘俊生等：《地方政府债务风险评估及可持续性研究——基于 KMV 模型对苏浙两省的分析》，《北方金融》2020 年第 10 期。

刘乐峥等：《地方政府隐性债务与民营中小企业融资约束——基于金融分割的视角》，《中央财经大学学报》2022 年第 5 期。

刘珊珊：《地方政府债务融资及其风险管理：国际经验》，经济科学出版社 2011 年版。

刘立峰：《地方政府融资研究》，中国计划出版社 2011 年版。

刘芹芹：《"土地财政"分析》，硕士学位论文，财政部财政科学研究所，2013 年。

刘清杰等：《税收竞争视角下的地方政府债务规模扩张根源探究》，《广东财经大学学报》2022 年第 2 期。

刘尚希：《财政风险：从经济总量角度的分析》，《管理世界》2005 年第 7 期。

刘尚希：《财政风险及其防范问题研究》，经济科学出版社 2004 年版。

刘尚希：《财政风险：一个分析框架》，《社会观察》2003 年第 5 期。

刘尚希：《地方政府或有负债：隐匿的财政风险》，中国财政经济出版社 2002 年版。

刘尚希：《宏观金融风险与政府财政责任》，《财政监督》2006 年第 21 期。

刘尚希：《论公共风险》，《财政研究》1999 年第 9 期。

刘尚希、赵全厚：《政府债务：风险状况的初步分析》，《管理世界》2002 年第 5 期。

刘尚希、赵晓静：《中国：市政收益债券的风险与防范》，《管理世界》2005 年第 3 期。

刘尚希：《中国财政风险的制度特征："风险大锅饭"》，《管理世界》2004 年第 5 期。

刘生龙、胡鞍钢：《基础设施的外部性在中国的检验：1988—2007》，《经济研究》2010 年第 3 期。

刘斯佳：《国家治理的"具象化"逻辑——基于地方债治理视角》，

《财政研究》2022年第2期。

刘伟江等：《地方债务对经济高质量发展的影响分析》，《云南财经大学学报》2018年第10期。

刘锡良、李秋婵：《金融发展水平对地方政府债务适度规模的影响研究》，《经济问题》2015年第5期。

刘喜和等：《地方政府债务、银行信贷配置与制造业创新》，《审计与经济研究》2022年第4期。

刘小兵等：《财税政策助推供给侧改革——第三届中国财政学论坛（2017）综述》，《经济研究》2018年第1期。

刘星：《地方政府债务风险预警机制研究》，经济管理出版社2005年版。

刘昱乾：《我国地方政府债券偿付能力分析》，硕士学位论文，海南大学，2018年。

刘煜辉：《高度关注地方投融资平台的"宏观风险"》，《中国金融》2010年第5期。

刘煜辉：《中国房价的逻辑》，《金融博览·财富》2011年第12期。

刘源、王攀：《全球金融危机下对防范我国财政风险的新思考》，《地方财政研究》2009年第4期。

刘远风：《城乡差距的内生机制：基于公共物品资本化的视角》，《石河子大学学报》（哲学社会科学版）2013年第4期。

刘远风：《公共物品资本化及其分配效应》，《2010年"海右"全国博士生论坛（公共经济学）"经济社会发展转型的公共政策"学术研讨会论文集》2012年。

刘子园：《我国地方债务风险隐患、成因及对策研究》，《中国管理信息化》2020年第14期。

龙志和等：《官员个人特征对地方政府债务的影响——以"泛珠三角"地级市党政正职为考察对象》，《软科学》2019年第7期。

楼雨薇：《房产税作为我国地方主体税种之法律问题研究》，硕士学位论文，华东政法大学，2016年。

陆超云：《我国地方公共品资本化效应研究》，博士学位论文，中山大学，2010年。

陆懿：《地方政府债务对区域经济高质量发展的非线性作用研究》，硕士学位论文，上海师范大学，2019年。

陆长平、胡俊：《政绩考核与地方政府债务关系研究——基于中部省际面板数据分析》，《江西财经大学学报》2015年第6期。

罗潇：《我国地方政府债务现状、成因及对策》，《中国市场》2017年第8期。

吕冰洋等：《财政权力配置对地方举债的影响研究》，《中国人民大学学报》2021年第5期。

吕洪良：《蒂布特框架下的公共服务与税收资本化》，《产业与科技论坛》2012年第11期。

马海涛等：《后金融危机时期我国地方政府投融资管理机制问题研究》，《经济研究参考》2010年第10期。

马万里等：《中国地方债务缘何隐性扩张——基于隐性金融分权的视角》，《当代财经》2020年第7期。

马骁：《基于三方博弈的我国地方债务问题研究》，《技术经济与管理研究》2018年第9期。

马晓风：《地方政府债券发行管理的国际比较与借鉴》，硕士学位论文，云南财经大学，2018年。

马亚明等：《地方政府债务扩张对国有企业投资效率的影响——基于国有企业过度负债的中介效应》，《会计与经济研究》2022年第1期。

马亚明等：《地方政府债务扩张对实体经济资本配置效率的影响——基于房地产价格的中介效应》，《中南财经政法大学学报》2022年第1期。

满利苹：《公共服务资本化及其财政激励效应研究》，硕士学位论文，山东大学，2014年。

毛捷等：《借力信息公开，促地方债监管规范》，《财政监督》2019年第4期。

孟莹莹：《地方债务、房价波动与区域经济增长》，《统计与决策》2022年第8期。

闵长东：《征收不动产税对住宅价格的影响：中国的实证分析》，硕士学位论文，中国人民大学，2006年。

缪丽慧:《地方政府隐性担保对城投债信用利差影响的实证研究》,硕士学位论文,上海外国语大学,2018年。

缪小林等:《地方债对地区全要素生产率增长的影响——基于不同财政独立性的分组考察》,《财贸经济》2019年第12期。

缪小林、伏润民:《我国地方政府债务可持续性测度研究——基于单一主体模型分析》,《当代财经》2014年第8期。

缪小林:《我国地方政府性债务风险与可持续性探析》,硕士学位论文,云南财经大学,2009年。

牛霖琳等:《地方政府债务隐忧及其风险传导——基于国债收益率与城投债利差的分析》,《经济研究》2016年第11期。

牛霖琳等:《中国地方政府性债务风险与国债定价——基于城投债利差与国债收益率的分析》,《经济研究》2016年第11期。

潘俊等:《金融生态环境与地方政府债务融资成本——基于省级城投债数据的实证检验》,《会计研究》2015年第6期。

秦海林:《金融风险财政化、财政风险金融化与经济增长》,《上海金融》2010年第3期。

邱峰:《地方债务置换效应及其对商业银行影响的探析》,《国际金融》2015年第6期。

任晓宇、郭树荣:《税负转嫁视角下开征房地产税的经济效果研究》,《建筑经济》2007年第6期。

任晓宇:《税负转嫁视角下我国增值税改革研究》,硕士学位论文,广西师范大学,2006年。

沈坤荣等:《地方政府隐性债务的表现形式、规模测度及风险评估》,《经济学动态》2022年第7期。

沈坤荣等:《土地功能异化与我国经济增长的可持续性》,《经济学家》2019年第5期。

施钊锋:《地方政府性债务管理问题及对策研究》,硕士学位论文,江西财经大学,2019年。

时红秀:《财政分权、政府竞争与中国地方政府的债务》,中国财政经济出版社2007年版。

史朝阳:《经济增长视角下我国地方政府债务问题研究》,博士学位论文，华中科技大学，2012 年。

史锦华：《公债学》，中国社会科学出版社 2011 年版。

史亚荣等：《地方政府债务对区域金融发展的影响——基于面板分位数的研究》，《中南财经政法大学学报》2020 年第 1 期。

舒向尔：《地方政府债务新规的效应前瞻》，《中国经济周刊》2014 年第 47 期。

司海平：《地方债务融资与官员晋升机制》，博士学位论文，山东大学，2018 年。

司海平等：《地方债务发行与产业结构效应》，《经济评论》2017 年第 1 期。

司海平等：《地方政府债务融资的顺周期性及其理论解释》，《财贸经济》2018 年第 8 期。

司海平等：《地方债务发行与产业结构效应》，《经济评论》2017 年第 1 期。

宋琪、汤玉刚：《基于公共品资本化的地方财政激励制度研究——土地财政如何影响公共品提供》，《经济理论与经济管理》2016 年第 1 期。

宋琪、汤玉刚：《中国的城市基础设施供给"过量"了吗？——基于资本化视角的实证检验》，《经济问题探索》2015 年第 7 期。

宋琪：《资本化、土地出让与政府支出偏好》，《云南财经大学学报》2015 年第 4 期。

苏畅：《地方性政府债务、金融杠杆率和区域金融风险》，硕士学位论文，安徽财经大学，2019 年。

苏明等：《土地财政现象的演变与现状》，《中国财政》2014 年第 10 期。

苏振兴等：《基于机器学习的地方政府隐性债务风险先导预警模型》，《统计与决策》2022 年第 7 期。

睢党臣、李牧然：《发行地方政府债券的政策效应分析》，《经济师》2009 年第 9 期。

孙玉霞：《个人房产转让所得的纳税人并非负税人——兼论税负转嫁与归宿对房产市场税收调控的影响》，《现代经济探讨》2013 年第

7 期。

谈丽娜：《我国地方政府债务可持续性研究》，硕士学位论文，浙江工商大学，2015 年。

汤睿君：《浅论地方政府债务的效应及原因》，《时代金融》2012 年第 24 期。

汤玉刚等：《资本化、财政激励与地方公共服务提供——基于我国 35 个大中城市的实证分析》，《经济学（季刊）》2016 第 1 期。

汤玉刚：《快速城镇化过程中地方代际公共品融资方式的几点思考》，《山东社科论坛——城镇化发展研讨会论文集》2013 年。

汤玉刚、石绍宾：《土地租税制度重构与地方债务融资模式转变》，《复旦学报》（社会科学版）2015 年第 4 期。

唐玮等：《地方政府债务影响企业社会责任履行吗?》，《财经论丛》2022 年第 10 期。

唐仲：《地方债置换的货币效应研究》，硕士学位论文，中国财政科学研究院，2017 年。

田国强：《中国经济高质量发展的政策协调与改革应对》，《学术月刊》2019 年第 5 期。

田靖宇、秦德安：《我国地方融资平台运行风险及控制研究》，《税收经济研究》2010 年第 3 期。

田盛丹等：《地方债"自发自还"模式对地方政府土地出让行为影响研究》，《财经论丛》2021 年第 11 期。

王柏杰：《地方政府债务与私人投资——基于门槛效应与双向因果关系的实证分析》，《山西财经大学学报》2022 年第 6 期。

王彬等：《城投企业债务、政策与转型发展》，《金融市场研究》2021 年第 8 期。

王朝才等：《我国地方政府债务管理的历史观照、现况解析及政策应对》，《地方财政研究》2018 年第 8 期。

王国松：《财政稳定与金融脆弱性：理论与中国的实证研究》，《管理世界》2004 年第 7 期。

王海霞：《金融危机环境下积极财政政策风险及其防范》，《财会研究》2009 年第 23 期。

王宏伟等：《私人部门进入对中国城市供水行业的影响》，《世界经济》2011年第6期。

王杰茹：《分权、地方债务与现代财政改革——基于财政分权不同角度的效应分析》，《当代经济科学》2016年第6期。

王劲松：《地方政府债券发行中的风险及防范措施》，《经济研究参考》2009年第25期。

王敬尧等：《地方债务风险化解的过程性治理能力——分析框架与若干问题反思》，《吉林大学社会科学学报》2022年第1期。

王俊：《地方债务的当前风险》，《人民论坛》2010年第1期。

王丽娅、余江：《银行与公共部门间的风险分担与转移研究——基于CCA方法的分析》，《中国投资》2008年第3期。

王秋石等：《中国地方政府债务促进了经济增长吗？——一个元分析》，《公共管理与政策评论》2021年第3期。

王曙光等：《PPP模式下化解地方政府性债务风险的政策研究》，《管理观察》2017年第5期。

王玮：《成本分担视阈下的公共服务均等化改革》，《财贸经济》2012年第9期。

王新逾等：《美国地方政府债务对我国地方债问题的启示》，《市场研究》2018年第9期。

王雄飞：《房产税分析与房价调控政策探讨》，《中国经贸导刊》2014年第11期。

王珣：《中国资本市场的发展与经济增长关系的研究》，硕士学位论文，东北师范大学，2007年。

王雅龄等：《地方政府融资与土地资本化：基于财政风险矩阵的分析》，《财政研究》2010年第11期。

王亚芬、梁云芳：《我国财政风险预警系统的建立与应用研究》，《财政研究》2004年第11期。

王燕武等：《地方政府债务置换及规模控制的宏观经济效应——基于CQMM的模拟分析》，《数量经济研究》2014年第2期。

王雍君：《地方政府投融资研究》，经济科学出版社2009年版。

王余等：《土地财政、地方债与房价变动的关系》，《中国经贸导刊》（中）2020年第1期。

王昱：《我国地方政府债券风险防范研究》，硕士学位论文，福州大学，2018年。

王智波、田风：《征收物业税对购房人的福利与资源配置的影响》，《经济研究参考》2008年第36期。

魏博文、吴秀玲：《地方政府性债务与民间资本效应分界点——一个城镇化的视角》，《经济问题》2016年第3期。

魏婷：《地方债务置换的积极效应与应当关注的问题》，《时代金融》2015年第35期。

魏巍：《我国地方政府债务影响分析》，《当代经济》2016年第18期。

吴厚德：《略论财政风险及其防范》，《财政研究》2001年第3期。

吴俊培：《关于建立地方税体系的问题》，《国际税收》2000年第9期。

武靖州：《地方债务、土地财政与经济增长——基于联立方程模型的实证分析》，《商业研究》2018年第8期。

武彦民：《我国财政风险的现实性和可控性》，《经济理论与经济管理》2003年第4期。

武彦民：《我国积极财政政策实施前后财政风险的变动分析——兼议财政政策转型依据》，《财贸经济》2007年第12期。

夏诗园：《PPP模式与地方政府债务治理》，《债券》2016年第7期。

项后军等：《地方债务影响经济波动吗》，《中国工业经济》2017年第1期。

谢群松：《物业税改革：从经营税到财产税的迈进》，《经济展望》2009年第9期。

谢颖琦：《房价对地方债规模的影响分析——基于VAR模型的实证研究》，《行政事业资产与财务》2019年第7期。

辛磊：《住房价格中地方公共品的资本化效应及其空间异质性研究》，硕士学位论文，清华大学，2013年。

邢路：《转移支付、财政分权与地方政府债务》，硕士学位论文，中国科学技术大学，2018年。

徐林等：《财政分权、晋升激励与地方政府债务风险》，《统计与决策》2022年第12期。

徐倩：《地方政府隐性债务的形成机理与风险治理研究》，硕士学位论文，河北经贸大学，2020年。

徐洋等：《当前地方政府债务存在的问题研究》，《中国集体经济》2019年第25期。

薛钢：《中国地方政府债务问题研究》，中国财政经济出版社2006年版。

亚历桑德罗·米萨尔：《公债管理》，中国财政经济出版社2005年版。

闫靖豪：《我国地方政府债务的风险度量与预警》，硕士学位论文，吉林大学，2020年。

闫坤等：《土地出让收入可持续性研究》，《财经智库》2019年第6期。

闫胜利：《PPP模式：地方政府债务治理新选择》，《经济论坛》2014年第7期。

闫衍：《地方政府隐性债务风险与融资平台转型》，《金融市场研究》2018年第5期。

阎坤、陈新平：《我国当前金融风险财政化问题及对策》，《管理世界》2004年第10期。

杨润暄：《地方政府债务对经济增长的影响》，硕士学位论文，上海财经大学，2020年。

杨胜利等：《地方政府债务规模影响因素与区域差异研究——基于中国省级面板数据的分析》，《云南财经大学学报》2022年第5期。

杨舜娥：《地方财政理论与实践》，中国财政经济出版社2010年版。

杨伟、黄亭亭：《我国地方政府投融资平台风险分析》，《中国金融》2010年第6期。

杨晓雪：《中国地方政府土地财政问题研究——以山西省为例》，硕士学位论文，山西财经大学，2015年。

杨旭、李竣：《城乡基础设施融资可持续性比较》，《经济体制改革》2015 年第 3 期。

姚凯辛等：《财政压力、地方债务与企业杠杆率分化》，《南方金融》2022 年第 6 期。

姚绍学、赵新海：《论地方财政风险的化解》，《财政研究》1999 年第 8 期。

叶红：《土地财政对城市化的影响分析》，硕士学位论文，复旦大学，2012 年。

尹李峰等：《地方政府隐性债务影响金融风险的空间溢出效应研究》，《浙江社会科学》2022 年第 2 期。

尹启华、陈志斌：《地方政府债务资金运动的效应机制及其经济后果》，《当代经济研究》2015 年第 10 期。

尹艳：《地方政府债务运行、风险及处置机制》，《时代经贸》2021 年第 8 期。

于猛、宋家宁：《"土地财政"的制度根源剖析》，《中国土地》2013 年第 4 期。

于媛、梁燕：《金融危机背景下的财政风险分析》，《北方经济》2009 年第 12 期。

于长花：《中国地方政府债券发行制度研究》，硕士学位论文，中国财政科学研究院，2019 年。

余凯：《房地产虚拟性研究》，《广西大学学报》（哲学社会科学版）2008 第 6 期。

袁昭颖：《地方政府债务风险防范研究》，硕士学位论文，河南财经政法大学，2019 年。

曾飞燃：《地方政府债务风险及防范措施研究》，硕士学位论文，西南财经大学，2019 年。

曾婕：《地方政府债务分析》，硕士学位论文，西南财经大学，2007 年。

曾军平、丛树海：《扩张性财政政策、财政风险与政策选择》，《上海财经大学学报》2003 年第 6 期。

曾晓安：《用 PPP 模式化解地方政府债务的路径选择》，《中国财政》2014 年第 9 期。

臧荣和：《税收资本化抑或锁定效应——透析房地产市场个人所得税新政》，《会计之友》2014 年第 36 期。

张胜荣：《用脚投票与税收资本化》，《当代贵州》2012 年第 19 期。

张成虎、金虎斌：《财政货币政策与地方政府债务关系的实证检验》，《统计与决策》2016 年第 14 期。

张浩等：《教育资源配置机制与房价——我国教育资本化现象的实证分析》，《金融研究》2014 年第 5 期。

张建波、李齐云：《地方政府债务：现状、效应与改革》，《河北学刊》2015 年第 6 期。

张晶等：《人口流动影响地方政府债务水平吗？——基于中国地级市的实证研究》，《东岳论丛》2022 年第 2 期。

张雷宝：《公共财权资本化风险的诱发因素》，《经济研究参考》2013 年第 18 期。

张雷宝、胡志文：《中国财政风险两大警戒线的测算研究》，《财经论丛》2009 年第 4 期。

张丽丽：《我国地方政府债务分析及化解对策研究》，硕士学位论文，东北财经大学，2010 年。

张路：《地方债务扩张的政府策略——来自融资平台"城投债"发行的证据》，《中国工业经济》2020 年第 2 期。

张梅等：《传统城镇化融资模式下的地方债务问题研究——基于 31 个省市的实证分析》，《福建论坛》（人文社会科学版）2018 年第 6 期。

张牧扬等：《交易环节税率差别对房价的影响——来自上海二手房数据的实证研究证据》，《财政研究》2016 年第 2 期。

张牧扬等：《社会信用、刚兑信仰与地方政府隐性债务》，《金融研究》2022 年第 10 期。

张文君：《货币政策与地方政府债务：基于结构突变理论的检验》，《上海金融学院学报》2012 年第 1 期。

张璇等：《地方政府债务风险与金融风险的动态交互影响研究——基于系统动力学模型的政策情景仿真》，《经济与管理研究》2022 年第 7 期。

张学诞等：《减税经济增长与财政可持续性——来自地方债务水平

的证据》，《财贸研究》2020年第10期。

张怡娇：《我国区县级城投平台的发展转型研究》，硕士学位论文，浙江大学，2018年。

张英杰等：《我国地方政府适度债务规模与偏离度问题研究》，《经济纵横》2014年第8期。

张远：《地方政府债务的效应及形成机制新探》，《南京政治学院学报》2005年第3期。

张志华等：《国外地方政府债务管理情况综述》，《经济研究参考》2008年第22期。

赵安平、罗植：《扩大民生支出是否会推高房价》，《世界经济》2012年第1期。

赵春荣：《房地产市场失灵与政府管理》，《中国流通经济》2013年第11期。

赵凯丽：《地方政府债务对区域经济发展的影响》，硕士学位论文，山东大学，2021年。

赵秋宇：《PPP项目中引入REITs融资模式的影响因素研究》，硕士学位论文，南昌大学，2021年。

赵全厚：《外债风险及控制外债风险的财政政策》，《财政研究》1999年第10期。

赵玉洁等：《减税降费背景下地方债务与财政可持续性问题探究》，《当代经济》2022年第2期。

浙江省财政税务科学研究所、浙江省富阳市人民政府：《地方政府债务研究》，经济科学出版社2004年版。

郑思齐：《公共品配置与住房市场互动关系研究述评》，《城市问题》2013年第8期。

郑威等：《地方政府竞争促进了地方债务增长吗？——来自中国省级城投债与空间溢出效应的经验证据》，《西南民族大学学报》（人文社科版）2017年第2期。

周安：《地方政府债务对创新的影响研究》，硕士学位论文，上海财经大学，2020年。

周程：《地方政府负债与居民福利的倒U型关系》，《审计与经济研究》2019年第2期。

周程等:《地方债务膨胀对民间投资的门限效应——来自中国省际面板的实证研究》,《中国经济问题》2018年第3期。

周睿洋:《房地产相关税收对房价影响的理论和实证研究》,硕士学位论文,华东师范大学,2015年。

周沅帆:《城投债:中国式市政债券》,中信出版社2010年版。

朱晨赫等:《地方政府债务治理对企业债务融资的影响——基于"43号文"的研究》,《河南社会科学》2018年第6期。

朱军等:《房地产限购政策会降低地方政府债务规模吗——来自333个城市的证据》,《广东财经大学学报》2022年第1期。

朱珠:《官员晋升激励与地方政府债务风险》,硕士学位论文,上海师范大学,2018年。

宗文:《我国地方政府债务经济效应分析》,硕士学位论文,首都经济贸易大学,2015年。

踪家峰等:《中国财政支出资本化与房地产价格》,《财经科学》2010年第11期。

左翔、殷醒民:《"土地财政"模式与地方公共品供给》,《世界经济文汇》2014年第4期。

Afonso A., Silva J., "Determinants of Nonresident Government Debt Ownership", *Applied Economics Letters*, Vol. 24, Feb. 2016: pp. 107–112.

Ahmed H., Miller S. M., "Crowding-out and Crowding-in Effects of the Components of Government Expenditure", *Contemporary Economic Policy*, Vol. 18, Jan. 2000, pp. 124–133.

Barro R., *Macroeconomic Policy*, Harvard University Press. 2013.

Baskaran T., "The Revenue and Base Effects of Local Tax Hikes: Evidence from a Quasi-Experiment", *International Tax and Public Finance*, Vol. 28, June. 2021.

Crokett A., "The Theory and Practice of Financial Stability", *De Economist*, Vol. 144, April. 1996.

Dilnot A., et al., "Allocating Taxes to Households: A Methodology", *Oxford Economic Papers*, Vol. 42, Jan. 1990, pp. 210–230.

Eichenberger R., Stadelmann D., "How Federalism Protects Future Generations from Today's Public Debts", *Review of Law & Economics*, Vol. 6, Mar. 2010, pp. 395-420.

Ellickson B., "Jurisdictional Fragmentation and Residential Choice", *American Economic Review*, Vol. 61, Feb. 1971, pp. 334-339.

Hemming R., Petrie M., "A Framework for Assessing Fiscal Vulnerability", *Government at Risk: Contingent Liabilities and Fiscal Risk*, 2002, p. 159.

Henderson L., "Emergency and Disaster: Pervasive risk and Public Bureaucracy in Developing Nations", *Public Organization Review*, Vol. 4, Feb. 2004, pp. 103-119.

IMF, "Fiscal Monitor Update", (Jan. 2012), http://www.imf.org.

Johnstone D., "The Economics and Politics of Cost Sharing in Higher Education: Comparative Perspectives", *The Economics of Education Review*, Vol. 23, April. 2004, pp. 403-410.

Lloyd-Ellis H., Zhu X., "Fiscal Shocks and Fiscal Risk Management", *Journal of Monetary Economics*, Vol. 48, Feb. 2001, pp. 309-338.

MacKay R., "Implicit Debt Capitalization in Local Housing Prices: An Example of Unfunded Pension Liabilities", *National Tax Journal*, Vol. 67, Jan. 2014, pp. 77-112.

Ma J., 2001, *Monitoring Local Fiscal Risks: Selected International Experiences*, World Bank Working Paper, World Bank, 2000.

Palmon O., "New Evidence on Property Tax Capitalization", *Journal of Political Economy*, Volume 106, May. 1998, pp. 1099-1128.

Plekhanov A., Singh R., "How Should Sub-National Government Borrowing Be Regulated? Some Cross-Country Empirical Evidence", *IMF Staff Papers*, Vol. 53, 2006, pp. 426-452.

Polackova H., *Government Contingent Liabilities: A Hidden Risk to Fiscal Stability*, World Bank Publications, 1998.

Reich R., *The Work of Nations: Preparing Ourselves for 21st Capitalism*, Knopf Pluto Press, 2010.

Shah A. , *The Reform of Intergovernmental Fiscal Relations in Developing and Emerging Market Economics*: Washington: The World Bank, 1994.

Stadelmann D. , Billon S. , "Capitalization of Fiscal Variables Persists over Time", *Papers in Regional Science*, Vol. 94, Feb. 2015, pp. 347-363.

Stadelmann D. , "Debt Capitalization: A New Perspective on Ricardian Equivalence", CREMA working paper, 2008.

Stadelmann D. , "Which Factors Capitalize into House Prices? A Bayesian Averaging Aapproach", *Journal of Housing Economics*, Vol. 19, Mar. 2010, pp. 180-204.

Stadelmann D. , Eichenberger R. , "Consequences of Debt Capitalization: Property Ownership and Debt versus Tax Choice", *Southern Economic Journal*, Vol. 78, Mar. 2009, pp. 976-998.

Stadelmann D. , "Public Debts Capitalize into Property Prices: Empirical Evidence for a New Perspective on Debt Incidence", *International Tax and Public Finance*, Vol. 21, Mar. 2014, pp. 498-529.

Stadelmann D. , "The Ricardian Equivalence Versus Debt Capitalization in Local Public Finance", vailable at SSRN 1088261, 2008.

Yinger J. , "Capitalization and the Theory of Local Public Finance", *Journal of Political Economy*, Vol. 90, May. 1982, pp. 312-313.